경제사회학 이론

나남
nanam

나남신서 1206

경제사회학 이론

2007년 2월 28일 발행
2017년 9월 5일 2쇄

저자_ 朴吉聲 · 李擇綿
발행자_ 趙相浩
발행처_ (주) 나남
주소_ 10881 경기도 파주시 회동길 193
전화_ (031) 955-4601 (代)
FAX_ (031) 955-4555
등록_ 제 1-71호(79. 5. 12)
홈페이지_ www.nanam.net
전자우편_ post@nanam.net

ISBN 978-89-300-8206-8
ISBN 978-89-300-8001-9 (세트)

나남신서 · 1206

경제사회학 이론

박길성 · 이택면

나남
nanam

Understanding Theories in Economic Sociology

by

Park, Gil-Sung · Lee, Tackmeon

nanam

머리말

경제사회학은 최근에 대두된 사회학의 분과학문이 아니다. 사실 경제사회학의 기원은 경제학이나 사회학의 시작과 때를 같이한다. 경제학의 창시자인 고전경제학자들의 학문적 기조는, 그들의 경제학을 정치경제학(*political economy*)으로 부르는 것에서도 알 수 있듯이, 경제에 대한 이해는 정치·사회적 요인들에 대한 고려를 배제해서는 결코 온전할 수 없다는 것이었고, 사회학의 창시자인 베버나 뒤르켕 역시 경제와 사회의 상호 영향을 총체적으로 파악하는 것을 일생의 화두로 삼았다. 이런 점에서 경제학과 사회학은 사실 경제사회학적 관심에서 출발한 학문이라고 해도 과언이 아닐 것이다. 또한 경제사회학적 관심은 그 이후에도 경제학과 사회학의 발전과정에 끊임없이 논쟁의 소재를 제공하고 학문적 긴장을 유발함으로써 두 학문이 현재의 모습으로 발전하는 데 결정적 역할을 수행해왔다.

경제사회학적 관심이 경제학과 사회학의 역사적 발전에 중대한 추진력을 제공했음에도 불구하고, 경제학이나 사회학을 공부하는 많은 학도들에게 아직도 경제사회학은 근자에 들어 경제학과 사회학의 본령을 비집고 들어온 설익은 신경향쯤으로 인식되고 있다. 저자들은 국내에 경제사회학적 통찰과 이론적 흐름들이 소개된 지 상당한 시간이 지났음에도 불구하고 아직 이런 오해가 좀처럼 없어지지 않은 이유 중 하나는, 경제사회학 분야의 제 이론적 전망들에 대해 종합적으로 쉽게 소개하는 입문서가 아직 없기 때문이라는 자성을 갖게 되었다. 이러한 연유로 저자들은 경제사회학이론의 저술이 무엇보다 중요하다고 생각하였다.

오늘의 경제사회학을 구축하는 이론적 정향은 매우 다양하다. 경제사회학에는 사회학, 경제학, 인류학, 정치학, 경영학 등의 학문지형이 그 고유한 경계를 견지하는 동시에 그 경계를 넘나드는 지적 매력이 있다. 모든 경계에는 꽃이 핀다는 어느 시의 구절을 경제사회학만큼 철저하게 옮겨내는 학문영역도 없어보인다. 이러하기에 경제사회학은 출항의 닻을 올리는 그 시간부터 주위 학문의 이목을 집중시키기에 충분했고, 아울러 왕성한 연구성과를 예약할 수 있었던 것이다. 그러나 경제사회학이 지니는 여러 지적 매력과 가능성에도 불구하고, 경제사회학에는 여전히 적지 않은 여백이 있는 것도 사실이다. 이 책은 경제사회학의 가능성을 탐색하고 동시에 그 여백을 채우기 위해 기획되었다.

이 책의 본론은 크게 2부로 구성된다. 본론에 앞서 제1장 '경제사회학으로의 초대'는 경제사회학이란 무엇이며 어떤 역사를 거쳐 오늘날에 이르게 되었는가를 살펴봄으로써, 아무런 배경지식이 없는 독자들도 경제사회학의 이론적 전모에 쉽게 접근할 수 있도록 했다. 제1부 '경제사회학이론의 형성'에서는 말 그대로 경제사회학 이론이 오늘날의 모습으로 형성되는 데 중요한 씨줄, 날줄이 되었던 이론적 전망과 학자들을 소개했다. 경제사회학에서 집중적 비판의 대상이 되는 신고전경제학의 이론구조를 제일 먼저 소개하였고, 그 다음으로는 경제사회학의 이론적 자양분이 되었던 맑스주의 경제사회학 전통, 슘페터의 사회경제학 프로젝트, 폴라니의 인류학적 통찰을 차례로 살펴보았다.

　제2부 '경제사회학이론의 발전'에서는 신제도주의 경제학, 진화경제학, 사회구조론, 사회학적 조직이론과 같은 다양한 하위분야에서 대두된 대표적 이론들을 소개함으로써, 앞서 살펴본 이론적 통찰들을 자양분 삼아 최근에 꽃피우기 시작한 경제사회학이론의 다채로운 흐름들을 개괄하였다. 신제도주의 경제학에서는 거래비용이론을, 진화경제학에서는 경제 및 기업진화론을, 사회구조론에서는 네트워크이론을, 사회학적 조직이론에서는 제도적 동형화론을 각각 세밀하게 살펴보았다. 결론에서는 이 책을 통해 살펴본 여러 이론적 흐름들이 오늘날 어떻게 소화되고, 어떤 비판적 성찰을 거쳐야 보다 더 과학적이고 풍부한 경제사회학 이론으로 발전할 수 있을 것인지에 대해 제언하였다.

　이 책은 기본적으로 경제사회학이론에 대해 사전지식이 그리 많지 않은 사람들이 읽을 것으로 전제하고 썼다. 그러나 사회학이론 일반이나 개괄적인 경제학설사에 대한 기초지식은 이 책을 독해하기 위해 반드시 갖추어야 되는 요건은 아니더라도, 이 책을 보다 더 잘 이해하는 데 많은 도움이 될 것이다. 신고전경제학이나 네트워크이론 등과 같이 수리적 정식화가 많이 등장하는 이론들은 수학적 배경이 별반 없는 독자들도 이해할 수 있도록 최대한 배려하여 서술하였다. 이 책이 모쪼록 쉽게 읽히면서도 경제사회학이론들의 핵심을 끌어안는 데 도움이 되기를 저자들은 바라마지 않는다.

　이 책은 저자들이 단독으로 혹은 공동으로 그동안 발표했던 몇 편의 글을 이 책의 기획의도와 편재에 맞게 대폭 수정·보완하고 몇몇 이론적 전망에 관한 장들은 완전히 새로 쓰는 지난한 작업을 거쳐 완성되었다.

　이 책이 나오기까지 많은 이들의 적지 않은 도움이 있었다. 무엇보다도 저자의 경제사회학 수업을 수강한 학부, 대학원생들의 시선과 반응은 이 책의 눈높이를 조정하는 데 많은 도움이 되었다. 이들이 던진 불만스러운 질문과 안도하는 반향에서 이 책은 비롯되었다. 508 연구실에서 한국사회, 세계화, 경제사회학의 테마를 함께 독해하며 화두를 놓지 않는 일에 동참하고 소통한 후학들에게 고마운 마음을 전한다. 이들과의 토론은 항상 즐거운 일이었다. 단출하게나마 공동작업의 형태로 경제사회학이론 책을 꾸린 것도 이러한 동참과 소통의 소박한 결과물이다. 아울러 국내에서 척박했던 경제사회학 연구를 어엿한 학문의 반열에 올려놓기 위해 노력한 경제조직사회학의 동료연구자들에게도 깊은 감사를 드린다. 어떤 의미에서 이론의 정리는 동업자들이 만들어내는 연구물과 토론 없이는 불가능한 일임을 저자는 잘 알고 있기에 동료연구자들에 대한 고마운 마음은 더 크다. 탈고의 단계에서 원고를 꼼꼼히 검토하고 전문적인 논평을 해준 장용석 교수와 마무리 과정에서 귀중한 시간을 저자와 함께 보낸 이항영에게 고맙게 생각한다. 출판을 흔쾌히 수락해주신 나남출판 조상호 사장님과 편집을 위해 노고를 아끼지 않은 편집부 직원들께 감사드린다.

2007년 2월
박길성 · 이택면

나남신서·1206

경제사회학 이론

차 례

제 2 부 경제사회학이론의 발전

제1장

경제사회학으로의 초대

　우리는 사회제도 속에서 살아간다. 태어나서 죽을 때까지 단 한순간
도 우리는 사회제도의 영향으로부터 자유로울 수 없다. 넓은 의미에서
사회제도란 사회를 이루고 사는 개인들의 행동을 안내하고 규제하는 규
칙을 지칭한다. 그래서 사회제도는 한편으론 개인의 자유를 구속하기
도 하지만 다른 한편으론 사람들의 행동에 규칙성을 부여하여 사회를
질서 있고 예측 가능하게 만든다. 사회제도는 바로 그렇기 때문에 각양
각색의 사람들이 모인 사회가 사분오열되지 않고 질서와 통합을 유지할
수 있게 해준다. 예컨대 우리들의 지나온 삶을 되돌아보면, 태어나고
백일과 돌을 지나서 유치원에 가고 학교에 다니고 졸업하고 취직하고,
이 모든 일들이 눈에 보이지 않는 수많은 규칙들에 의해 진행되었던 것
을 알 수 있을 것이다. 만약 이 모든 삶의 단계들에서 지침으로 삼을
만한 규칙이 없었다면, 그래서 모든 일들을 일일이 본인이 직접 계획하
고 계산하고 선택하고 실행해야 했다면, 자유로움을 만끽할 수 있었을
지는 몰라도 엄청난 혼란과 무질서, 그로 인한 스트레스를 견디기 힘들
었을 것이다. 때로는 규칙을 어기고 무시하고 싶었던 적도 있었을 테고
실제로 그렇게 한 적도 있었겠지만, 대체로 우리는 이런 일련의 규칙들

14

에 크게 어긋남이 없이 살아왔고 또 그래야만 했다. 이처럼 사회제도는 우리를 모래알 같은 개인으로서가 아니라 한 사회의 구성원으로 한데 묶어주는 끈이다. 따라서 사회 속에 존재하는 개인이라면 누구라도 이 끈으로부터 자유로울 수 없다.

사회제도가 이처럼 중요하기 때문에 경제학과 사회학을 비롯한 사회과학의 제 분과학문들은 너나 할 것 없이 사회제도를 연구의 화두로 삼았다. 사회제도는 왜 존재하는가, 사회제도는 개인을 구속하고 자유를 억압하는가 아니면 질서와 조화를 유지해 줌으로써 보다 더 큰 자유를 가능하게 하는가, 사회제도는 어떻게 변화하는가 등 수많은 질문들이 제기되었다. 그러나 사회과학의 제도연구는 각 분과학문들간의 생산적 교류의 단절 때문에 답보상태를 면치 못했다. 근대적 의미의 사회과학으로서의 구색을 비교적 먼저 갖춘 경제학은 시장, 화폐 등과 같은 경제제도에 대한 분석을 주업무로 삼았다. 사회학은 관습이나 규범, 가치체계, 가족제도 등과 같은 사회문화적 제도들에 초점을 맞추었다. 정치학은 정당이나 권력구조와 같은 정치제도를, 법학은 각종 법제들을 각각 주된 탐구영역으로 독점했다. 그동안의 사회과학의 역사는 이러한 사회과학 분과학문들간의 노동분업이 더욱더 고착되고 굳어지는 과정이라고 해도 과언이 아니다.

한 사회의 사회제도들은 서로 유기적으로 결합되어 끊임없이 상호작용하면서 개인의 행동에 영향을 미친다. 그럼에도 불구하고 어느 한 제도만을 따로 떼어서 타 제도들의 영향은 완전히 무시한 채 대상이 된 그 제도 하나만의 성격을 구명하고자 한다면, 이는 한 사회 내에서 제도가 작용하는 방식을 제대로 파악하지 못한 몰상식의 소치라 아니할 수 없다. 그러나 불행하게도 20세기 초반의 사회과학계를 지배했던 것은 다름 아니라 바로 이러한 몰상식이었다—최소한 1970년대를 기점으로 하여 경제사회학이라는 새로운 학문경향이 태동하기 전까지는 그랬다.

이러한 몰상식을 지적하고 제도연구를 둘러싼 사회과학 분과학문들

간의 벽 허물기를 표방하며, 1970년대를 기점으로 사회학 내의 한 하위
분야로 등장한 것이 바로 경제사회학이다. 경제사회학은 사회의 모든
제도들은 결코 진공상태에서 작용하는 것이 아니라 사회를 구성하는 여
러 다른 제도들과 상호작용하면서 복합적으로 작용한다는 자명한 사실
을 인정하는 것에서 출발한다. 출발점이 이렇다 보니, 경제사회학은 당
연히 경제학의 연구성과에 불만을 가질 수밖에 없다. 따라서 경제사회
학의 주된 연구테마는 주류 경제학의 경제제도 분석에 비판을 가하고
경제적 요인 이외의 사회적, 문화적, 정치적 요인들이 어떻게 경제제도
의 작동에 영향을 미치는가를 집중적으로 조명하는 일이었다. 예컨대
자본주의 경제의 필수적 제도라 할 수 있는 노동시장을 분석한다고 할
경우, 주류 경제학은 노동시장에서 작동하는 순수 경제논리, 즉 노동력
의 공급자인 노동자의 효용극대화 행위와 수요자인 기업의 이윤극대화
행위의 결과로 나타나는 노동력의 수급상황 및 그로 인해 형성되는 노
동시장의 균형과 임금결정 메커니즘을 밝히는 데 주력한 반면, 경제사
회학은 이런 주류 경제학의 접근방식을 편협하고 비현실적이라고 비판
하면서, 노동자와 자본가 사이의 계급적 역학관계라든가 정부의 정책
적 간섭, 사회 일반의 노동자에 대한 태도 등과 같은 비경제적 요인들
이 어떻게 노동시장에서의 순수 경제논리의 작동을 방해하는가에 초점
을 맞춘다. 요컨대 경제사회학의 주된 임무 중 첫 번째는 경제학이 그
동안 분석을 독점했던 경제제도들을 경제학과는 다른 방식으로, 즉 순
수 경제논리의 작동만이 아니라 경제외적인 여러 사회제도들의 영향을
함께 고려하는 방식으로 분석하는 것이다. 이리하여 경제사회학은 그
동안 시장, 화폐, 노동조합, 기업 등 현대 자본주의 사회의 중추적 경
제제도들을 대상으로 하여, 주류 경제학과는 전혀 다른 새로운 해석과
설명을 내놓았다. 이는 그동안 경제제도에 대한 분석은 전적으로 경제
학의 소관으로 맡기고 가족, 권력구조, 가치관, 신념체계 등과 같은 비
경제적 제도만 다루었던 사회학계의 관성을 보기 좋게 타파한 것이면
서, 한 걸음 더 나아가 주류 경제학의 폐쇄적이고 편협한 분석태도에

대한 정면도전인 셈이다.

　예를 하나 들어보면, 니겔 도드(Niegel Dodd) 같은 경제사회학자는 얼마 전 화폐제도에 관한 경제사회학적 분석을 내놓았다(Dodd, 1994). 그에 따르면 경제학은 화폐를 경제적 측면에서만 국한해서 파악하고자 하기 때문에 학문적으로 실패할 수밖에 없고, 실패한 이론에 입각하여 수립되는 화폐정책 또한 실패할 수밖에 없다고 진단한다. 화폐는 자본주의 경제의 핵심적 경제제도이다. 이에 대해 경제학은 화폐라는 제도가 존재하는 것은 화폐가 교환을 매개하고 교환의 비용을 줄여주어 경제시스템의 작동을 보다 더 원활하고 효율적으로 해주기 때문이라는 입장을 피력한다. 그러나 경제사회학의 입장에서 볼 때 이는 화폐를 둘러싼 여러 경제외적 요인들의 작동을 완전히 무시한 단편적 해석에 불과하다. 화폐의 역할과 기능, 화폐제도 운용의 효과 등을 성공적으로 해명하고 예측하기 위해서는 순수 경제적 요인들뿐만 아니라, 화폐를 사용하는 개인들의 신념과 가치관, 화폐 사용자들간의 신뢰의 망, 국가권력의 간섭과 개입, 국제정치의 역학관계, 화폐가 갖는 상징성 등 수많은 경제외적 제도들의 영향을 고려에 넣어야 한다는 것이다. 나아가 도드는 자신의 이러한 주장을 뒷받침하기 위해 유럽연합, 미국, 일본의 화폐 금융제도를 세밀하게 분석한 결과를 토대로 다양한 증거들을 제시한다. 결국 화폐라는 경제제도는 경제시스템만을 따로 떼어내어 그 속에서 화폐의 기능과 역할을 살펴보는 것으로 완전히 파악될 수 없으며, 오히려 경제외적인 사회적·문화적·정치적 제도들과의 상호 관련성 속에서 파악되어야 제대로 파악될 수 있다는 것이 도드의 결론인 셈이다. 도드의 이러한 연구는 경제제도를 사회의 여타 비경제적 제도들과의 관련성 속에서 파악하려는 경제사회학의 학문적 입장을 가장 잘 예시해주는 사례라고 할 수 있을 것이다.

　그러나 경제사회학에 경제 외적 요인들에 대한 고려를 통해 이처럼 주류 경제학을 비판하고 수정하는 것을 목적으로 하는 연구들만 존재하는 것은 아니다. 경제사회학 분야에서 무시할 수 없는 흐름을 형성하는

또 하나의 연구전통은 전통적인 사회학적 연구테마를 경제학의 분석도
구를 가지고 새롭게 탐구하려는 것이다. 위에서 살펴본 연구전통이 사
회학적 관점으로 경제학의 분석태도를 비판한 것이라면, 지금 살펴볼
이것은 사회학 고유의 분석태도에 대한 자성을 담고 있는 것이라 할 수
있다. 다른 말로 하자면 위의 연구전통이 사회학의 분석방식을 가지고
경제학의 고유영역을 침범해 들어가는 것이라면, 이 연구전통은 사회
학의 분석방식 자체를 경제학의 그것에 비추어 반성해보고 더 세련화시
키고 갈고닦기 위한 시도라고 할 수 있다.

사회학의 전통적 분석방식이란 어떤 것이었는가? 그것은 주로 일상
언어를 이용한 사실묘사(*description*)나 서사(*narrative*)의 방식이었다.
논리적 엄밀성의 추구나 수학적 모델링을 통한 형식이론의 구축과는 거
리가 멀었다. 경제사회학은 이러한 사회학의 연구방식에 불만을 갖는
연구자들의 해방구이기도 하다. 이들은 기존의 사회학적 연구방식이
이론구축을 등한히 하면서 특수한 사례에 대한 묘사와 서사 혹은 "이름
고쳐 부르기"(*labeling and re-labeling*)에만 몰두하는 바람에 사회학적 논
구들은 생산적 연구성과를 축적하는 대신 "말잔치"(*verbal fireworks*)로
끝나버리고 말았다고 비판한다. 이들은 경제학이나 인구학 등과 같은
인접 사회과학이나 생물학이나 열역학과 같은 자연과학 분야에서 이용
되는 분석도구들을 적극 활용, 논리적으로 엄격한 형식이론을 구축하
고 이를 정교한 통계적 방법으로 검증하는 데 주력한다. 이들이 이처럼
세련된 분석도구를 가지고 들여다보려고 하는 현상은 다름 아니라 전통
적으로 사회학이 씨름해왔던 비경제적 사회제도들이다. 가족, 친족,
국가, 집합행동, 사회운동, 조직의 동태적 변화, 기업간 관계 등, 사회
학이 그동안 고유의 영역으로 고집하면서도 정작 엄밀한 분석도구가 없
어 사변적 말잔치로만 그칠 수밖에 없었던 주제들을 이러한 세련된 분
석도구로 새롭게 파헤쳐 보는 것이 이들의 목적이다.

아직까지 경제사회학은 가야 할 길이 멀다. 첫 번째 연구전통이나 두
번째로 소개한 연구전통이나 모두 각자 훌륭한 학자들의 끊임없는 노력

덕분에 저마다의 독창적이고 탁월한 연구업적들을 쌓아가고 있다. 아직까지는 학자들의 숫자나 연구결과물의 양으로 판단해보면, 후자보다는 전자가 경제사회학의 주류라고 할 만하다. 그러면 현 단계의 경제사회학이 앞으로 더 발전하여 사회제도에 대한 학제적 이해를 높이는 데 기여하려면 어떤 방향으로 나아가야 할 것인가? 경제사회학 내의 이 판이한 두 조류 사이에, 나아가 경제사회학과 인접 사회과학 분야 사이에, 생산적인 학문적 교류가 있으려면 어떤 조건이 갖추어져야 하는가? 사실 이 책에서 소개되는 다양한 이론적 전망들을 이해하는 것은 이 질문에 대한 나름의 답을 구하기 위해 치러야 할 통과의례이기도 하다.

사회제도를 여타 제도들과의 상호관계 속에서 총체적으로 파악해야 한다는 것은 경제사회학만의 독창적인 생각은 아니다. 이런 생각의 기원은 경제학이나 사회학이 독립적인 학문분야로 태동하기 시작하던 18세기 말에서 19세기에 이르는 산업혁명의 격동기로 거슬러 올라간다. 이 시기에 경제학을 과학의 반열에 올려놓는 데 크게 기여한 애덤 스미스, 데이비드 리카도, 칼 맑스, 존 스튜어트 밀 등 이른바 '고전 경제학자'들은 결코 경제를 사회의 타 부분으로부터 유리된 독자적 체계로 보지 않았다. 이들은 사회의 제반 권력관계, 힘의 역학, 분배문제 등과 같은 정치적이고 비경제적인 요소들이 경제시스템의 작동에 큰 영향을 미친다는 사실을 잘 알고 있었으며, 이들의 학문적 노력은 이러한 비경제적 요소들과 경제시스템 간의 복잡 미묘한 상호작용을 이해하려는 노력에 다름 아니었다. 따라서 그들의 경제학은 단순한 경제학이 아니라 말 그대로 '정치경제학'(political economy)이었다.

그러나 이들의 뒤를 이어 이른바 한계효용학파의 혁명(marginalist re-volution)이 경제학을 새로운 토대 위에 올려놓으면서, 이들 초창기 정치경제학자들의 통찰도 경제학 역사의 무대에서 잠시 퇴장당하는 불운을 겪는다. 물리학을 비롯한 자연과학 진영에서 수학의 발달에 힘입어 이론을 정교하고 정밀하게 다듬는 노력이 큰 결실을 보게되자 이에 고무된 경제학자들은 미분이론을 가지고 경제학이론을 새롭게 정리하려는 야심찬 기획을 시작했다. 레온 왈라스와 알프레드 마셜을 중심으로 한 이들 한계효용론자들은 그동안의 경제이론(특히 미시경제이론)이 지니고 있던 애매모호하고 사변적인 요소들을 제거하고 경제이론을 더욱더 논리적으로 치밀한 토대 위에 올려놓았다. 그러나 그러는 와중에 이들은 수학적으로 형식화할 수 없는 개념과 통찰들을 경제학의 관심영역에서 추방시켜버리는 우를 동시에 범했다. 초기 고전경제학자들의 화두였던 경제외적 제도들의 영향에 대한 분석 역시, 수학적으로 정식화할 수 없다는 이유로 이후로부터 경제학의 주제목록에서 삭제되어 버린다. 그 후로부터 경제학은 한계효용학파가 닦아놓은 수학적 논리적 기초 위에서 신고전주의 경제학이라는 새로운 흐름을 형성하면서 발전을 거듭하지만, 경제학의 모든 주제들을 수학적 공리의 체계로 표현하려는 야심찬 기도에 밀려 경제 외의 여타 사회제도들에 관한 관심은 점점 더 희미해져갔다.

　시기적으로 차이가 있긴 했지만 사회학 진영에서도 사정은 이와 비슷했다. 이른바 사회학의 창립자라고 불리는 에밀 뒤르켕, 막스 베버 등과 같은 고전 사회학자들 역시 사회가 하나의 총체를 이루고 있으며, 그것을 구성하는 각 부분들을 사회 전체와 따로 떼어놓고는 생각할 수 없다고 주장했다. 특히 뒤르켕은 시장의 교환과 계약제도는 호혜성이라는 규범의 확립과 확산 없이는 불가능하다는 점을 명백히 하여, 경제제도와 문화제도 간의 관계를 강조했다. 또한 베버 역시 자본주의 경제를 구성하는 각종 경제제도들이 프로테스탄트 윤리의 확립이라는 규범적, 문화적 측면을 고려하지 않고는 이해될 수 없다는 점을 지적했다. 경제와 사회의 여타 부문들과의 상호관계와 통합을 이처럼 강조한 고전 사회학자들의 통찰은 그러나 미국 사회학계를 중심으로 실증주의 방법론이 세력을 넓혀가기 시작하면서 사회학자들의 뇌리 속에서 멀어져가기 시작했다. 실증주의 방법론은 이보다 앞서 경제학의 연구방식에도 영향을 미쳤던 사조로서, 자연과학이 수학적 방법을 응용하여 혁혁한 연구성과를 본 것에 고무되어 사회과학도 그 연구방법에서는 자연과학의 그것을 따라야 한다고 주장하면서, 수학적 모델을 이용한 이론구축과 엄격한 경험적 검증을 표방한 철학사조이다. 실증주의 방법론이 미국 사회학계를 중심으로 사회학의 주류 방법론으로 자리를 잡아감에 따라, 수학과 통계적 수법으로 양화시킬 수 있는 현상에 대한 관심은 고조된 반면, 사회제도에 대한 총체적 이해라는 다분히 질적이고 사변적일 수밖에 없는 주제는 주변으로 밀려나고 만다.

이렇게 경제학 진영에서나 사회학 진영에서나 사회제도에 대한 총체적 이해에 대한 무관심이 팽배하게 된 후, 1970년대를 출발점으로 하여 경제사회학이라는 분과학문이 다시 사회제도에 관한 총체적 이해를 화두로 들고 등장하기 전까지, 비록 주류는 아니었지만 경제학이나 사회학 내부에서 이러한 무관심을 비판하면서 사회제도를 총체적으로 이해해야 한다는 자성의 목소리가 꾸준히 들려왔다. 우선 경제학에서는 1920년대를 전후하여 이른바 제도학파 경제학이 등장하여 주류 신고전경제학의 편협한 시각을 비판했다. 톨스타인 베블렌이라는 경제학자는 주류 신고전경제학의 이론이 현실의 경제제도가 작동하는 방식에 대해서는 아무것도 설명할 수 없는, 수학적 가치만을 지니는 공허한 이론이라고 비판하면서, 개인의 습관을 비롯한 여러 비경제적 요인들의 중요성을 강조했다. 또한 칼 폴라니라는 학자는 그의 저서 《대변환》에서 서구의 시장경제 체제는 서구의 독특한 문화적·정치적 맥락 속에서라야 제대로 이해될 수 있다고 주장하면서, 경제부문은 독자적으로 작동하는 것이 아니라 여타 사회제도들과 맞물린 상태로 작동한다는 이른바 피구속성(embeddedness) 이론을 주창했다. 그러나 무엇보다도 경제사회학의 부흥에 가장 결정적 공헌을 한 경제학자는 단연코 조지프 슘페터일 것이다. 그는 최초로 경제사회학이라는 용어를 명시적으로 사용하면서, 순수 이론경제학과 경제사회학을 명백히 다른 독자적 영역으로 구분한다. 그에 따르면 순수 이론경제학은 경제시스템의 독자적 작동방식을 구명하는 것을 목적으로 하고 경제사회학은 경제제도를 타 제도들과의 관련성 속에서 파악하는 것을 임무로 한다. 따라서 경제사회학은 경제학뿐만 아니라 사회학, 역사학, 정치학, 심리학 등으로부터도 많은 도움을 받아 사회제도를 총체적 방식으로 구명해야 한다는 것이다. 그리고 자신의 이런 소신을 몸소 실천하기라도 하려는 듯, 그 자신 사회계급, 국가, 민주주의, 사회주의, 제국주의, 여성차별 등과 같은 사회학적 주제들을 파고들어 자신의 사회제도에 대한 이해의 폭을 넓히려 했다.

이러한 자성의 목소리는 사회학 진영 내부에서도 들려왔다. 영미의 사회학자들이 통계적 테스트를 거치는 것이 마치 과학적 연구의 인증서라도 되는 듯 너도나도 앞 다투어 계량적 방법에 열광하고 있을 때, 그리고 통계적으로 검증할 수 없는 연구는 과학으로서의 사회학의 지위에 어울리지 않는 연구라고 취급되고 있던 시절에, 이런 세태에 제동을 걸고 통계적으로 검증 가능한 지엽적인 일부 현상뿐만이 아니라 사회 전체의 구조와 역동성에 관심을 기울여야 한다고 주장하는 일부 학자들이 목소리를 높이기 시작했다. 1920년대부터 본격적으로 미국에 번역, 소개되기 시작했던 뒤르켐이나 베버, 맑스 등 고전 사회학자들의 원전에서 영향을 받은 이들은 탈콧 파슨스를 중심으로 이른바 사회체계론을 주창하기 시작한다. 사회란 경제, 문화, 정치, 가족, 교육 등과 같은 하위부문들이 서로 통합되어 형성된 하나의 총체적 시스템이라는 것이다. 따라서 사회의 어느 한 하위부문에서 작동하는 제도를 이해하기 위해서는 타 부문에서 작동하는 제도들과의 상호연관성을 주의 깊게 살펴보지 않으면 안 된다. 결국 경제는 사회의 다른 부문과 함께 이해되어야 하고, 경제제도의 작동과 그 효과는 여타의 사회문화적 제도들과 경제제도와의 궁합의 정도에 따라 좌우된다는 것이 이들의 주장의 핵심이다. 또한 여타 사회과학 분야에 비해 비교적 맑스주의적 전통이 강하게 남아있었던 사회학에서는 경제를 순수 경제논리의 시각에서가 아니라 자본가계급과 노동자계급 사이의 권력관계라는 정치논리와의 상호작용이라는 시각에서 바라볼 것을 촉구하는 맑스주의적 지적 전통이 세력을 유지하고 있었다. 결국 맑스주의자들 역시 자본주의 경제제도를 파악함에 있어 자본가와 노동자의 대결에서 자본가의 우위를 유지시켜 주는 정치제도의 특성에 대한 고려가 필수적이라는 점을 지적했던 것이다.

경제학과 사회학 진영 내부에서 제기된 이러한 비판의 목소리들이 결국은 1970년대에 접어들면서 사회제도에 대한 총체적 이해를 모토로 하는 경제사회학을 태동시킨 토양이 되었다. 그러나 이러한 반성과 비판의 소리 하나만으로는 경제사회학이 독자적인 신학문 분야로 자리를 굳히기에는 역부족이었을 것이다. 슘페터나 파슨스의 생각이, 나아가 맑스주의자들의 생각이 아무리 설득력이 있었다고는 하나, 이들의 생각을 실제 연구에서 적용하여 결실을 맺을 수 있게 해줄 분석도구의 개발이 없었다면 경제사회학은 독립적 분과학문으로 확립될 수 없었을 것이다. 게임이론이나 네트워크분석을 비롯한 새로운 분석기법의 터득은 경제사회학이 단순히 기성의 학풍을 비판하는 것을 넘어서서 독자적이고 대안적인 새로운 이론을 구축하는 데까지 나아갈 수 있게 해주었다. 게임이론은 경제학처럼 비현실적인 가정을 하지 않고서도 여러 제도들 간의 상호작용과 개인의 전략적 선택을 이론화하는 것을 가능하게 만들어주었으며, 시뮬레이션과 첨단 통계기법의 발달은 기존의 통계적 방법으로는 검증할 수 없었던 복잡한 모델을 검증할 수 있게 해주었다. 이러한 분석도구들의 도움으로 경제사회학은 단순히 사회제도를 분석할 때 여타 제도들과의 상호작용을 총체적으로 보아야 한다는 선언적 주장을 넘어서서, 실제로 여타 제도들과의 복잡한 상호작용 메커니즘을 모델화하고 그것을 실제 데이터나 가상의 데이터를 통해 검증할 수 있게 된 것이다. 이론의 비판을 넘어서서 대안적 이론의 구축이 가능하게 되면서 경제사회학은 비로소 그동안 경제학과 사회학 진영에서 간헐적으로 표출되어 왔던 비판의 목소리들을 집대성하여 명실공히 사회제도에 대한 총체적 이해를 구체적 연구를 통해 실현하는 독립된 분과학문으로 자리를 굳히게 된 것이다.

그러나 경제사회학은 그 기대에는 도달하지 못하고 있는 실정이다. 경제사회학이 기존의 경제학이나 사회학이 안고 있는 약점을 보완하여 인간의 사회생활을 그토록 크게 좌지우지하고 있는 사회제도의 본질과 성격을 구명하고, 나아가 그것을 토대로 인간에게 더 많은 자유와 더 많은 공존의 여지를 허용하는 보다 나은 사회제도를 찾아내는 데 도움이 될 수 있으려면 아직도 해결해야 할 과제들이 산처럼 쌓여 있다. 이제 어떤 과제를 어떻게 풀어낼 것인가의 숙제를 안고 그동안 경제사회학 분야에서 중요하게 다루어졌던 여러 이론적 전망들을 소개하는 장으로 들어간다.

제 2 장

신고전경제학의 이해

1. 서론: 왜 신고전경제학인가?

그동안 경제학은 사회학적 연구에 많은 영향을 끼쳤다. 게리 베커 (Gary Becker)의 가족이론을 비롯한 이른바 "인간행동에 대한 경제학적 접근"은 가족연구에 많은 파장을 남겼으며, 만쿠르 올슨(Mancur Olson) 의 집단에 대한 경제학적 분석은 집합행동론에, 그리고 올리버 윌리엄 슨(Oliver E. Williamson)의 거래비용 경제학은 조직론 분야에 큰 영향 을 미쳤으며, 욘 엘스터(Jon Elster)와 존 로머(John E. Roemer)의 신고 전경제학적 맑스 해석은 분석 맑스주의(*Analytic Marxism*)라는 독자적 흐름을 형성하는 등, 경제학이 사회학 고유의 분야에 직간접적으로 영 향을 준 사례는 헤아릴 수 없이 많다.[1] 한편 경제학이 이처럼 사회학 분야의 연구에 영향력을 확대해 가는 것에 대해 많은 사회학자들은 우 려와 비판을 제기했다. 혹자는 이러한 정황을 "경제학적 제국주의"(*eco-*

---

[1] 이에 대한 리뷰로는 Smelser and Swedberg(2005), Dobbin(2005), Baron and Hannan(1994), Himmelstrand(1992), Smelser and Swedberg(1994) 등을 참조.

nomic imperialism)의 준동으로 규정하면서 경제학의 부당한 침략에 맞서 사회학 고유의 영토를 수호할 것을 역설하기도 했다(예컨대 Hirsch et al., 1990). 반면 사회학 측에서도 그동안 축적해온 고유한 분석도구를 이용하여 시장, 경쟁 등과 같은 경제학적 주제들을 사회학적으로 분석하기 시작했다. 2)

그러나 사회학과 경제학 사이에 진행되고 있는 이러한 무성한 "대화" 속에서 과연 우리는 사회경제적 현상들에 대한 과학적 이해를 증진시켜줄 실마리를 찾아낼 수 있는가? 다시 말해 오늘날 진행되고 있는 경제학과 사회학의 대화는 과연 생산적인가? 아니면 아직까지도 미로프스키(Philip Mirowski, 1989)의 책 제목대로 "열기만 무성하고 빛을 비추어주지는 못하는"(*More Heat Than Light*) 단계에 머물러있는가? 무릇 타학문분야와의 교류가 결실을 맺을 수 있으려면 그 학문분야에서 통용되는 접근방식을 정확히 이해할 필요가 있다. 그렇지 않은 가운데 진행되는 학문적 교류는 타 학문의 분석도구에 대한 무조건적 배척이나 맹목적 모방을 낳기 쉽다. 따라서 경제학과 사회학의 교류가 그 어느 때보다도 활발한 지금이야말로 사회학이 경제학의 이론화 방식에 대한 이해를 갖추어야 할 때이다. 그러나 경제학과 사회학 사이의 학문적 교류의 양적 증대와 그에 대한 무성한 비판과 반성들에도 불구하고 사회학 진영에서 경제학의 이론구축 방식을 정확하게 파악하고자 하는 노력은 상대적으로 미미했다. 이 글은 신고전주의 미시경제학(*neoclassical micro-economics*) 3)의 이론구조와 방법론적 기본입장을 상세하게 살펴봄으로

---

2) 시장에 대한 사회학적 접근을 개괄한 연구로는 이택면(1996), Swedberg (1994), 이재열(1994) 등을 참조.

3) 여기서 신고전주의 미시경제학이라고 함은 제번스(William S. Jevons), 왈라스(Leon Walras), 마셜(Alfred Marshall) 등을 필두로 하는 19세기 말엽의 이른바 "한계효용학파의 혁명"(*marginalist revolution*)과, 그 이후 이들의 분석을 현대 미시경제학 이론의 토대로 삼아 20세기 초반에 이를 수학적으로 더욱 정교화시킨 "형식주의 혁명"(*formalist revolution*)에 이르는 경제학 이론의 조류를 지칭한다(Landreth and Colander, 1994: chs. 8~11, 15).

써, 그동안의 이 결핍을 보충하고자 한다. 4)

　신고전주의 미시경제학의 이론구조는 혹자가 표현했듯이 여러 대가들의 현란하고 정교한 솜씨로 구축된 정밀하고 웅장한 성당과 같아서, 이곳을 둘러보는 인접 학문에 속한 순례자들의 입에서 경탄의 소리를 자아낸다(Swedberg et al., 1990). 무릇 타지로의 여행이 여행자에게 유익한 것이 되려면 무엇보다도 맹목적 찬사와 무조건적인 배척을 경계해야 한다. 그 여행지가 미답의 생소한 곳일수록 더욱 더 그렇다. 신고전주의 미시경제학은 그 이론구축 방식이나 목적에서 사회학과 크게 다르다. 그 '다름'의 정도는 정치학이나 역사학과 사회학 사이에 존재하는 '다름'의 정도보다 훨씬 더 크다. 그렇기 때문에 신고전주의 미시경제학으로 떠나는 탐사여행은 여타 인접 사회과학 분야로의 여행에 비해 무조건적 배척과 맹목적 찬양에 대한 경계를 더욱 더 철저히 해야 할 필요가 있는 여행이라고 할 수 있다. 경제사회학이 신고전주의 경제학 분야를 둘러보면서 '타산지석'을 찾아내려고 한다면, 그 웅장한 이론적 구조물의 위용에 압도당한 채 경탄을 연발하는 태도를 지양해야 할 뿐만 아니라 선입관에 의한 무조건적 배척도 지양해야 한다. 이 글은 바로 이러한 태도들을 지양하는 가운데 신고전주의 미시경제학의 이론화 방식을 객관적으로 이해하는 것을 목표로 한다. 보다 더 구체적으로 말

---

4) 왜 경제학 내의 여러 조류들 중에서 신고전주의 미시경제학을 경제학적 이론화 방식의 대표격으로 선정하는지에 대해서는 굳이 변명이 필요 없을 듯하다. 대부분의 경제학 방법론 연구자들이나 경제학사 연구자들은 경제학 내에서의 많은 비판과 대안적 흐름들에도 불구하고 아직까지는 신고전주의 미시경제학이 입각하고 있는 방법론적 원칙과 이론구축 방식이 경제학 전체를 대표할 만 한 주류이자 지배적 "패러다임"이라는 점을 인정하고 있다(예컨대 Blaug, 1980; Caldwell, 1982; Rosenberg, 1992). 그리고 사회학적 연구에 원용되어 경제학과 사회학 간의 학문적 교류 신장의 계기가 된 경제학적 분석도구란 것들도 신고전주의 미시경제학의 분석도구들이거나 최소한 그것에서 파생된 것들이라고 할 수 있다. 경제학적 분석 도구의 수용을 비판적으로 바라보는 사회학자들이 주된 공격의 대상으로 삼았던 것도 바로 이 신고전주의 미시경제학과 그 변종들이었다.

해, 이 글은 신고전주의 미시경제학의 이론구조를 해부하고 그것이 입각하고 있는 방법론적 기본입장을 살펴봄으로써, 신고전주의 미시경제학의 생소한 이론화 방식을 보다 덜 생소한 것으로 만드는 데 도움이 되고자 한다. 궁극적으로 이 장은 경제학의 이론화 방식과 그 방법론적 기초가 무엇인지에 대한 진지한 이해를 토대로 경제학과 사회학이 어떤 자기변화 노력을 기울여야 하는가를 살펴봄으로써 경제학과 사회학 간의 생산적 대화를 촉진시키는 데 일조하는 목적을 지니고 있다. 5)

2. 신고전경제학의 과학철학적 기초

신고전주의 미시경제학은, 명시적이든 암묵적이든, 비교적 일관된 과학철학적 전통에 입각하여 구축된 이론체계다(Blaug, 1980; Caldwell, 1982). 이 과학철학적 입장이란 다름 아니라, 과학적 이론이란 모름지기 경험적 현상을 설명(*explanation*)하고 예측(*prediction*)할 수 있어야 한다는 것을 전제하면서 현상을 설명하고 예측한다는 것이 무엇을 의미하며 이론이 이런 목적들을 달성하기 위해서는 어떻게 구성되고 검증돼야 하는가를 밝히는 것을 주된 내용으로 한다. 그렇다면 신고전주의 미시경제학의 방법론적 기본입장을 보다 정확히 파악하기 위해서는 이론이란 무엇이며, 설명과 예측이란 무엇이며, 이론을 검증한다는 것은 무엇을 의미하는가 하는 과학철학적 주제들을 검토해보아야 할 것이다. 6)

---

5) 이러한 문제의식이 결코 독창적인 것은 아니다. 바론과 해넌이 경제학이 현대 사회학에 미친 영향을 객관적으로 조명해보려는 최근의 연구에서 언급한 문제의식 —"〔경제학과 사회학 간의〕 학문적 교류의 가능성을 십분 활용하기 위해서는 상대방 학문의 전제에 대한 보나 나은 이해가 필요할 뿐만 아니라 각 학문분야가 연구를 수행해나가는 방식에도 상당한 수정이 필요하다"—도(Baron and Hannan, 1994: 1113) 결국 이 글의 문제의식과 궤를 같이하는 것이라고 할 수 있다.

6) 이 글에서는 이와 같은 세 가지 주제들을 각각 이론의 구조에 대한 가설-연

1) 설명과 예측

신고전주의 미시경제학의 이론관에 따르면 이론이란 하나 혹은 그 이
상의 이론적 모델(*theoretical models*)들로 이루어진 연역체계이다. 이론
은 위계구조(*hierarchy*)를 이루고 있다. 그 정점에는 전체 이론의 전제
가 되는 기본가정이 자리잡고 있으며 가장 아랫부분에는 이론의 최종결
론이 자리잡고 있다. 그 중간지대에는 수많은 층위의 진술들이 연역논
리에 의해 연결되어 이론의 기본가정과 최종결론을 이어주는 연쇄를 이
루고 있다(Caldwell, 1982: ch. 3; Earman and Salmon, 1992). 이때 상
위의 진술은 하위진술이 연역되어 나오는 전제가 되며, 이 하위진술은
다시 그 다음 하위진술의 전제가 된다. 이처럼 하나의 이론이란 기본가
정에서 출발하여 최종결론에 이르는, 엄밀한 연역추리 규칙에 의해 짜
여진 진술들의 위계구조이다. 그리고 이론이라는 논리적 구조물은 엄격
한 연역추리에 의해 짜여진 것이므로 이론의 기본전제가 참이면, 그 최
종결론도 반드시 참이다.[7] 이러한 이론관에 입각해 있는 신고전주의
경제학은 가장 보편적이고 포괄적인 기본가정으로부터 출발하여 순수
연역추리의 과정을 거쳐 하나의 모델을 만들어내고, 이 모델의 최종결
론을 다음 모델의 전제로 삼아 또 다른 모델을 연역해내는 식으로 하나
의 이론을 구성한다(Gibbard and Varian, 1978; Stigum, 1990: 3).

이렇게 구성된 이론은 무슨 일을 하는가? 신고전주의 미시경제학은

역적 모델(*hypothetico-deductive model*), 과학적 설명에 대한 연역-법칙적
모델(*deductive-nomological model*), 이론의 검증에 대한 반증주의(*falsifi-
cationism*)적 입장을 중심으로 다루고자 한다(Keat and Urry, 1975; Blaug,
1980; Caldwell, 1982; Salmon, 1992; Earman and Salmon, 1992).

7) 타당한 연역추론은 전제가 참이면 결론도 반드시 참임을 보장해 준다. 예컨
대 '모든 사람은 죽는다', '소크라테스는 사람이다'라는 전제로부터 '소크라테
스는 죽는다'라는 결론을 이끌어내는 것은 타당한 연역추론이며 두 전제가
참이면 그로부터 연역되는 결론은 필연적으로 참이다. 타당한 연역추리의
규칙과 그 성격에 대해서는 Salmon(1992)과 Giere(1984: ch. 3) 참조.

이론이란 현상을 설명하고 예측하는 것이라고 못 박는다. 그렇다면 현상을 설명하고 예측한다는 것은 무엇을 의미하는가? 현상을 설명한다는 것은 일반법칙(*general law*, 혹은 이 맥락에서는 잘 검증된 '이론'이라고 보아도 무방하다)과 일련의 최초조건(*initial conditions*)들로부터 현상에 관한 진술을 연역해내는 것이다. 예컨대 어떤 기체의 압력을 두 배로 높였더니 그 부피가 반으로 줄었다고 하자. 이 현상에 대한 설명은 다음과 같은 일반법칙(이 경우에는 보일의 법칙)과 일련의 최초조건들로부터 기체의 부피가 반으로 줄었다는 진술을 연역해내는 것에 다름 아니다(Earman and Salmon, 1992: 45).

> 일반법칙: 온도가 일정할 때, 기체의 압력은 그 부피와 반비례한다
>   (보일의 법칙)
> 최초조건 1: 이 기체의 최초 부피는 1평방피트였다.
> 최초조건 2: 이 기체의 최초 압력은 1기압이었다.
> 최초조건 3: 압력이 2기압으로 높아졌다.
> 최초조건 4: 온도에는 변함이 없다.
> 결론: 그러므로 이 기체의 부피는 1/2평방피트로 줄어들었다.

이처럼 일반법칙과 최초조건들로부터 타당한 연역추리를 거쳐 피설명항이 도출된다면 피설명항에 대한 과학적 설명이 완료된 것으로 본다. 다시 말해 어떤 현상에 대한 설명이란 일반법칙과 최초조건으로부터 그 현상에 이르는 논리적 단계를 명시하는 것에 다름 아니다. 예측한다는 것도 설명한다는 것과 다를 바가 없다. 설명이 이미 일어난 일을 일반법칙과 최초조건들로부터 연역해내는 것이라면, 예측은 아직 일어나지 않은 일을 동일한 전제들로부터 연역해내어 이 전제들이 참이라면 그 일이 일어날 것임을 주장하는 것에 다름 아니다. 따라서 현상에 대한 설명과 예측을 제시할 때 가장 중요시되는 것은, 이론과 최초조건들에서 설명과 예측을 이끌어낼 때 논리학의 규칙에 맞는 타당한 연역추리가 행해졌느냐 아니냐 하는 것이다.

2) 경험적 검증과 반증주의

그렇다면 이론은 어떻게 정당화되는가? 경험과학의 이상을 공유한 연구자라면 그 누구도 경험적 현실에 입각한 검증을 통해 이론이 정당화된다는 데 이의를 달지 않을 것이다. 그러나 여기서 문제가 되는 것은 과연 이론의 어느 부분을 경험세계와 비교할 것인지, 나아가 그 결과가 경험세계와 부합한다고 해서 과연 그 이론이 참임이 검증된 것이라고 간주될 수 있는지이다. 신고전주의 미시경제학이 입각하고 있는 반증주의 과학철학은 다음과 같은 대답을 제시한다. 우선 경험적 테스트의 대상이 되는 것은 이론의 최종 결과물인 설명이나 예측이지, 기본가정을 비롯하여 거기에서 연역되어 나오는 개별적 진술들 하나하나가 다 경험적 테스트의 대상이 되어야 하는 것은 아니라는 것이 첫 번째 대답이다(Caldwell, 1982: ch. 3). 따라서 비록 이론의 기본가정이나 개별 진술들 중 일부가 관찰 불가능한 이론적 용어를 포함하는 것일 지라도 타당한 연역추론의 결과로 도출되는 이론의 최종결론(설명이나 예측)이 경험적으로 테스트 가능하다면 아무런 문제가 없다(Gibbard and Varian, 1978).

두 번째 질문에 대한 대답은 이처럼 이론의 최종결론이 경험세계와 부합하여 참임이 입증되었다고 해서 그 결론이 이끌려나온 모체인 이론 자체가 참임이 입증된 것은 아니라는 것이다. 결론의 참으로부터 전제의 참을 이끌어내는 것은 타당한 연역추리가 아니다. 앞서 지적했듯이 연역추리는 전제가 참일 때에 한해서 결론이 참이라는 것을 보장해줄 뿐이다. 결론의 진위 여부로부터 전제의 진위 여부를 도출해내는 타당한 연역추리는 결론이 거짓이므로 전제도 거짓이라는 것을 보여주는 것뿐이다.[8] 그렇다면 이론을 정당화하는 방법은 이론으로부터 과감한 예

---

8) 논리학에서 'p이면 q이다'라는 식의 조건적 주장으로부터 연역된 결론이 정당화되는 것은 두 가지 경우뿐이다. 'p이면 q이다', 'p이다', '그러므로 q이다'라는 식으로 전제를 긍정함으로써 결론을 긍정하는 경우와, 그것과 논리

측을 연역해내어(*conjecture*) 그것이 경험세계와 합치하지 않는다는 것을 보여줌으로써 해당 이론을 반박(*refutation*)하려는 노력을 계속하는 것이다(Blaug, 1980: ch. 1; Earman and Salmon, 1992: 63~64). 9) 앞서 살펴본 바와, 같이 연역추론의 규칙에 따르면 이론이 참임을 입증할 방도는 존재하지 않는다. 다만 이론이 틀렸음을 입증할 수 있을 뿐이다. 10) 따라서 이러한 과학철학적 입장에 입각하여 이론을 정당화하고자 한다면, 이론으로부터 현실과 부합하는 결론을 이끌어내는 것으로

적으로 동치인 경우, 즉 'p이면 q이다', '~q이다', '그러므로 ~p이다'라는 식으로 결론을 부정함으로써 전제를 부정하는 경우가 그것이다. 그러나 'p 이면 q이다', 'q이다', '그러므로 p이다'라는 식으로 결론을 긍정함으로써 전제를 긍정하는 추론은 이른바 '후건 긍정의 오류'를 범하는 것이다. 이는 다음과 같은 예를 살펴보면 분명해진다. '갑이라는 사람이 총각이면 그는 남자이다'라는 진술과 '갑이 총각이다'라는 진술로부터 '그러므로 그는 남자이다'라는 진술을 연역해내는 것, 그리고 '갑이라는 사람이 총각이면 그는 남자이다'라는 진술과 '갑이 남자가 아니다'라는 진술로부터 '그러므로 갑은 총각이 아니다'라는 진술을 연역해내는 것에는 아무 하자가 없다. 그러나 '갑이라는 사람이 총각이면 그는 남자이다'라는 진술과 '갑이 남자다'라는 진술로부터 '그러므로 갑은 총각이다'라는 진술을 이끌어내는 것은 분명 틀린 추론이다. 갑이 남자라고는 하지만 그는 총각일 수도 있고 기혼자일 수도 있기 때문이다. 이런 식의 논리적 오류에 대해서는 Blaug(1980: ch. 1), Giere(1984: ch. 4) 참조.

9) 포퍼(K. Popper)의 기준에 따른다면 과감하고 공격적인 결론을 내놓지 못하면 과학이 아니다. 포퍼는 과감하고 공격적인 결론을 내놓는 이론은 무자비한 테스트의 타깃이 될 것이라면서, 이론에 대한 무자비한 테스트야말로 과학적 진보를 추동하는 힘이라고 지적한다(Blaug, 1980: 249).

10) 예컨대 A라는 이론에서 B라는 예측을 이끌어냈다고 하자. 연역추론의 규칙은 만약 A가 참이면 B도 참이라는 것을 보장해줄 뿐이다. 그러나 우리의 관심은 그런 사소한 것에 있는 것이 아니다. 우리는 A가 참임을 입증하고 싶어한다. B가 참임을 보인다고 해서 A가 참임이 입증되는가? 아니다. 그것은 후건긍정의 오류를 범하는 것일 뿐이다. 우리가 A의 진위여부에 대해 연역추론의 규칙에 의거해 정당하게 내릴 수 있는 유일한 진술은 B가 거짓이므로 A도 거짓이라는 진술뿐이다. 연역추론의 규칙에 따른다면 우리는 이론이 틀렸음을 입증할 방법만을 갖고 있지 이론이 참임을 입증할 방법은 갖고 있지 못한 것이다.

이론의 검증을 마쳤다고 생각하지 않고 그 대신 이론에서 이끌어낸 결론이 틀렸음을 보임으로써 이론 자체를 거부하려는 시도를 반복하는 가운데 해당 이론이 이 반복적 시련을 얼마나 잘 견뎌내는지를 보여주어야 한다.

신고전주의 미시경제이론은 명시적으로건 묵시적으로건 이러한 과학철학적 이론관에 입각하여 만들어진 논리적 구성물이다. 이제는 이 구성물을 그 기본적인 축석(*building blocks*)에서부터 차근차근 살펴볼 차례다.

3. 신고전경제학의 이론구조

신고전주의 미시경제이론의 기본적 골격은 다음과 같다. 우선 전체 이론구조의 가장 밑바닥에는 경제 행위자는 주어진 제약하에서 자신에게 돌아올 어떤 양(*quantity*)을 극대화하고자 한다는 기본가정이 자리잡고 있다. 그리고 그 토대 위에, 개별 소비자와 생산자의 효용·이윤 극대화 모델, 개별 시장에서의 균형에 관한 부분균형 모델, 경제 전체를 구성하는 모든 시장들의 상호연관성에 관한 일반균형 모델이 연역추론의 연쇄고리에 의해 차곡차곡 쌓여 있다. 그러면 신고전주의 미시경제학이라는 전체 구조물을 구성하고 있는 이들 개별 축석들을 보다 더 자세히 살펴보자.

1) 극대화 가정과 한계분석(*marginal analysis*)

신고전주의 미시경제학은 인간의 경제적 행동(나아가 인간행동 일반)은 어떤 특정한 양(*quantity*)을 극대화하고자 하는 행동이라고 간주한다(예컨대, Becker, 1976). 이처럼 인간행동을 극대화행동으로 간주한다면 인간행동은 미분을 이용한 소위 "한계분석"(*marginal analysis*)이라는 분석논리를 통해서 모델화될 수 있다. 다음에 살펴볼 평이한 수학문제는 한계분석의 논리가 어떻게 극대화행동에 대한 모델화에 적용될 수 있는가를 명료하게 예시하고 있다(Cohen and Cyert, 1975: ch. 3). 여기 2,000m의 울타리를 칠 수 있는 철조망을 가진 한 사람의 농부가 있다고 가정하자. 그는 이 철조망으로 임의의 토지에 직사각형 울타리를 치고자 한다. 과연 그는 울타리의 가로와 세로의 길이를 몇 m로 해야 자신의 토지면적을 극대화할 수 있을까? 여기서 이 농부가 극대화하고자 하는 양은 자신의 토지면적이고, 이를 위해 자신이 결정할 수 있는 선택지는 가로와 세로의 길이이다. 그러나 이 농부가 사용할 수 있는 철조망의 길이는 2,000m로 제한되어있다. 따라서 그는 가로, 세로의 길이를 동시에 늘일 수는 없고, 가로의 길이를 늘이려면 세로의 길이를 줄여야 하는 제약하에 놓여 있다.

우리는 한계분석을 이용하여 이 농부가 직면한 토지 극대화 문제를 다음과 같이 해결할 수 있다(〈그림 2-1〉참조). 우선 가로 750m, 세로 250m로 철조망을 쳐서 187,500m²의 토지를 확보했다고 하자. 여기서 가로 길이를 749m로 줄이는 대신 세로 길이를 251m로 늘린다면, 그리 함으로써 늘어나는 토지의 면적은 749m², 줄어드는 면적은 250m² 가 된다. 전체 면적은, 면적의 증가분이 감소분보다 많으므로, 187,500 + (749－250) = 187,999m²로 늘어난다. 이런 식으로 계속해서 가로의 길이를 1m씩 줄여나가고 세로의 길이를 1m씩 늘여나갈 경우, 늘어나게 되는 면적이 줄어들게 되는 면적보다 넓은 경우 전체 면적은 늘어나게 된다. 그러므로 전체 면적이 극대값을 갖게 되는 지점은 가로의 길이를 줄임으로써 줄어들게 되는 면적과 세로의 길이를 늘임으로써 늘어나게 되는 면적이 정확하게 같아지는 지점이 된다. 즉, 가로와 세로의 길이가 각각 500m로 같아지게 되는 순간 이 농부의 토지면적은 극대화된다.

동일한 문제를 수학적으로 형식화해보면 다음과 같다. 이 문제는 농부의 토지를 극대화하는 논리적 조건이 무엇인가를 구하는 문제이며, 이런 유형의 문제는 '조건하의 극대화'(constrained maximization) 11) 라는

〈그림 2-1〉 농부의 토지 극대화와 한계분석

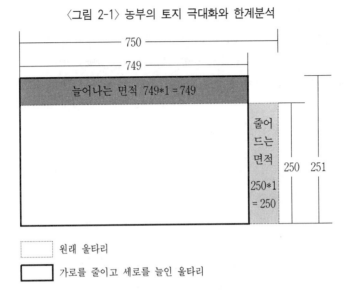

원래 울타리

가로를 줄이고 세로를 늘인 울타리

미분 테크닉을 이용해서 해결할 수 있다. 우선 가로의 길이를 W, 세로의 길이를 L이라 하면 토지의 면적을 나타내는 함수 f는 다음과 같은 형태로 정의된다. $f(W, L) = WL$. 한편 울타리의 총 길이는 2,000m를 넘지 못하므로 W와 L은 $W + L = 1,000$이라는 제약하에 있다. 이제 농부가 처한 토지면적 극대화 문제는 $W + L = 1,000$이라는 제약하에서 함수 $f(W, L) = WL$가 최대값을 갖도록 하는 W와 L을 구하는 것으로 귀결된다. 우선 $W + L = 1,000$이라는 관계식을 이용하여 함수 f를 W에 관한 함수로 다시 쓰면 $f(W) = W(1,000 - W)$이다. 이 함수가 극대값을 가

---

11) '조건하의 극대화' 문제란 어떤 함수의 독립변수에 어떤 제한을 가할 때 그 제한 내에서 그 함수가 최대값을 갖게 되는 지점이 어딘가를 연역해내는 것을 주된 내용으로 한다. 예컨대 $0 \leq x \leq a$ 일 때 함수 $f(x)$가 극대값을 갖도록 하는 x를 구하라는 식의 문제는 가장 간단한 형태의 조건하의 극대화 문제이다. '조건하의 극대화' 테크닉에 대해서는 Chiang(1984: ch. 12)와 Jehle(1991: ch. 2) 참조.

질 필요충분조건은, 주지하다시피, 이 함수를 W에 관해 한 번 미분한 것이 영(zero)이 되고(first-order condition), 한 번 더 미분한 것이 음수가 되는 것(second-order condition)이다(Chiang, 1984: Part 4). $f(W)$를 W에 관해 한 번 미분한 것을 0으로 두면,

$$\frac{df(W)}{dW} = 1,000 - 2W = 0$$

이다. 그러므로 $W = 500$이며, $W + L = 1,000$이므로 L 역시 500이다. 한편 $f(W)$를 한 번 더 미분한 값이 음수(-2)이므로, $W = L = 500$은 농부의 토지면적을 나타내는 함수 f가 극대값을 갖기 위한 필요충분조건이 된다. 이상과 같이 우리는 농부가 토지면적의 극대화를 추구한다는 가정과 그가 처한 제약으로부터 그가 가로 세로의 길이가 모두 500m가 되도록 울타리를 칠 것이라는 논리적 귀결을 미분을 이용해서 연역해 냈다.

이처럼 한계분석의 핵심은 개인이 어떤 양을 극대화하고자 한다는 것을 가정한다면, 그 가정과 주어진 제약조건들로부터 어떤 행위결과가 논리적으로 도출될 수 있는가를 구명하는 것이다. 그리고 이 작업은 극대화하고자 하는 양을 개인이 선택할 수 있는 선택지의 양에 의해 정의되는 함수로 나타내고, 그 선택지의 범위를 제한하는 관계식을 이끌어낸 다음, 그 제약하에서 이 함수가 극대값을 가질 조건을 미분을 이용해 밝혀냄으로써 완성된다. 이러한 한계분석의 논리는 개별 소비자와 생산자의 의사결정 모델에 그대로 적용된다.

2) 소비자 모델과 생산자 모델, 그리고 여타 가정들

이제 농부에서 소비자와 생산자로 논의의 초점을 옮기자. 소비자의
경우는 극대화의 대상이 토지면적이 아니라 재화를 소비하는 데서 얻는
만족, 즉 효용(utility)이다. 토지면적이 울타리의 가로 세로 길이에 의
해 정해지듯이 효용의 크기는 어떤 재화를 얼마만큼 소유하느냐에 의해
결정된다. 또한 울타리의 길이가 제한되어 있듯이 재화의 소유는 소득
의 제한을 받는다. 이런 상황에서 소비자는 어떤 의사결정을 내릴 것인
가를 연역해내는 것이 신고전주의 소비자 모델의 핵심이다.

언뜻 보아 이 문제는 토지면적 극대화의 경우처럼 한계분석의 적용
으로 쉽게 해결될 수 있을 것 같다. 그러나 그렇지가 않다. 앞서 살펴
보았듯이 한계분석을 적용하려면 극대화하고자 하는 대상을 나타내는
미분가능한 함수가 존재해야 한다. 직사각형 토지의 면적을 나타내는
함수가 존재하고 그것이 가로와 세로의 길이에 의해 정의된다고 간주하
는 것에는 아무런 논리적 하자가 없다. 그러나 과연 개인의 심리상태인
효용을 나타내는 함수가 존재한다고 할 수 있는가? 신고전주의 미시경
제이론의 소비자모델은 인간의 선호(preference)에 대한 몇 가지 가정들
을 추가로 내세움으로써 이 문제를 해결한다.

여기서 선호란 단순히 두 개의 재화묶음을 서로 비교하여 둘 중 하나
를 더 좋아한다거나 좋아함의 정도가 똑 같다거나(indifferent) 하는 판단
을 내리게 만드는 심리상태를 일컫는다. 한편 효용함수란 각 재화묶음
을, 어떤 사람이 그것을 소유함으로써 느끼게 되는 만족의 크기와 대응
시키는 함수이다. 그러나 이 함수는 어떤 사람이 재화묶음 A를 가졌을
때 얼마만한 크기의 만족을 느끼는가를 나타낼 필요는 없다. 다만 그의
효용함수는 다음과 같은 성질을 갖는 것이기만 하면 된다. 즉, 이 사람
의 선호가 예컨대 A를 B보다 더 좋아하는 것이라고 한다면 이 사람의
효용함수에 A를 대입한 값이 B를 대입한 값보다 더 크기만 하면 되는
것이다. 신고전주의 소비자 모델은 이런 성질을 갖는 효용함수가 존재

40

하기 위해서는 어떤 수학적 조건이 갖추어져야 하는가를, 즉 효용함수가 존재하기 위한 충분조건이 무엇인가를, 밝히고자 한다. 그리고 인간의 선호가 합리적(rational)이기만 하면, 다시 말해 선호가 이전성(transitivity), 망라성(completeness), 재귀성(reflexivity)을 갖추고 있기만 하면, 그러한 선호를 표현하는 미분가능한 효용함수가 존재한다는 것을 증명해냈다.[12] 이렇게 하여 효용함수의 존재를 입증하고 나면 개별 소비자의 효용극대화 선택은 전형적인 한계분석 테크닉을 이용해 모델화될 수 있다.

1과 2라는 두 개의 재화가 있고 각 재화의 소비량을 각각 q_1, q_2라고 하면, 이 재화들을 소비함으로써 얻는 개별 소비자의 효용은 $U(q_1, q_2)$라는 함수로 표현될 수 있다. 이제 자신의 효용을 극대화하고자 하는 이 소비자가 당면한 의사결정 문제는 효용함수 U가 극대값을 갖게 해줄 q_1, q_2를 정하는 것이 된다. 그러나 이 경우에도 소비자의 효용극대화 선택을 제약하는 조건이 있다. 이 조건은 다름 아니라 재화 1, 2의 가격 p_1, p_2와 이 소비자의 소득 M이다. 두 재화를 일정량 구매하는 데 소요되는 경비가 M을 넘어설 수 없기 때문에, 그리고 개별 소비자의 구매량이 해당 재화의 시장가격에 변동을 야기할 수 없다는 이른바 완전경쟁의 조건에 의해서, 이 소비자의 효용극대화 선택을 제약하는 조건은 $M = p_1q_1 + p_2q_2$와 같은 관계식으로 표현될 수 있다. 이제 이 소비자의 효용극대화 문제는 이 제약하에서 효용함수 U가 극대값을 가질 조건을 구하는 것이다. 한계분석의 예에서와 마찬가지로 재화 1을 한 단위 더 소비함으로써 늘어나는 효용의 증가분과, 재화 1을 한 단위 더 소비하기 위해 재화 2를 일정 단위 포기함으로써 초래될 효용의 감소분이 동일해지도록 1, 2의 구매량을 결정하면 그것이 곧 이 소비자의 효용을 극대화해주는 구매결정이 된다. 이 구매결정으로부터 소득과 타

---

12) 이 세 가지 성질이 구체적으로 무엇인지에 대해서는, 그리고 구체적 증명 내용에 대해서는, Varian(1992: 94~97), Jehle(1991: 119~135)를 참조.

재화의 가격이 불변이라면 해당 재화의 가격이 상승할수록 수요량은 하락하는 전통적 형태(downward-sloping)의 소비자 수요함수가 도출된다.

이제는 소비자에서 생산자로 눈을 돌려보자. 개별 소비자의 경우와 마찬가지로 개별 생산자도 어떤 양을 극대화하고자 하는 것으로 가정되며, 여기서 극대화의 대상이 되는 양은 다름 아니라 이윤(profit)이다. 개별 생산자가 직면한 문제는 어떤 투입물을 얼마만큼 사서 얼마만큼의 재화를 만들어 팔아야 자신의 이윤이 극대화될 것이냐 하는 문제이다. 이때 생산자가 직면한 제약조건은 가용한 생산 테크놀로지와 투입물의 가격, 그리고 자신이 만들어낸 재화의 가격이다. 신고전경제학의 생산자 모델은 생산자가 극대화하고자 하는 이윤을 투입물의 양에 관한 함수로 정의하고 이러한 제약들 하에서 이 함수가 극대값을 가질 조건을 구함으로써 생산자의 이윤극대화 결정을 모델화한다. 이 모델에 따르면 생산자는 각 투입물을 한 단위 더 구매하여 생산에 임함으로써 늘어나게 되는 생산물의 증가분과 생산물의 가격을 곱한 것이 그 투입물의 가격과 동일해지도록 하면 자신의 이윤을 극대화시킬 수 있는 것이다. 어떤 투입물을 한 단위 더 늘임으로써 초래되는 생산물의 증가분을 그 투입물의 한계 생산물(marginal product, MP)이라 하면, 이에다 생산물의 가격 p를 곱한 것은 곧 투입물을 한 단위 더 늘임으로써 초래되는 수입의 증가분에 해당한다. 이것이 그 투입물의 가격과 같아야 한다는 것은 투입물을 한 단위 더 늘임으로써 초래되는 수입의 증가분이 그럼으로써 늘어나는 비용의 증가분과 같아야 한다는 것을 의미한다. 이는 세로의 길이를 늘임으로써 초래되는 면적의 증가분이 가로의 길이를 줄임으로써 초래되는 면적의 감소분과 같도록 되는 지점에서 농부의 토지면적이 극대화된다는 한계분석의 논리가 그대로 적용된 것에 다름 아니다.

신고전경제학적 생산자 모델의 다음 단계는 생산자의 이와 같은 이윤극대화 결정으로부터 이 생산자의 공급곡선을 이끌어내는 것이다. 투입물의 가격과 생산 테크놀로지가 각각 불변이라고 가정하면, 공급곡선이란 생산물의 가격과 그 생산물의 생산량을 대응시키는 함수이다. 다시 말해 투입물의 가격과 생산 테크놀로지가 주어져 있을 때 이윤극대화 선택을 하는 생산자가 주어진 가격하에서 얼마만큼의 생산물을 만들어낼 것인가를 보여주는 것이 바로 공급곡선인 것이다. 신고전경제학의 생산자 모델은 생산자의 이윤극대화 선택으로부터 주어진 조건하에서 재화의 가격이 상승하면 재화의 생산량도 증가한다는 전통적인 형태(*upward-sloping*)의 공급곡선을 도출해낸다.

3) 개별 시장 모델 : 부분균형

지금까지는 개별 소비자와 개별 생산자의 효용·이윤 극대화 결정으로부터 개별 소비자의 수요곡선과 개별 생산자의 공급곡선을 이끌어내는 과정이었다. 지금부터는 하나의 시장을 이루는 모든 생산자들과 소비자들의 개별적 극대화행동이 해당 시장 전체에 어떤 논리적 결과를 낳는가를 살펴보자. 그러기 위해서는 우선 이 시장에서 해당 재화가 각 가격대별로 얼마만큼씩 수요되는가를 보여주는 시장수요곡선과 해당 재화가 각 가격대별로 얼마만큼씩 공급되는가를 보여주는 시장공급곡선을 이끌어내야 한다. 시장의 수요 측면은 기본적으로 개별 소비자들의 총화(*aggregation*)에 지나지 않는다. 따라서 주어진 가격하에서 각 개별 소비자들의 효용극대화 선택에 의해 결정된 구매량을 모두 더하면 그 가격하에서의 시장 수요량이 된다. 이런 방식으로 각 가격대별로 구해지는 시장 수요량을 모두 연결하면 시장수요곡선이 된다. 즉, 시장수요곡선은 각 가격대별로 그 가격하에서 효용극대화 선택을 하는 개별 소비자들의 구매량을 모두 합한 것이다. [13] 개별 생산자의 공급곡선에서 전체 시장의 공급곡선이 이끌려 나오는 과정도 소비자의 경우와 다

---

13) 즉, 시장수요함수를 $D_m(p)$ 라 하고 각 개별 소비자들의 수요함수를 $D_i(p)$ 라 하면 $D_m(p) = \sum D_i(p)$ 이다.

르지 않다. 시장은 동질적인 재화를 생산하는 무수히 많은 생산자들이
상대방의 생산결정 여하에 개의치 않고 각기 자신이 처한 고유한 비용
조건하에서 자신의 이윤을 극대화해 줄 방향으로 공급행위를 추구하는
장이기 때문에, 이러한 시장에서의 각 가격대별 공급량은 그 가격하에
서 각 개별 생산자의 이윤극대화 선택에 의한 공급량을 모두 합한 것과
다름없다. 즉, 소비자의 시장수요곡선과 마찬가지로 시장공급곡선도
다름아니라 개별 생산자의 공급곡선을 총화한 것이다.[14] 시장의 수요
곡선과 공급곡선이 개별 소비자나 생산자의 수요·공급곡선을 모두 합
한 것이므로 각 소비자들의 소득이나 여타 재화들의 가격, 각 생산자들
이 직면한 생산 테크놀로지와 투입물의 가격 등은 여전히 불변하는 것
으로 간주된다.

  이제는 이 시장수요곡선과 시장공급곡선에서 개별 시장에서의 균형
(*equilibrium*)이 도출되어 나오는 과정을 살펴보자. 그러기 위해서는 우
선 균형이란 말이 무엇을 의미하는가를 명확히 할 필요가 있다. 경제학
에서 균형개념은 다음과 같은 상태를 일컫는 것으로 정의한다. 즉, 각
개별 행위자들의 극대화행동 결과가 서로 상충하지 않고 병립 가능하여
그 어느 누구도 자신의 행동노선을 바꾸고자 하는 인센티브를 갖지 않
음으로써, 시스템 전체가 정태적 상태에 머무는 것이다(Chiang, 1984:
35~36; Stigler, 1987: 178~179). 따라서 개별 시장에서의 균형이란 이
시장에 참여한 모든 소비자의 효용극대화 행동결과와 모든 생산자들의
이윤극대화 행동결과가 서로 상충하지 않고 조화되어 이 시장 전체에
더 이상의 변화가 초래되지 않는 상태를 일컫는다. 어떤 논리적 조건이
만족되어야 시장균형이 이루어지는가? 그것은 바로 시장수요곡선과 시
장공급곡선이 교차하는 것, 혹은 수요곡선과 공급곡선을 나타내는 두
방정식이 공통의 해를 갖는 것이라고 할 수 있다. 왜 그런가? 앞서 시

---

14) 즉, 시장공급함수를 $S_m(p)$ 라 하고 개별 생산자들 각각의 공급함수를 $S_i(p)$
   라 하면 $S_m(p) = \sum S_i(p)$ 이다.

장수요곡선은 개별 소비자의 효용극대화 선택의 총화임을, 그리고 시장공급곡선은 개별 생산자의 이윤극대화 선택의 총화임을 살펴보았다. 따라서 시장수요곡선상의 모든 가격-수요량 좌표와 시장공급 곡선상의 모든 가격-공급량 좌표들은 이 시장에 참여한 모든 소비자들의 효용을 극대화시켜주는, 그리고 모든 생산자들의 이윤을 극대화시켜주는, 점들이다. 이들 좌표들 중에서 모든 소비자와 생산자들의 개별적 극대화 행동들이 상충하지 않고 공존할 수 있게 해주는 지점은 두 곡선이 교차하는 점뿐이다.

개별 시장에서의 수요량을 나타내는 함수를 $Q_d = D(p)$라 하고 공급량을 나타내는 함수를 $Q_s = S(p)$라 하면, 결국 부분균형(partial equilibrium) 모델이란 시장수요 방정식 $Q_d = D(p)$와, 시장공급 방정식 $Q_s = S(p)$와, 이 시장에서의 균형상태를 나타내는 방정식 $Q_d = Q_s$가 공통의 해(solution)를 갖는지를 밝히는 것을 그 주된 내용으로 한다. 이 세 방정식으로 이루어진 연립방정식의 해는 곧 이 시장에서의 균형이 이루어지기 위한 논리적 조건에 해당한다. 즉, 이 연립방정식의 해가 Q_s^0, Q_d^0, p^0라 하면, 이는 곧 제각각 효용극대화를 추구하는 모든 개별 소비자들이 사고자 하는 총량과 각자 이윤극대화를 추구하는 모든 생산자들이 팔고자 하는 총량이 p^0라는 가격하에서는 정확하게 일치하여 재화의 부족이나 과잉이 없고($Q_d^0 = Q_s^0$) 개별 행위자들이 더 이상 행동노선을 바꿀 필요성을 느끼지 않기 때문에 이들로 이루어진 시장이라는 개별 시스템도 더 이상 변화의 여지를 갖지 않는다는 것을 의미한다.

4) 시장체계 모델 : 일반균형

부분균형 모델에서 주목할 점은 개별 소비자의 소득, 여타 재화의 가격, 생산요소의 가격 등이 모두 상수로 취급된다는 점이다. 다시 말해 부분균형 모델은 개별 소비자의 소득과 여타 재화의 가격과 생산요소의 가격이 불변일 때, 한 시장에 속한 개별 생산자들과 소비자들의 극대화

행동이 어떤 균형 상태로 귀결될 것인가를 밝히고자 할 뿐이다. 그러나 일반균형(*general equilibrium*) 모델은 경제를 구성하는 모든 시장들을 대상으로 함으로써 부분균형 모델에서 상수로 취급되었던 것들을 모두 모델 속에 포섭함과 아울러, 개인의 극대화 행위가 하나의 개별 시장에 대해서가 아니라 경제 전체에 대해 어떤 논리적 함의를 갖는가를 밝히고자 한다.

　앞서 우리는 A라는 재화가 거래되는 시장에서의 수요곡선을 그 재화의 가격에 대한 함수로 정의한 바 있다. 그것은 개별 소비자의 소득이나 여타 재화들의 가격이 불변이라는 것을 가정했기 때문이다. 이제는 이 가정을 폐기해보자. 그렇다면 개별 소비자의 효용극대화 선택은 A의 가격뿐만 아니라 소비자의 소득과 타 재화들의 가격에 의해서도 영향을 받는다. 따라서 이 시장의 수요함수는 그 재화의 가격 하나에 대한 함수가 아니라 모든 소비자의 소득수준과 그 재화를 제외한 모든 재화의 가격에 대한 함수로 정의된다. 여기서 소비자의 소득수준은 각 소비자들이 소유한 생산요소를 요소시장에서 생산자에게 판매함으로써, 즉 각 소비자가 보유한 생산요소의 가격에 의해 결정된다. 따라서 이 시장의 수요함수는 각 소비자가 보유한 생산요소를 포함한 모든 재화 및 서비스의 가격에 의해 정의되는 함수라고 할 수 있다. 이는 비단 재화 A에 대한 시장뿐만 아니라, 이 경제를 구성하는 모든 시장에 대해서도 그대로 적용된다. 한편 A의 공급함수 역시 부분균형 모델에서는 A의 가격 하나에 의해 정의되는 함수로 간주되었다. 그리고 그것은 타 재화의 가격과 생산요소 및 중간재의 가격이 불변이라는 가정 때문이었다. 이 가정을 폐기해 보면, 수요함수의 경우와 마찬가지로 A의 공급함수도 A의 가격뿐만 아니라 여타 재화와 생산요소와 중간재의 가격 모두에 의해 정의되는 함수가 된다. 그리고 이 역시 재화 A 시장뿐만 아니라 경제를 구성하는 모든 시장에 대해서 적용된다.

　한 경제 내에서 교환되는 재화와 서비스가 모두 n개라고 하자. 이 속에는 모든 생산요소와 모든 중간재와 모든 최종 소비재가 포함되어 있

46

다. 즉, 이 경제는 n개의 시장들로 이루어진 체계이다. 부분균형 모델은 이 중 i번째 시장에서의 균형상태를 나머지 $n{-}1$개의 시장에서의 균형을 가정한 상태에서 연역해내는 것이었다. 그러나 이 가정을 폐기하고 나면 i번째 시장의 균형은 나머지 $n{-}1$개 시장의 균형과 동시에 연역되어야 한다. 일반균형 모델은 n개의 시장 모두에서 균형이 동시에 이루어지는 것이 논리적으로 가능한가를 밝히는 것이라고 할 수 있다. 우선 첫 번째 시장에서의 수요량을 Q_d1이라 하면, 이는 해당 재화의 가격 p_1과 이 경제를 구성하는 다른 $n{-}1$개 재화의 가격들에 대한 함수로 표현된다. 즉, $Q_d1 = f_1(p_1, \cdots, p_n)$이다. 두 번째 시장에서의 수요량 Q_d2도 또 다른 형태의 함수 $f_2(p_1, \cdots, p_n)$로 표현된다. 그렇다면 n번째 시장에서의 수요량을 나타내는 함수는 당연히 $Q_dn = f_n(p_1, \cdots, p_n)$이다. 결국 이 경제의 수요측면은 이 같은 n개의 방정식으로 표현될 수 있다. 한편 첫 번째 재화의 공급량 Q_s1 역시 $p_1, \cdots, p_n$의 영향하에 있다. 따라서 n개 재화 각각의 공급량을 나타내는 함수도 $Q_s1 = g_1(p_1, \cdots, p_n), \cdots, Q_sn = g_n(p_1, \cdots, p_n)$로 표현된다. 결국 이 경제의 공급측면도 n개의 방정식으로 표현되었다. 한편 첫 번째 시장에서 균형이 달성될 조건은 $Q_d1 = Q_s1$이며, 나아가 n번째 시장에서 균형이 달성될 조건도 $Q_dn = Q_sn$이다. 이 경제를 이루는 모든 시장들이 동시에 균형에 도달할 조건도 n개의 방정식으로 표현된 것이다. 일반균형 모델은 이 연립방정식 체계의 해가 존재하는지, 그것이 유일해인지(unique solution), 그리고 그것이 시간이 지나도 변함없이 안정적인지(stable)를 증명하는 논리적 작업이다.[15] 결국 일반균형 모델이란 한 경제를 구성하는 모든 시장에서 균형상태가 동시에 달성되게 하는 균형가격 벡터가 존재하며, 유일하며, 안정적이라는 것을 증명하는 논리적 작업의 결과물이라고 할 수 있다. 그리고 이러한 일반균형 상태란 논리적으로 볼

---

15) 일반균형의 존재, 유일성과 안정성에 대한 증명으로는 Arrow(1974), Quirk and Saposnik(1968) 참조.

때 모든 경제 행위자의 효용과 이윤이 극대화되고 경제의 각 부문에 잉여나 부족이 없는, 그리하여 변화에로의 어떠한 인센티브도 존재하지 않는 상태를 말한다. 다시 말해 각 경제 행위자들의 개별적 극대화행동이 '보이지 않는 손'에 의해 조정되어 전체 경제의 각 부문들이 상충하지 않고 조화로운 상태에 머물게 되는 것을 말한다.

4. 신고전경제학에 대한 재평가

1) 논리적 엄밀성과 경험적 검증

극대화행동 가정에서 출발하여 일반균형 모델에 이르는 미시경제학의 전 이론화 과정은 현실적합성과는 상관없는 순수 수학적·논리적 절차에 의해 진행된다. 결국 신고전주의 미시경제이론은 개인의 극대화행동 가정으로부터 논리학적 규칙을 통하여 전체 경제의 일반균형해 (*general equilibrium solution*)를 연역해내는 과정이라고 보아도 무방하다 (Stigum, 1990; Rosenberg, 1992).[16] 이는 이론이란 연역추론의 연쇄에 의해 연결되어 이루어진 진술들의 위계구조라는 신고전주의 미시경

---

16) 경제학 역사에서 연역추론의 엄밀성에 대한 강조는 리카도(David Ricardo)로 거슬러 올라갈 수 있다. 애덤 스미스의 이론적 전략이 연역추론을 통한 모델구축과 당시의 역사적 사실에 입각한 경험적 기술과의 조화를 꾀하는 것이었다면, 리카도의 그것은 후자를 무시하고 전자를 경제학이론 구축의 방법으로 확립시키는 것이었다. 리카도와 그의 뒤를 이은 시니어(Nassau Senior) 같은 이들은 경제학이론을 인간행동에 관한 몇몇 단순한 가정 위에서 엄격한 논리적 절차에 따라 구축되는 공리체계로 간주하였으며, 주어진 가정에서 결론을 이끌어내는 절차가 논리적으로 타당한가를 탐구하는 것이 경제학자의 임무라고 못박았다. 이러한 리카도의 방법론적 전통을 계승하고 그것을 더욱 발전시켜 미시경제이론을 수학적 공리의 체계로 완성해낸 것이 신고전주의 미시경제학의 업적이었다(Landreth and Colander, 1994: ch. 5, 6; Stigum, 1990: 6).

48

제학의 과학철학적 이론관과 전적으로 부합한다. 연역추리의 엄밀성에 대한 이러한 집착은 경제시스템의 조화와 균형을 '설명'하고 그 변화의 방향을 '예측'한다는 이론적 목표와도 밀접히 연관되어 있다. 신고전주의 미시경제학이 이론구축의 논리적 엄밀성을 그토록 중시하는 것은 개인의 극대화행동에서부터 타당한 연역추리를 거쳐 경제시스템의 일반균형이나 미래의 변화방향을 연역해낼 수 있어야만 경제시스템에 대한 이론적 설명과 예측이 이루어진 것으로 간주하기 때문이다. 이것은 전술한 과학철학적 입장 — 일반법칙과 최초조건들에서 피설명항을 연역해내는 것이 바로 과학적 설명과 예측에 해당한다고 보는 — 과 정확히 일치한다. 다시 말하자면, 신고전주의 미시경제학은 개인이 자신의 효용이나 이윤을 극대화하고자 한다는 일반법칙과 여러 최초조건들로부터 경제시스템의 일반균형을 연역해내는 과정을 수학과 논리학의 도움으로 더욱 더 정교하고 일관되게 만드는 것(또한 동일한 논리적 절차에 의해 경제시스템의 미래의 변화 방향을 연역해내는 것)을 이론적 목표로 삼고 있다(Arrow, 1974; Hausman, 1984).

그러나 논리적 엄밀성에 대한 강조는 이론의 경험적 정당화라는 쟁점에 있어서는 신고전주의 미시경제학의 족쇄가 된다. 만약 신고전주의 미시경제학이 기본가정에서 최종결론에 이르는 추론과정의 논리적 엄밀성만을 추구한다면, 신고전주의 경제학의 이론화과정은 논리적 사고력의 배양에 도움이 된다는 것 이외의 별다른 의미를 지니지 못할 것이다. 그리고 신고전주의 미시경제학은 기하학처럼 추상적 공리체계의 구축을 목표로 하는 응용수학의 한 분야에 지나지 않는다는 주장(예컨대 Rosenberg, 1992)도 결코 과장이 아닐 것이다. 전술한 과학철학적 입장에 따르면, 이론구축의 과정에서 논리적 엄밀성이 금과옥조처럼 여겨지는 것은 최종 예측이 연역돼 나오는 과정에 논리적 오류가 없어야만 그 최종 예측이 경험적 현실과 일치하지 않음을 보임으로써 해당 이론을 반증할 수 있기 때문이다(물론 이렇게 반증을 시도하는 것은 궁극적으로는 이론이 얼마나 반증되지 않고 오래 버티는가를 보임으로써 해당

이론을 정당화기 위해서임은 말할 나위도 없다). 이론구축 과정의 논리적 엄밀성은 이론을 반증하기 위해서, 그리고 궁극적으로는 그것을 통해서 이론을 경험적으로 정당화하기 위해서, 필요한 것이다. 따라서 신고전주의 미시경제학이 자신의 과학철학적 입장에 충실하려면 기본가정에서 최종결론에 이르는 추론과정상의 논리적 엄밀성을 추구해야 할 뿐만 아니라, 경험세계와 비교하여 맞고 틀림을 판가름할 수 있을 만큼 구체적인 예측을 연역해내고 그것과 현실과의 비교를 통해 이론이 반증되는지를 끊임없이 테스트하는 작업을 병행해야 한다. 그러나 애석하게도 지금까지 신고전주의 미시경제학은 대체로 전자에 너무도 골몰한 나머지 그것과 동등한 중요성을 지니는 후자를 등한시해왔다. 경험적으로 테스트 가능한 이론을 만든다는 것은 모든 경제학자들의 공통된 이상이라고 한다면(Gordon, 1955: 150), 신고전주의 미시경제학의 이러한 태도는 스스로의 방법론적 이상에 충실치 못한 소치라고 할 수 있다. 17)

2) 방법론적 개체주의와 합리성 가정

신고전주의 미시경제학이 입각하고 있는 이와 같은 방법론적 기본입장을 이해한다면 사회학이 경제학을 바라보는 시각에 몇 가지 수정이 필요함을 인정하게 될 것이다. 사회학이 경제학적 접근방식을 받아들이는 데 가장 큰 걸림돌로 작용했던 것은 아마도 방법론적 개체주의와에 대한 거부감일 것이다. 그러나 앞서 살펴본 것과 같은 과학철학적 입장에 서 본다면 방법론적 개체주의와 극대화행동 가정을 우리는 다른 시각으로 볼 수 있다. 방법론적 개체주의(methodological individualism)에 대한 비판은 사회경제적 거시현상은 개인이라는 미시적 단위로 환원되

---

17) 이에 대해서는 거의 대부분의 경제학 방법론 연구자들이 동의하고 있다. 예컨대 Blaug(1980), Caldwell(1982), Rosenberg(1992) 등을 참조하라.

어 설명될 수 없다는 것으로 요약될 수 있다. 우리는 앞서 신고전주의 미시경제학의 이론구축 과정에서 연역추리가 중요한 위치를 차지한다는 것을 살펴보았다. 연역추론에 입각해서 이론을 구축하려고 한다면, 그리고 이론의 대상이 되는 현상의 기본 구성단위가 개인이라면, 연역추리의 출발점이 개인이 되는 것은 당연한 논리적 귀결이다. 그것은 삼차원 공간에 대한 기하학 이론을 구축할 때 점에서부터 추론을 시작해야함이 당연한 것과 마찬가지이다.

어떤 사회경제적 거시현상을 방법론적 전체주의(methodological holism)의 입장에서 설명한다고 가정해보자. 이러한 설명방식은 결국 개인을 전혀 언급하지 않으면서 하나의 거시구조로 다른 거시구조를 설명하는 것이다(Coleman, 1990: ch. 1). 이것은 거시구조 그 자체의 기원에 대한 설명이 아니라는 한계뿐만 아니라 한 거시구조가 다른 거시구조를 낳게 되는 구체적 인과 메커니즘을 밝히지 못한다는 한계도 안고 있다.[18] 예컨대 시장이라는 거시구조의 논리적 구성단위가 개인이라고 한다면, 이들 개인이 어떻게 해서 시장이라는 구조를 만들어내는지, 시장에서의 거시적 변화가 개인에게 어떤 영향을 미치는지, 그리고 그에 대한 개인들 각각의 미시적 반응이 모여 어떻게 시장에서의 또 다른 거시적 변화를 이끌어내는지 등을 밝혀야만 시장에 대한 타당한 설명이 될 수 있는 것이다. 이는 마치 물이 가득한 주전자의 뚜껑이 들썩거리

---

18) 물론 방법론적 개체주의를 극단까지 몰고 가면 어떤 거시구조의 출현을 설명하면서 여타의 거시구조에 대한 언급은 완전히 배제한 채 전적으로 개인의 행위에서부터 추론을 시작하는 결과를 낳을 수도 있다. 그러나 이것은 현실적으로 불가능하기 때문에 모종의 거시구조를 주어진 것으로 간주하고 그것이 개인의 행위에 미치는 영향과 그런 영향하의 개인의 행위가 모여 또 다른 거시구조를 낳게 되는 메커니즘을 밝히는 것이 보다 더 유용할 수도 있다. 그러나 어떤 입장을 취하든 간에 방법론적 개체주의의 핵심적 메시지 ― 거시구조의 등장과 변화는 반드시 그 거시구조의 논리적 구성단위인 개인의 행위에 대한 언급을 통해 설명되어야 한다는 것 ― 에는 변함이 없다 (Hedström and Swedberg, 1998: 7~13).

는 현상을 주전자 밑에 불을 지펴 가열했기 때문으로 설명하는 것보다는, 가열이라는 요인이 물분자에 어떤 영향을 미쳐서 주전자 내부의 압력이 늘어나게 되었으며 그 늘어난 압력이 주전자 뚜껑에 어떤 힘을 가해서 뚜껑이 들썩거리게 되는가를 밝히는 것이 더 타당한 설명인 것과 마찬가지이다(Hedström and Swedberg, 1998).

이처럼 신고전주의 경제학이 방법론적 개체주의를 채택하여 개인을 이론구축의 출발점으로 삼는 것은 전적으로 개인이라는 단위가 갖는 '논리적' 우선성 때문이며, 나아가 과학적 설명이란 이러저러해야 한다는 과학철학적 기본입장 때문이다.

그러나 이렇게 하여 개인을 이론구축의 출발점으로 삼는 것이 정당화되었다고 하더라도, 개인이 가지고 있는 여러 행동특성들 가운데 왜 하필 '극대화행동'을 가정해야 하는가 라는 문제는 여전히 남는다. 앞서 살펴본 과학철학적 기본입장은 극대화행동 가정의 채택을 정당화해 주지는 못한다. 앞서 제시한 과학철학적 전통에 따르면 기본가정이란 인간행동의 보편성을 잘 포착하면서도 그로부터 연역추리를 통해 정확한 (반증가능할 만큼 정확한) 결론을 이끌어낼 수 있는 성질의 것이기만 하면, 그것이 극대화행동을 가정하는 것이든 다른 무엇을 가정하는 것이든 상관없다. 따라서 극대화행동 가정으로부터 도출된 이론의 결론이 거짓임이 판명되었다면, 그리고 최초조건들이 모두 참이고 가정으로부터 결론을 이끌어내는 연역추리에 오류가 없었다면, 극대화행동 가정은 얼마든지 수정되거나 다른 것으로 대체될 수 있는 것이다. 그리하여 대안적 가정이 채택된다면 남은 작업은 그 가정으로부터 또다시 엄밀한 연역추리를 거쳐 결론을 이끌어내고 그 결론이 극대화행동 가정으로부터 도출된 결론에 비해 얼마나 반증되지 않고 잘 견뎌내느냐를 살펴보는 것이 될 것이다.

이처럼 극대화행동 가정이라는 것이 과학철학적 기본입장에 비추어 볼 때 결코 양보할 수 없는 마지노선이 아님에도 불구하고 신고전주의 미시경제학이 극대화행동 가정을 고수하고 있는 이유는 무엇인가? 그

것은 아마도 이 가정이 지닌 실용성 때문이라고 판단된다. 앞서 살펴본
바와 같이 개인이 어떤 양을 극대화하려고 한다는 가정은 미분 등의 수
학적 테크닉을 이용하여 인간행동에 대한 모델을 연역해내는 발판이 된
다. 신고전주의 미시경제학이 그동안의 비판에도 불구하고 극대화행동
가정을 버리지 못하는 것은, 앞서 살펴본 과학철학적 이상에 충실하려
면 현재 가용한 논리적·수학적 테크닉으로는 그것이 최선이기 때문이
다. 다시 말해 신고전주의 미시경제학은 극대화행동 가정이 비현실적
이라는 것을 알면서도, 보다 더 현실적인 가정을 채택했다가는 논리적
으로 엄밀한 연역이론을 구축할 수 없기 때문에 극대화행동 가정을 버
리지 못하는 것이다. 19)

이처럼 정확한 결론을 연역해내는 데 얼마나 도움이 되는가 라는 실
용적인 고려 때문에 극대화행동 가정의 고수가 정당화된다면, 우리는
이 가정이 현실에 부합하지 않는다거나 인간을 과소사회화된 존재로 그
리고 있다는 요지의 비판들을 가할 때 이 비판들이 과연 정당한 비판인
가를 한 번 더 생각해봐야 할 것이다. 개인의 극대화행동을 기본가정으
로 하는 이론이라고 해서 반드시 개인의 자유를 찬미하고 구조적 권력
의 억압을 무시하는 이론이 되는 것은 아니다. 이론과 그것이 입각하고
있는 기본가정은 그로부터 연역되어 나오는 결론이 얼마나 성공적으로
현실을 설명하고 예측하느냐에 의해 평가되어야지, 그것이 연상시키는
수사학적, 도덕적, 정치적 함의에 의해 평가되어서는 안 된다.

---

19) 콜먼도 양적(*quantitative*) 예측을 연역해낼 수 있으려면 극대화행동 가정에
   의존해야 한다고 주장함으로써 이와 비슷한 논지에서 극대화행동 가정을 옹
   호하고 있다(Coleman, 1990: 18~19).

5. 소결 : 생산적 대화를 위하여

지금까지 우리는 신고전주의 미시경제이론의 핵심 얼개와 과학철학적 기본입장을 살펴보았다. 이를 통해 우리는 신고전주의 미시경제학이 연역추론에 의해 이론을 구축해 가는 과정을 상세히 살펴볼 수 있었을 뿐만 아니라, 신고전주의 미시경제학이 연역적 이론화 전략을 따르는 것은 설명과 예측, 반증을 통한 이론의 정당화 등을 추구하는 특정한 과학철학적 입장에 비추어 볼 때 당연한(혹은 불가피한) 처사임을 알 수 있었다. 이를 통하여 우리는 경제사회학이 신고전경제학을 많이 비판하면서도 정작 그 이론구조의 정체에 대해서는 진지한 분석을 결여하고 있었던 그간의 결핍을 보충하고자 한 것이었다. 신고전경제학에 대한 이러한 이해가 시사하는 바는 다름 아니라 경제학자들이 입각하고 있는 방법론적 원칙이란 것이 사회학자들(최소한 일부 사회학자들)의 그것과 다르지 않다는 것과, 이러한 방법론적 공통분모를 전제로 할 때 그동안 사회학이 경제학적 접근방식에 대해 가했던 비판들 중 일부가 재검토되어야 한다는 것이다. 나아가 우리는 경제학과 사회학이 이러한 과학철학적·방법론적 이상을 공유한다면 두 학문분야에서 미진한 부분은 무엇이며, 앞으로 어떤 방향으로 학문적 노력을 기울여야 양자 사이의 협력과 교류가 생산적인 방향으로 나아갈 수 있을 것인지를 살펴볼 수 있게 되었다.

그러나 여기서 한 가지 분명히 해야 할 것이 있다. 그것은, 경제학의 방법론적 원칙과 사회학의 그것을 비교하거나, 둘 중에 어느 것이 더 '과학적'인가를 따지는 것은 우리가 의도하는 바와는 거리가 멀다는 점이다. 경제학, 특히 신고전주의 미시경제학이 입각하고 있는 방법론적 입장은 여러 다양한 과학철학적 전통들 중 하나에 지나지 않는다. 그리고 그것이 사회학이 입각하고 있는 방법론적 전통에 비해 우월하냐 아니냐는 과학철학 분야의 해묵은 논쟁을 다시 거론하지 않더라도 쉽게

단정짓기 어려운 문제임은 주지의 사실이다. 더욱이 사회학은 알다시
피 하나의 방법론적 원칙이 지배하는 학문분야가 아니라 방법론적 다원
주의의 실험장이라고 할 만큼 다양한 방법론적 원칙들이 통용되고 있는
분야라서 어느 한 방법론적 입장을 사회학의 대표격으로 내세울 수 없
는 형편이다.

　우리가 주장하고자 하는 바는 다만 경제학의 이론체계는 특정한 과
학철학적 원칙에 의거해서 구축된 것이라는 점과, 사회학이 경제학의
분석방식을 비판하거나 수용할 때 이러한 사실을 염두에 두어야 논리적
으로 타당한 비판과 수용을 할 수 있다는 것뿐이다. 나아가 판연히 다
른 방법론적 입장에 서서 상대방의 이론체계를 비판해 가지고는 각자의
방법론적 입장 차이를 재확인하는 것 말고는 소득이 없다는 것과, 두
학문분야 사이의 생산적 교류가 있으려면 최소한 방법론적 원칙에 있어
서의 합의는 있어야 한다는 것을 주장하고자 하는 것뿐이다. 결국 우리
는 사회제도에 대한 연구를 둘러싼 경제학과 사회학 사이의 대화가 생
산적인 것이 되게 하기 위해서는 경제학의 이론화 방식과 그 방법론적
기초가 무엇인지를 살펴보고 그것을 토대로 경제학과 사회학이 어떤 자
기변화 노력을 기울여야 하는가를 면밀히 살펴보아야 한다는 것을 결론
으로 삼아야 할 것이다.

제3장

맑스주의 경제사회학 전통

1. 서론 : 맑스주의의 기여

경제사회학의 출현은 사회과학의 제왕으로 평가되는 신고전경제학에 대한 전면적 거부와 맑스주의 전통에 대한 비판적 종합과 관련되는 만큼, 경제사회학이 안고 있는 이론적 과제는 신고전경제학과 맑스주의 이론에 대한 관계를 분명하게 하는 것이다. 신고전경제학과 맑스주의는 서로 대척점에 있는 패러다임이지만, 자본주의 경제에 관한 객관적이고 보편적인 법칙을 규명하려 한다는 공통분모를 갖고 있다. 그러나 분석의 자원은 매우 다르다. 신고전경제학은 자본주의 경제를 분석하는 도구로서 효용극대화와 합리성의 명제를 설정하였으며, 맑스주의 이론은 계급관계와 착취의 명제를 자본주의 경제 분석의 보편적 법칙으로 설정하고 있다.

맑스주의가 경제사회학 형성에 기여한 바는 무엇인가. 어떤 의미에서 맑스의 일관된 역사유물론은 경제사회학 발전의 장애물이 되기도 하지만, 그의 사고와 분석논리는 경제사회학 전개에 있어 중요한 위치를 차지한다. 초기 저작들에서 맑스는 이미 모든 것이 상품이 되어버린 상황에서의 사회적 관계, 노동과정의 왜곡, 좀더 인간적인 사회에서의 자아실현과 자본주의 사회에서의 소외 극복 등을 다루고 있다. 이어 맑스는 역사가 계급투쟁에 의해 발전한다는 이론을 전개했으며, 돈에 대한 사회학적 해석, 경제가 사회의 진정한 토대를 이룬다는 생각, 특정한 역사발전 단계에서는 생산력과 생산관계의 모순이 혁명을 가져온다는 사고를 꾸준히 강변하였다. 그는 《자본론》에서 자본주의적 생산의 자연법칙을 수립하려고 시도하였다. 이러한 논구가 있기에 1980년대 맑스주의를 신봉한 동구 사회주의의 붕괴와 같은 역사적 상황이 맑스 이론의 실천적 설득력을 약화시켰음에도 불구하고 여전히 많은 학자들이 그의 이론의 많은 부분들을 받아들일 만한 가치가 있는 것으로 간주한다. 특히 그의 저술을 참조하지 않고서는 베버의 《경제와 사회》나 슘페터의 《자본주의, 사회주의, 민주주의》 등을 이해할 수 없는 것으로 여겨진다(Smelser and Swedberg, 1994: 8~9).

맑스주의 전통은 경제사회학이 독자적인 학문영역으로 뿌리를 내리는 데 있어 필요불가결한 분석도구와 인식틀을 제공하고 있다. 맑스는 경제사회학에 대한 역사적 접근을 제시한 선구자로 여겨진다. 뿐만 아니라 경제현상이나 제도의 출현을 권력의 함수로 설정한 맑스주의 시각은 경제사회학의 논제를 만들어내는 데 지대한 영향을 미쳤다(Dobbin, 2005: 29~33). 이를테면 맑스가 확고하게 체계화시켜 놓은 긴장과 이해갈등으로서의 경제체계, 논란의 소지가 있기는 하지만 역사에 대한 경제중심적 해석, 경제와 사회와의 관계 규정, 보다 현실적인 행위자 개념의 개진, 사회역사적 시간 개념의 중시, 방법론적 개인주의의 거부 등은 경제사회학의 기본 이론틀인 역사제도론적 패러다임의 형성에서 기본골격을 이룬다. 흔히들 맑스주의를 사회과학의 새로운 패러다임 혹은 패러다임 전환으로 간주하는 주요 이유 중의 하나는 관계와 제도의 형성을 권력의 관점에서 접근하였기 때문이다. 비록 제도론적 패러다임은 학문영역에 따라 여러 학자[1]에 의해 집대성되었지만, 맑스의 저작 속에서 단초를 찾아볼 수 있다. 애덤 스미스를 비롯한 고전경제학자들은 개인과 이들이 가지고 있는 경제행위의 본성에 초점을 맞추지만, 맑스는 개인의 활동이 행해지고 있는 보다 넓은 사회·역사적 맥락에 초점을 맞추면서 경제행위의 외삽성 혹은 맥락의존성을 강조한다. 또한 맑스는 경제분석에서 사회로부터 독립된 경제를 상정하는 것이 아니라 문화적·제도적으로 구성된 경제를 분석한다(Halperin, 1994: 36). 개인의 합리적 교환행위의 총합으로부터 질서의 체계가 자동적으로 이끌려 나온다고 주장하는 고전경제학자들과는 달리, 맑스는 사회적이며 문화적인 맥락이 질서체계의 핵심임을 강조한다. 동일한 행동이라고 하더라도 각각의 행동은 상이한 사회적·역사적·제도적 맥락에서 상이한 사회적 의미와 결과를 나타내며, 각각의 경제는 사회·역사·제도적 맥락에 따라 그 정도의 차이뿐만 아니라 종류의 차이를 나타낸다는 것이다.

맑스주의는 합리성의 가정에 기초한 행위나 행위자 개념을 거부하고, 구체적 사회관계 속의 실제적이고 살아있는 현실적인 행위자를 설정한다. 이에 따라 행위와 행위자의 내연과 외포 역시 다양하고 넓다. 이것은 경제사회학의 사회적 행위자(social actor) 개념을 잉태하는 결정적 계기가 된다. 그러나 맑스주의의 모든 것이 경제사회학에 그대로 투영된 것은 아니다. 특히 경제와 사회 간의 관계설정이 그러하다. 경제사회학은 경제가 사회의 일부라는 가정에 기초하여 경제를 사회경제(social economy)로 개념화한다. 여기서 경제란 사회의 한 부분인 동시에 경제와 사회의 여타 부분들 사이에는 명확한 경계가 존재하며, 동시에 경제체계는 다른 체계와 구분되는 자신만의 자율성을 가지고 있다. 그러나 경제가 사회의 일부인가 아니면 독자적인 자율적 체계를 지녔는가에 대한 맑스의 입장은 도해하기 쉽지 않다. 슘페터가 지적하듯이 맑스

---

1) 대표적으로 폴라니(Polayni)를 들 수 있다. 폴라니는 생산력과 생산관계라는 맑스의 일반개념을 정교하게 다듬고 미국 인류학자들에게서 빌려온 민속지적 자료들을 덧붙여서, 경제(과정)에 관한 일반모델을 만들어, 경제사회학은 물론이고 특히 경제인류학 영역에 제도주의 분석을 뿌리내렸다.

의 이론은 경제학적이면서 동시에 사회학적이기 때문에, 그의 핵심개념과 명제들은 경제적이기도 하고 사회적이기도 하며, 두 학문적 지평위에서 동일한 의미를 지니는 것으로 정리될 수 있다(Schumpeter, 1975: 45). 그럼에도 불구하고 맑스의 입장은 경제를 사회경제로 개념화하는 경제사회학의 토양이 되었음이 분명하나, 맑스는 경제와 사회를 엄격하게 구분하는 입장에 대해 대안적 관점을 제시하기보다는 이러한 구분이 별로 실질적인 경제분석이나 자본주의 생산체제의 역동성을 이해하는 데 도움이 안 된다는 견해를 보인다.

다음으로 경제체계의 성격을 어떻게 특징지을 것인가 하는 문제는 경제사회학과 여타 관련 학문분야를 변별하는 또 하나의 중요한 항목이다. 경제체계를 일반균형으로 볼 것인가 아니면 이해와 긴장이 혼재하는 갈등상황으로 볼 것인가? 맑스주의는 경제체계의 성격을 긴장과 다양한 형태의 이해갈등으로 분석한다. 경제사회학은 주류 경제학이 말하는 일반균형을 거부하고 있지만 긴장과 이해갈등을 개념화하는 방식은 매우 다양하다. 맑스는 권력투쟁이 경제 내에서 진행되고 있음을 강력하게 개진한 대표적 논객이다. 즉 전체 사회 내에서 진행되고 있는 주요 투쟁들은 다양한 집단과 계급들에 의해 생산력이 조작되고 통제되는 방식들에 의해 결정되며, 모순적인 이해관계가 더 이상 조정될 수 없을 때 경제영역을 지배하는 규칙들은 파괴된다는 것이다(Swedberg et al., 1990: 71~72).

또한 맑스는 경제체계의 작동과정에서 나타나는 난폭성, 무자비함 또는 비효율성을 분석대상으로 한다. 개인 행위들의 결과가 일반균형을 도출한다는 주류 경제학과는 대조적으로, 맑스는 자본주의 과정을 불연속적이고 혼란과 소요로 점철된 과정이라고 규정한다. 자본주의의 모순과 위기의 발발을 통해 그 모순이 다소 혼란과 소요를 통해 해소되는 과정에 대한 맑스의 묘사는 잘 알려져 있다(Bottomore, 1992: 115). 물론 여기에서 그는 자본주의 역동성을 강조한다. 그에게서 자본주의란 기술발전과 자본주의적 생산의 필요에 의해 끊임없이 생산체제를 역동적으로 변화시켜 나가는 시스템이라는 것이다.

맑스주의의 독창성은 시간을 주요 설명인자로 위치짓는 사회·역사적 시각에서 그 진가가 확연하게 드러난다. 시간개념은 그동안 사회과학에서 근접하기 어려운 것으로 인식됨으로써, 무시 내지 간과되었던 논제 중의 하나이다. 대표적으로 주류 경제학에서는 분석단위 그 자체가 완벽하게 충족적일 만큼 시간의 흐름 역시 다른 조건이 동일하다면(ceteris paribus)이라는 철창 속에 갇히게 된다. 바꿔 말하면, 어떤 문제를 해결하기 위해서는 문제시되는 경제적 행위의 역사를 특별히 추적해 올라갈 필요가 없다는 것이다(Swedberg, 1990: 75). 이와는 대조적으로 사회분석에서 시간이 담당하는 역할의 중요성은 맑스주의 논의 전체에서 찾아 볼 수 있다. 이를테면 어떤 현상이 태동하고 진행되어온 시원적(genetic)이고 누적적인 측면이 분석의 핵심부분으로 작용하는 것이다. 경제생활의 통시적 측면과 공시적 측면을 동시에 다루는 것이다. 오늘의 경제생활은 기본적으로 역사·사회적인 누적의 산출물이라는 주장인 것이다.

경제사회학과 관련하여 언급을 요하는 맑스의 테마는 역사에 대한 경제중심적 해석일 것이다. 간략히 설명하면 모든 중대한 역사적 사건의 궁극적 원인과 주요 동인은 사회의 경제적 발달과정에서 찾아야 한다는 것이다. 그러나 사실 이 부분은 많은 논란을 불러일으키는 논제이다. 맑스주의자들에 의해서뿐만 아니라, 맑스 자신에 의해서도 여러 다양한 방식으로 해석되어 왔다. 사회변동이 실제로 일어나게 된 원인분석에서 기술진보에 강조점을 두기도 하고, 계급관계나 계급갈등을 강조하기도 하였다. 또한 경제적 토대라고 불리는 생산양식과 상부구조 간의 연관관계의 분석에서도 다양한 해석의 여지를 보이고 있다. 후대의 맑시스트들은 말할 나위도 없고, 맑스 자신조차 이 문제에 대해 경제결정론 혹은 조야한 기술결정론의 견해를 피력하기도 한다. 또한 생산양식이란 단지 개인의 물질적 존재의 재생산만을 의미하는 것으로 간주될 것이 아니라 개인들의 활동의 구체적 형태로 간주되어야 한다고

주장함으로써 생산양식에 대한 보다 포괄적인 사회학적 개념화를 제시
하기도 한다(Bottomore, 1992: 113).

2. 신고전경제학과의 비교

17세기를 전후하여 유럽에서 태동한 봉건사회로부터의 자본주의 사
회로의 이행은 인간의 삶과 사고의 방식에 급격한 변화를 가져오면서
새로운 사회조건을 이해하기 위한 새로운 이론의 모색을 요구하였다.
이러한 요구는 일차적으로 고전경제이론가들에 의해 수행되었다. 이들
은 자본주의 체제가 담보하고 있는 생산에서의 효율성, 기술의 역동성,
높은 수준의 생산력을 앞세워 자본주의의 실체를 정당화하였으며, 맑
스주의 전통은 이러한 고전주의 주류 경제학 입장을 거부하고 나섰다.
그러나 이 둘의 차이는 보다 근본적으로 자본주의 경제체제와 경제작동
메커니즘을 정의하고 분석하는 방식의 차이에서 연유한다. 경제사회학
의 태생과 깊은 관련을 맺고 있는 주류 경제학의 전통과 맑스주의 전통
과의 관계설정을 명확하게 해둘 필요가 있어 보인다.
두 학문 전통은 무엇보다 먼저 자본주의 경제체제에 대한 인식부터
다르다. 자본주의라고 할 때 신고전경제학은 고전주의 경제학의 선상
에서 다음과 같은 사회제도를 상정한다. 그것은 완전자유경쟁시장에
의한 모든 재화와 용역의 생산과 분배, 그리고 생산된 재화는 개인의
선택에 따라 자유롭게 처분된다는 사유재산제도이다. 어느 사회를 막
론하고 이러한 시장경제제도와 사유재산제도의 존재는 부의 생산을 확
보하여 준다고 신고전경제학자들은 굳건하게 믿고 있다. 특히 시장의
작동을 강조하는 신고전주의 경제학은 노동시장을 포함하여 모든 시장
을 단순히 분석의 한 단위로서만 간주하는 것이 아니라 각기 상이한 자
원을 소유한 개인들의 욕구를 조화롭게 수용하는 최적의 제도로 평가한
다. 동시에 신고전주의 경제학은 시장에서 발생하는 모든 행위를 자발

적인 것으로 간주한다. 즉 경제 행위자가 의도할 때만 노동을 비롯한 일련의 상품거래가 이루어진다고 봄으로써, 모든 거래는 생산자와 소비자, 자본가와 노동자, 채권자와 채무자의 이익이 공히 도모될 때에만 이루어지고 그렇지 않을 경우 거래는 성립되지 않는다고 본다. 따라서 시장에 참여한다는 것 자체가 모두에게 만족을 보장한다는 것이다. 여기에서 신고전경제학은 효율성과 최적성(optimality) 개념을 도출한다. 요컨대 신고전주의 경제학은 자본주의적 자유경쟁시장을 경제행위에 참여하는 모든 사람에게 이득을 주는 최적의 방안으로 간주하고 있으며 또한 시장이란 자유롭고 자발적인 상호교환의 장소인 만큼, 신고전경제학의 이론틀에서 경제적 의미의 착취란 존재하지 않는다.

한편 맑스주의가 전제하는 자본주의 상은 신고전주의 경제학과는 달리 자본주의 경제의 구조적 본질로서의 모순과 갈등으로 그려진다. 자본주의가 분명 전시대와 비교할 수 없는 정도의 생산에서의 효율성, 기술의 역동성을 지니면서 풍요를 약속한 체계임에도 불구하고, 노동자, 농민이 직면한 현실은 생산수단으로부터 분리되었을 뿐만 아니라 자본주의의 약속인 풍요의 혜택과는 너무나 거리가 멀다. 전자본주의 사회와 비교할 때 자본주의 사회는 분명 자유롭고 자발적인 노동력 판매계약에 기초하는 인간해방의 측면을 보여준다. 그러나 그것은 형식적인 것에 지나지 않았고 사실은 생산수단을 소유하지 못한 가난한 자와 약자를 자발적 형태로 착취관계로 몰아가는 것에 불과하다.

모두에게 만족을 보장하는 신고전경제학적 시장 메커니즘의 설명과 비교할 때 맑스주의 이론은 매우 다른 해석을 내리고 있다. 첫째, 신고전경제학의 기본 함수로 간주되는 시장에서의 수요와 공급, 이것들 간의 균형에서 찾아지는 가격이나 소득은 자본축적이라는 더 근본적인 생산동력의 짧은 기간 동안의 양적인 표현에 지나지 않는다고 보고 있다. 둘째, 소비를 시장을 통하여 이루어지는 욕구충족의 수단으로 간주하는 신고전경제학과는 대조적으로 맑스주의 이론은 이것을 생산과정에 준거를 둔 계급간 투쟁의 결과로 파악한다. 그리고 마지막으로 맑스주의 이론은 쌍방의 이해가 도모되는 자유시장의 개념을 거부하면서 이것을 생산관계에 기초한 계급모순이나 적대적 관계의 영속화 과정으로 평가한다.

다음으로 두 거대이론이 의존하는 설명방식을 살펴보면 신고전경제학은 인간 속성에 대한 가정과 이에 의거한 개인의 경제활동을 논의의 출발점으로 삼고 있다. 여기에서 인간은 생산적 자원의 소유를 토대로, 주어진 기술을 이용하여, 자연을 자신이 필요한 유용품으로 변형시키면서, 자기 이해적 효용을 극대화하는 행위자로 개념화된다. 즉 신고전주의 경제학은 개인을 일차적 분석범주로 설정하고 있으며, 여기서 개인은 합리적 의사결정자나 선택자로서의 경제행위자로 구체화된다. 나아가 신고전주의 경제학은 경제를 물질적 자기 이해를 극대화하려는 개인들의 집합적인 최종산물로 이해하고 있다. 궁극적으로 신고전주의 경제학은 개인을 자신의 욕구충족의 극대화를 위해 합리적으로 행동한다는 전제에 근거하여 보편적인 사회일반이론을 제시하려 한다.

이와는 대조적으로 맑스주의 이론은 개인 행동이나 그것의 속성보다는 사회구조 속에서 형성되는 구체적인 사회관계를 중시한다. 합리적 경제행위의 선택자를 분석단위로 설정하는 신고전주의 경제학과는 달리 맑스주의 이론은 생산수단과 노동과정 통제의 관계에 의해 규정되는 계급에 무게중심을 두고 있다. 맑스주의 이론은 경제란 계급관계의 복잡한 혼합체로서 착취가 발생하는 사회적 장소로 간주하면서, 착취를 계급관계의 가장 역동적 개념으로 위치짓고 있다.

3. 맑스주의의 분석논리

1) 핵심 개념 : 노동, 계급

자본주의에 대한 맑스주의 분석은 노동과 계급을 결절점으로 설정하면서 시작된다. 자본주의의 작동을 분석할 때 맑스주의자들은 무엇보다 먼저 노동이 여타 투입과는 질적으로 다르다는 점을 중시한다. 그것은 인간의 유적 존재나 본질(species being), 즉 인간에게만 있는 특유한 속성과 능력을 체현하기 때문이다. 노동은 인간의 삶을 영위하는 실체인 셈이다. 노동이란 객체로서 존재하는 외부적 자연대상에 인간이 지니고 있는 아이디어를 자유롭고 창조적으로 구현시키는 보편적 능력인 것이다. 이러하기에 노동은 기본적으로 자연을 인간의 욕구에 적합하도록 변형시키는 생산활동이다. 동시에 노동을 통해 인간 자신도 변화된다는 점을 중시하고 있다. 노동을 하는 인간과 노동을 하지 않는 인간 사이에는 질적인 차이가 있음을 함축하고 있다. 나아가 노동이 인간의 삶을 영위하는 실체라는 것은 그것이 의식적이고 목적성을 띨 뿐만 아니라 사회적으로 수행된다는 데 있다. 요컨대 노동은 실존적 조건이며 우리의 삶이 취하는 형태를 궁극적으로 결정짓는 요소라는 것이다. 그리고 맑스주의 이론은 노동이 원래 가치보다 더 큰 가치를 만들어 낼 수 있는 유일한 투입이라는 점과 자본가가 지불한 가치와 노동자의 노동이 만들어낸 가치 사이의 차이인 이윤이 자본주의 작동과 재생산의 토대가 됨을 중시한다.

맑스주의 이론에서 또 하나의 중요한 개념은 계급이다. 맑스, 엥겔스 그 누구도 체계적인 형식으로 계급에 관해 구체적이고 명확한 설명을 하지는 않았지만, 계급개념과 이의 분석은 맑스주의 이론의 전 저작에 가득차 있고, 어떤 의미에서 계급은 맑스 이론 전체의 출발점이자 종착점이라 할 수 있다. 이런 가운데 우리는 종종 왜 맑스주의 이론은 계급을 분석의 결절점이자 출발점으로 삼고 있는가 하는 질문을 던지게 된다. 이를테면 신고전경제학을 포함하여 여타 여러 이론들이 중시하는 개인 선호, 지정학적 환경, 권력, 테크놀로지 혹은 어떤 다른 것이 아니고 계급인가 하는 것이다. 이 질문의 해답을 찾는 과정에서 계급에 관한 많은 오해와 신화가 있는 듯하다. 다름 아닌 계급이 사회구조와 변동의 본질적이고 궁극적인 원인이기 때문에 계급을 분석의 출발점으로 설정한다는 것이다. 그러나 이것은 정확한 대답이 아니다. 이에 대한 대답은 맑스가 신봉하였던 이론의 사회적 역할로부터 찾아져야 할 것이다. 맑스에서 무엇보다 중요한 관심은 해방투쟁에 종사하는 새로운 정치세력의 발견이었으며, 이러한 관심은 맑스로 하여금 자본주의의 경제구조와 그 발전과정을 분석하게 만드는 축이 되었다. 부연하면 혁명적 프로젝트를 깎아 내리는 계급의 간과나 과소평가를 극복하기 위한 것이다. 즉 계급에 대한 완전한 이해 없이 사회는 자본주의의 폐해로부터 해방될 수 없는 만큼 계급은 자본주의 분석의 중심이 되어야 한다는 것이다(Wolff & Resnick, 1987: 236).

이에 따라 계급의 구조적 속성도 보다 분명하게 정의될 필요가 있다. 맑스주의에서 계급의 의미는 다음과 같은 속성을 배태하면서 구체적 실제로서 존재한다. 첫째, 계급은 다른 계급과의 사회관계에서 규정되는 관계적 개념이다. 서열적 층화만을 판별하는 계층개념과는 달리 관계적 개념은 관계적인 계급구조를 토대로 계급형성과 계급투쟁을 설명한다는 계급분석의 궁극적 목적에 접근할 수 있으며, 또한 이것은 역사과정의 질적 차이를 보여줌으로써 사회변동에 관한 역사경로를 단계 지울 수 있는 틀을 제공한다. 둘째, 계급이 내포하는 사회관계는 대칭적 관계가 아니라 적대적 관계이다. 이것은 어떤 한 계급의 이해실현은 불가피하게 여타 계급이 지니는 이해의 실현과 상충할 수밖에 없다는 것이다. 셋째, 이러한 적대적 이해관계의 토대는 착취이며, 마지막으로 이러한 착취는 생산관계에서 찾아진다. 이 네 가지가 계급 개념의 외연과 내포를 구성하는 기본속성이다.

2) 분석방법론

(1) 내생-외생변수 관계

맑스주의 전통은 내생/외생(*endogenous-exogenous*) 변수의 구별을 별로 중시하지 않으며 극단적으로 현실세계에서 외생적인 것은 없다고 강변한다. 이것은 내생/외생변수를 엄격히 구분하고, 경제적 내생변수를 경제외적 외생변수로 설명하고자 하는 신고전경제학의 전략과는 대조를 이룬다. 신고전경제학에서 대표적 내생변수로는 가격, 교환의 양과 같은 경제적 변수이며, 소비자 기호(선호함수), 테크놀로지, 정부, 인구, 천연자원 등은 비경제적 외생변수로 간주된다. 신고전주의 경제학은 경제변동을 외생변수 항에서 발생하는 변화에 의해 야기된 일반균형(*general equilibrium*)의 교란으로 간주하며, 균형상태의 교란요인이 제거되면 다시 이전의 균형으로 회복된다는 입장을 견지하고 있다.

자본주의 생산양식에 관한 맑스주의 이론의 일반명제들은 논리적 일관성을 지니고 있는데 그것은 다름 아니라 모든 명제들이 내생적인 설명으로 구성된다는 것이다. 맑스의 철학에서 모든 사물은 상호관련성을 가지고 있으며, 지속적으로 운동하고 변화한다. 그리고 이처럼 지속적으로 운동하고 변화하는 것의 근본적 원인은 바로 사물의 내부에 위치하고 있다. 자본주의 출현에 따른 일반적 양상, 이를테면 생산수단의 사적 소유, 본원적 축적, 임금노동자 계급의 출현, 상품생산의 확대 등은 자본주의 체제 자체의 구조로부터 도출되며, 외부적 요인이나 여타 힘의 영향으로부터 독립되어 있다는 말이다.

그러나 한 가지 지적해 두어야 할 것은 자본주의 전개의 구체적 역사과정은 언제나 자본주의 체계와 그것이 전개되는 환경 사이의 상호작용의 결과인 만큼 자본주의의 내부논리와는 별도로 외생적 요인들이 함께 작용하여 자본주의 발달을 부분적으로나마 결정하는 부분이 있는 점이다. 일례로 세계경제의 변화를 자본주의 작동원리들의 결과로만 설명하는 것은 사실상 불가능하다. 이러한 문제에 대해 만델(Mandel)과 같은 학자는 자본주의는 그 나름의 내적 논리를 가지고 외생적 요인들과 상호작용을 거치면서 적응하고 변화되어 가지만, 그 적응과 변화는 어디까지나 자본주의라는 틀 내의 적응과 변화일 뿐이라는 입장을 보인다. 즉 내생적 힘과 외생적 힘 사이의 상호작용은 자본주의라는 체계의 변화가능성을 제한하는 것에 의해 제약을 받으며, 그 체계의 기본적인 메커니즘을 위협하는 선을 결코 넘을 수 없다는 것이다. 요컨대 외생적 요인들은 자본주의 발달의 방향, 속도, 동질성/이질성 정도를 결정하지만 자본주의 체계의 보편적 역사적 경향을 뒤엎을 수 없다는 것이다.

이러한 내생/외생변수의 상이한 자리매김은 각 전통이 설정하고 있는 이론적 정향과 관련시켜 볼 때 매우 중요한 함의를 내포하고 있다. 신고전경제학은 내생/외생변수의 구분을 통해 자본주의 경제체계에 가해지는 비판을 무마시킨다는 것이다. 즉 자본주의의 모든 병폐들은 경제 내적인 고려로는 어쩔 수 없는 외생적 변수들 때문이라는 논지이다. 뿐만 아니라 이러한 구분은 경제문제를 해결하기 위해 국가개입은 어떠해야 된다는 주장을 뒷받침하는 매우 중요한 함의를 담고 있다. 그러나 맑스주의 진영에서는 고전주의 경제학자들이 종종 주어진 외생변수로 치부해 버리는 구조적 요인이야말로 분석하고 동원해야 할 대상이라고 주장한다. 내생/외생변수를 구분하지 않으면서, 신고전경제학이 외생적으로 주어진 것으로 간주해 온 많은 요인을 설명하고자 하는 맑스주의 분석논리는 기존의 자본주의 체제를 뛰어넘는 변화의 길을 제시해야 하는 맑스주의자들의 실천적 정향이 반영된 것이다.

(2) 중층결정의 논리

주류 신고전경제학의 설명구조는 독립변수와 종속변수, 원인과 결과의 도식 속에서 전개하는 일종의 결정론적 추론에 의존한다. 이는 오랫동안 철학사를 지배해오던 본질주의 인과관계의 설명논리다. 이와는 대조적으로 맑스주의 전통이 전제하는 분석논리의 특징은 결정론의 거부다. 물론 맑스는 '정치경제학 비판을 위하여'의 서문에 제시된 다음의 문장처럼 경제결정론의 요소를 제시하기도 한다(Marx, 1988: 7).

> 인간은 그들 생활의 사회적 생산에서 그들의 물적 생산제력의 일정한
> 발전수준에 조응하는 일정한, 필연적인, 그들의 의사와는 무관한 제관
> 계, 생산관계를 맺는다. 이 생산 제관계 전체가 사회의 경제적 구조,
> 현실적 토대를 이루며, 이 위에 법적이고 정치적인 상부구조가 세워지
> 고 일정한 사회적 의식형태들이 그 토대에 조응한다. 물적 생활의 생산
> 양식이 사회적, 정치적, 정신적 생활과정 일체를 조건 지운다.

하지만 자신들의 저작을 경제결정론으로 치부하는 것에 대한 우려를
표명하는 엥겔스의 블로흐(Josef Bloch)에 보내는 편지나 맑스가 '프랑
스 혁명사 3부작'에서 펼쳐 보이는 보나파르트 체제의 형성에 대한 정
치, 역사사회학적 연구는 조야한 형태의 결정론을 단호히 배격한다. 맑
스(Marx, 1987)는 "루이 보나파르트의 브뤼메르 18일"에서 구체적인 역
사분석을 통하여 그람시가 이른바 파국적 균형이라 지칭한 세자리즘
(*Caesarism*)을 계급역관계와 권력갈등에 입각하여 규명해냈다(Gramsci,
1999). 맑스주의 전통은 결정론을 거부하며 이의 대안으로 변증법 또는
중층결정(*overdetermination*)의 논리를 제시하고 있다. 변증법보다는 중
층결정이라는 용어가 더 적절한 것으로 보인다. 변증법이 지니고 있는
복잡한 지적 역사로부터의 부담을 덜기 위해서이다.

인과관계에 대한 새로운 개념화인 중층결정은 단일한 진리를 거부하
고 진리가 여럿일 수 있음을 인정하는, 하나의 결정인자 대신 무수히
많은 결정인자들에 주목하는, 확실성을 거부하고 불확실성을 인정하
는, 필연성을 거부하고 상황의존성을 인정하는, 질서를 거부하고 무질
서와 혼동을 인정하는, 그리고 균형을 거부하고 불균형과 변화를 인정
하는 인식론적 발상의 전환이다(Resnick and Wolff, 1994: 39).

이에 따라 중층결정에 기초한 사고는 만물은 여타 만물로부터 비롯되
는 끝없이 다양한 영향들에 의해 구성되는 복잡한 실체들로서 끝없이
다양한 방식과 방향으로 움직이면서 끝없이 변화한다고 본다. 따라서

중층결정에 의거한 연구는 모든 현상이 변화 속에서 존재한다고 보고, 과정을 분석의 대상으로 삼는다. 이러한 중층결정의 사고로 경제현상을 볼 때, 경제현상의 이론화에서 요구되는 것은 더 이상 복잡한 것의 단순한 것으로의 환원이 아니라, 변화의 복잡한 과정을 있는 그대로 파악하는 것, 즉 개인과 집단과 구조와 제도를 발생시키기도 하고 그것들에 의해 발생되기도 하는 사회적 과정들 간의 끊임없는 모순과 변화의 상호작용과정으로 이해하는 것임을 알 수 있다(Resnick and Wolff, 1994: 55).

중층결정의 논리는 맑스주의 경제학의 출발점인 계급개념과 관련되어 그 의미가 뚜렷해진다. 계급개념이 맑스주의 이론의 출발점이자 결절점이라고 하여 계급을 경제영역에서 발생하는 모든 현상의 궁극적 원인이라고 보아서는 안 된다는 것이다. 맑스주의 전통이 계급을 출발점으로 하여 상품가격, 기업의 이윤율을 설명하고 나서지만 이것들이 계급에 의해 결정 지워진다는 것은 아니다. 즉 맑스주의 전통에서 분석의 목표는 계급이 가격, 이윤의 궁극적 결정요인임을 밝히는 것이 아니라, 오히려 계급과 가격, 이윤간의 구체적 상호관계를 밝히는 일종의 지속적 과정인 것이다. 이것은 계급과 비계급적 측면이 상호간 원인과 결과로서 함께 얽혀져 있음을 의미한다. 이러하기에 분석의 목표 역시 어떻게 각 측면이 여타 제측면의 원인이자 결과인가를 밝히는 것이다(Wollf & Resnick, 1987: 241). 흔히 맑스주의를 경제결정론으로 등식화하지만 맑스주의 경제이론은 그 어떤 결정론도 배격하고 있으며, 경제와 사회의 결정론적 연결 대신에 경제와 사회의 중층결정이라는 연결고리를 설명논리로 채택하고 있다.

중층결정의 논리는 앞 절에서 지적했듯이 계급에 초점을 맞추는 이유와 같다. 즉 계급이 사회현상의 궁극적 결정원인이기 때문이 아니라 사회분석의 사고가 사회적 목표를 달성하는 데로 지향될 수 있고, 또 되어야 하는가에 관한 판단에서 비롯된다는 맑스주의 전통의 실천적 정향과 맥을 같이한다.

(3) 역사적 시간

맑스주의 이론은 신고전경제학이 고수하는 논리적, 몰역사적 (*ahistorical*), 가역적 (*reversible*) 시간개념을 거부하고 실재적 (*realistic*), 역사적, 불가역적 (*irreversible*) 시간개념을 견지하고 있다. 시간이란 어떤 진공상태에 들어앉아 있는 것이 아니라는 것이다. 맑스주의 전통에서 변동은 신고전주의 경제학과는 대조적으로 외생적 변수의 충격에 의해 일어나는 것이 결코 아니며, 아울러 원래의 균형상태로의 복귀가 가능한 가역적인 것도 아니라는 것이다. 즉 변동은 내생적 과정의 결과이며, 그런 만큼 불가역적 측면을 배제할 수 없다.

맑스주의 전통은 변동이란 기존 사회관계를 재생산하는 조건들에 어떠한 내적 변화가 일어나느냐에 따라 설명된다고 본다. 이러한 전통 속에서 정치경제학의 기본범주 역시 역사·사회적이며, 결코 보편적인 것이 아님을 강조한다. 맑스주의 경제학이 강변하는 역사적 시간과는 달리 신고전주의 경제학은 인간행동이나 사회현상을 설명하는 데 몇몇 보편적 변수에 의거한 모델에 의존하는 만큼 이 모델은 통시적이며 아울러 어느 특정 집단이나 계급에 상관없이 보편적으로 투시된다는 입장이다. 한마디로 사회역사적 조건이나 환경에 영향을 받지 않는 몰역사적 시간개념인 것이다.

신고전경제학과 맑스주의 전통을 구분 짓는 '몰역사적'과 대비되는 '역사적'이라는 개념의 첫 번째 의미는 상황조건적 (*contingent*) 이라는 것이다. 사회분석은 일반적이고 추상적이어서는 안 되고 역사적 특수성에 의거하여 이루어져야 한다는 것이다. 이것은 필연적이거나 필수적인 결정과는 대비되는 개념이다. '역사적'의 두 번째 의미는 과거가 지니는 의미 (*effectivity of past*) 의 중시이다. 현재의 사건이나 현상은 과거의 산물이라는 것이다. 오늘의 현상을 이해할 때 과거가 설명변인으로 작용한다는 것이다. 세 번째 의미는 단순히 과거가 지니는 중요성뿐만 아니라 순서와 시점의 중요성을 강조하는 것이다. 즉 어떤 사건이 발생하는 앞뒤의 관계와 어떤 사건이 다른 시점이 아니라 왜 바로 그 혹은

이 시점인가 하는 질문을 중시한다. '역사적'의 마지막 의미는 과정의
역동성을 함축하고 있다. 이러하기에 우리가 흔히 일컫는 역사적 설명
은 단순히 변화만을 보여주는 것이 아니라 특수한 방향성을 지닌 변동
과정의 내적 메커니즘을 보여주는 것이다.

실제 시간이 아니라 논리적 공간에서 상정되는 가상의 시간 개념에
의존하는 주류 경제학과는 대조적으로 맑스주의 전통이 설정하고 있는
시간 개념은 시간의 불가역성을 내포하고 있다. 즉 일어난 사건들의 시
간적 순서를 뒤바꾸는 것이 불가능하다는 것이다. 그 어떤 경우도 한번
일어난 사건의 시간적 경로를 뒤집어서 그 시간이 일어나지 않은 상태
로 되돌릴 수 없다는 논지에 기초하여 논리적 시간이 아니라 역사적 시
간에 대한 고려가 이론의 중심에 위치해야 한다는 것이 맑스주의가 견
지하는 시간과 변동에 대한 이해이다.

(4) 분석의 두 범주 : 일반적 수준과 구체적 수준

맑스주의 전통은 경제과정을 두 가지 수준에서 접근한다. 일반적 수
준과 구체적 수준이 그것이다. 일반적 수준은 시간과 장소를 불문하고
공통적으로 발견되는 요소들에 초점을 맞춘다. 한편 구체적 수준이란
특정한 제도적 맥락에서의 구체적인 경제 특징들에 주목한다. 다시 말
해 특정한 사회 문화적 맥락에 속한 특수한 제도들에 의해 조직화되는
경제과정을 다루는 것이다.

맑스는 이러한 분석수준의 차별성을 인식하고 있지 않는 주류 경제
학에 대해 비판을 가한다. 실제로 맑스는 구체적인 생산체계의 다양성
을 간과한 근대 경제학자들에 대해 다음과 같이 비판하고 있다(Marx,
1973: 85).

시대를 막론하고 무릇 생산이라는 것은 모종의 공통적 성질과 특성들을
지니고 있다. … 그러나 이러한 일반적 범주, 비교에 의해 걸러진 이러
한 공통적 요소들은 그 자체로 여러 차례에 걸쳐 파편화되었으며 상이

한 결정인자들로 분열되었다. 그 중에는 모든 시대에 공통적인 결정인
자들도 있으며 일부 시기에만 공통적으로 발견되는 결정인자들도 있다.
일부 결정인자들은 최근 시대와 태고 시대에 모두 발견되는 인자이다.
… 그러나 우리는 일반적이지도 않고 공통적이지도 않은 요소들을 생산
그 자체에 적용되는 결정인자들로부터 분리해내야 한다. 그리하여 이들
간의 통일성 — 인간성이라는 주체의 정체성과 자연이라는 객체의 정체
성에서 이미 파생되어 나온 — 과 이들 간의 본질적 차이점을 간과하지
말아야 한다. 기존 사회관계가 조화 속에서 영속하리라고 주장하는 근
대 경제학자들의 심오한 생각은 이를 간과한 데서 비롯한다.

　맑스의 논점은 생산이 지니는 일반적이고 공통적인 특성들이 구체적
인 생산체계의 특수성들과 분리되고 구분되어야 한다는 주장이다. 맑
스는 여기서 일반적 범주와 특수한 범주 양자를 모두 언급하고 있다.
모든 생산체계에 타당한 생산력과 생산관계라는 범주가 일반적 범주에
해당되며, 문화적 체계 속에서 진화해온 구체적 생산체계들 간의 변이
는 특수한 범주에 해당된다. 즉, 일반적 범주란 모든 생산과정들이 공
유하고 있는 핵심요소와 공통분모를 이해하기 위한 모델이라고 간주될
수 있을 것이다. 중요한 것은 생산의 공통분모, 예컨대 노동, 토지, 도
구, 수력 등과 같은 생산적 자원들은 역사적 문화적 제도적 배경 여하
에 따라 변화하는 것으로 이해되어야 한다는 점이다(Halperin, 1994: 38
~39). 이를테면 자본주의하의 잉여가치는 사유재산과 시장체계라는
자본주의의 특수한 사회적 제도의 결과이다. 자본주의에서 이윤이 창
출되는 것은 재산과 교환이 조직화되는 자본주의 사회만이 지니고 있는
특수한 방식 때문이다.

4. 자본주의 작동에 대한 이해

맑스주의 이론의 새로운 사회로서의 자본주의에 대한 분석은 생산력 증대라는 외적인 긍정적 측면보다는 역사발전의 한 특수한 과정 속에서 계급관계를 기본 골격으로 하는 내적인 사회관계에 초점이 맞추어져 있다. 이러하기에 맑스주의 이론들은 자본주의가 어떠한 사회관계를 바탕으로 어떻게 작동하느냐를 구명하는 데 집중되어 있다. 자본주의 경제를 효용극대화와 합리성의 명제로 독해하려는 신고전경제학과는 달리 맑스주의 이론은 이를 계급관계와 착취의 명제로 독해하려 한다. 맑스에 따르면 자본주의 사회는 끊임없이 착취와 소외를 불러오는 사회이기 때문에 이를 극복해야 한다. 맑스가《경제학·철학 수고》에서 제시한 소외는 후기저작에서는 분업과 외화(reification)의 이름으로 연속된다.

맑스에 따르면 첫째, 노동자는 자기 생산품의 처분에 대한 통제권을 갖지 못하므로 생산물로부터 소외되며, 둘째, 노동이 목적 자체라기보다는 목적을 위한 수단으로 전락하면서 생산과정으로부터 소외된다. 셋째, 모든 경제적 관계는 동시에 사회적 관계이므로 노동의 소외는 직접적으로 사회로부터의 소외를 낳고, 넷째로 소외된 노동은 생산활동을 자연에 대한 능동적 지배로 만들기보다, 오히려 자연에 대한 적응력의 수준으로 격하시키므로 노동자들은 자기 자신으로부터도 소외를 당한다(Giddens, 1981 : 41~43). 맑스는 이러한 측면에서 자본주의적 축적양식을 끊임없이 비판해왔으며 그가 '임금노동과 자본'에서 밝힌 유명한 경구인 "노동자들의 진정한 삶은 선술집에서 시작해서 침대에서 끝난다"도 이러한 자본주의적 노동의 소외를 고발한 것에 다름 아니다.

이와 같은 맑스의 관심을 풀어내기 위한 논의의 출발이자 핵심인, 자본주의 작동에 대한 맑스 이론의 주요 명제를 정리하면 다음과 같다(Mandel, 1970). 첫째, 자본주의적 생산은 일반화된 상품생산(generalized commodity production)이다. 상품생산은 그에 수반되는 상품과 화폐의 순환 없이는 불가능하므로 상품은 언제나 가격(price)을 가지며 상품의 획득은 오직 화폐와의 교환을 통해서만 가능하다. 이 가격은 수요와 공급의 법칙에 따라 그때그때 변화하지만 궁극적으로 해당 상품의 가치 — 즉, 생산에 필요한 노동시간으로 측정되는 추상적 인간노동에 의해 결정된다는 가치의 법칙이다.

둘째, 자본주의적 생산은 생산수단을 사적으로 소유한 자(자본주의적 기업)들에 의해 조직된다. 이들은 자신의 화폐자본을 동원, 생산수단(건물, 설비, 원료 등)과 노동력을 구입하여 재화와 서비스를 생산하며 그것을 시장에 상품의 형태로 판매한다. 이들의 활동은 생산활동의 수준을 결정할 뿐만 아니라 전체 자본주의 경제의 상태에 큰 영향을 미친다. 사적 소유는 경쟁을 유발하며, 경쟁상황 아래서 이들 개별 기업주들은 살아남기 위해 이윤극대화에 주력하게 된다는 주장이다. 소위 자본주의의 자본축적의 법칙이다.

셋째, 이윤의 유일한 궁극적 원천은 잉여가치, 즉 살아있는 인간노동이 자신의 유지와 재생산에 필요한 것 이상으로 창조해낸 가치이다. 따라서 자본의 이윤극대화 노력은 임금삭감, 노동시간 연장, 노동강도 강화 등을 통해 임금노동력으로부터 최대한의 잉여가치를 뽑아내려는 노력일 따름이라는 잉여가치의 법칙이 자본주의를 이해하는 핵심으로 지적되고 있다.

넷째, 자본주의하에서 상품은 단순한 노동의 산물이 아니라 자본이 장악하고 지배하고 있는 노동의 산물이다. 따라서 이렇게 생산된 상품은 그것의 생산에 직접 소요된 노동의 양에 비례하여 교환되지 않으며 또한 직접적 투입량에 비례하는 이윤을 낳도록 만들지도 않는다. 오히려 상품은 그것이 생산에 투여된 총자본량에 비례하여 교환된다. 따라서 주어진 한 상품에 대한 생산부문이 다름에 따라 자본구조도 상이하다는 점을 고려해 볼 때, 각각의 이윤은 해당 상품의 생산을 통해 창출된 잉여가치와 상당한 차이를 보일 수 있다. 그러나 경제 전체를 두고 볼 때는 일정 기간이 지나면 생산가격(production price) — 즉 생산비용 +

평균이윤율 ― 은 그 생산과정 동안에 창출된 총가치와 동일해진다. 이윤율동등의 법칙이 이것이다.

　다섯째, 자본주의적 경쟁의 결과 공업, 운수업, 은행 및 신용업, 무역업, 도매업 등의 분야에서 거대기업의 합병이 점점 진행된다. 일정 단계가 지나면 이와 같은 자본의 집중화, 집적화는 가격경쟁의 둔화와 독과점과 같은 다양한 형태의 시장통제기법의 출현으로 이어진다. 자본 집중화 및 집적화의 경향성 명제이다.

　여섯째, 본질적으로 경쟁과 자본축적은 생산비용을 낮추기 위한 기술혁신의 형태를 취한다. 자본주의하에서의 기술진보와 기술혁명은 본질적으로 노동의 절감을 원칙으로 하고 있다. 이는 죽은 노동에 의한 산 노동의 대체 즉, 단순한 기계화뿐만 아니라 반자동화 혹은 자동화를 의미한다. 고도의 자본축적이 일시적으로 이러한 경향을 중화시킬 수는 있지만, 장기적으로 보면 이러한 경향은 그대로 관철되며 궁극에 가서는 생산에 소요되는 산 노동의 정체 혹은 절대적 쇠퇴까지로 이어진다는 자본의 유기적 구성 고도화 경향의 법칙이다.

　일곱째, 한 해 동안 생산된 새로운 가치 ― 즉 한 국가의 순생산이나 국민소득 ― 가 전적으로 시장의 힘에 의해 자본과 노동 사이에 분배되는 것은 아니다. 인간노동의 재생산 비용은 단지 생리적인 요인뿐 아니라 도덕적-역사적 요인에 의해서도 결정되기 때문이다. 따라서 어떤 상품이나 서비스를 노동자 생존에 필수적인 최저임금에 포함시킬 것이냐 하는 것은 당시의 계급역학에 의해 결정된다. 즉 계급투쟁이나 계급실천이 임금결정의 중심 요소임을 강변하는 대목이다.

　여덟째, 이른바 '자본의 유기적 구성의 고도화'는 평균이윤율 저하 경향을 낳는다. 이 경향은 여러 반대 경향들(예를 들어 잉여가치율 증가 경향)에 의해 부분적으로 상쇄되기는 하지만, 장기적으로 잉여가치율의 증가는 자본의 유기적 구성의 증가를 따라잡지 못하고 따라서 다른 반대 경향들도 평균이윤율 저하 경향을 상쇄할 수 없게 된다. 자본주의가 본원적으로 안고 있는 특성의 하나는 평균이윤율 저하 경향의 법칙이다.

아홉째, 사기업에 의한 의사결정, 이윤에 기초한 투자 등 사적 소유의 기본적 특성들은 자본주의하의 경제로 하여금 큰 폭의 경기변동과 주기적 위기를 반드시 겪게 만든다. 평균이윤율의 저하와 더불어 생산의 유효수요 초과 경향은 주기적 위기의 기본원인이다. 이들은 동시에 자본의 과잉생산 혹은 과잉축적의 위기이자 과소소비 혹은 상품의 과잉생산의 위기이기도 하다. 이것은 자본주의 생산의 주기적 성격과 과잉생산 위기의 불가피성을 피력하는 것이다.

끝으로 자본주의 체제 몰락의 불가피성에 대한 주장이다. 각 경기순환을 겪을 때마다 이 위기가 필연적이고 선형적으로(linear) 보다 심각한 위기로 치닫는 경향을 띠는 것은 아니다. 그러나 평균이윤율이 저하하는 경향, 생산에 소요되는 산 노동이 정체하고 쇠퇴하게 되는 경향, 세계시장의 확대가 중단되는 경향, 계급투쟁이 점차 격화되고 점차 급진적인 성향을 띠게 되는 경향 등이 복합적으로 작용하여, 자본주의 체제가 격렬한 소요(전쟁, 혁명, 반혁명)로 점점 더 교란되고 급기야는 체제 자체의 쇠퇴와 인류문명의 전반적 몰락을 초래하거나 아니면 보다 나은 사회체계(사회주의)로 변모하게 될 가능성을 점점 높여준다는 것이다.

자본주의 작동에 관한 이상의 명제에 대해 마지막의 체제몰락의 불가피성 명제를 제외하고는 대부분의 맑스주의자들이 대체로 합의하고 있다. 이상의 명제는 맑스가 애초부터 관심을 기울였던 테마, 자본주의 경제의 본질은 무엇인가, 자본주의 경제는 어떤 종류의 사회와 문명을 낳을 것인가, 그것의 내부적 문제 혹은 모순은 무엇인가, 자본주의 사회가 결국 사회주의적 질서로 재편될 가능성은 있는가 등에 대한 논리이자 답변들이다.

5. 소결 : 경제사회학의 정초를 위하여

오늘날 자본주의에 대한 경제사회학적 접근은 맑스보다는 베버에 경도되어 있음이 사실이다. 실제로 오늘날까지 맑스주의의 어떤 대목이 경제사회학에 유용할 것인지를 진지하게 검토한 노력을 찾아보기 어렵다. 그러나 앞서 언급하였듯이 경제사회학을 정초함에 있어 맑스주의가 차지하는 비중은 적지 않다. 본 장은 맑스주의의 이론적 전통과 방법론적 요소들을 어떻게 경제사회학의 이론적 자원으로 활용할 수 있는가에 관심을 두었다. 맑스주의의 분석은 자본주의에 대한 정치경제학적 논의이긴 하지만, 분석은 언제나 역사에 대한 이해 속에서 이루어졌다. 맑스주의는 구체적으로 계급과 노동을 기본요소로 하는 사회관계, 이를테면 계급이해와 같은 집합적 성향에 근거하여 구축되었다는 점에서 경제의 실질적 의미를 그대로 녹여 내리고 있다. 실제로 제도의 출현과 변화는 효율성의 제고가 아니라 사회내의 불평등한 권력분포와 이로 인한 갈등에서 연유한다는 논리는 사회학이 제도를 보는 전형적인 시각이며, 그 이론적 기반은 맑스주의에서 비롯한다.

스웨드버그가 지적하듯이 경제사회학의 입장에서 맑스주의를 그 자체로 수용하기에는 어려운 점이 많다(Swedberg, 2003: 9). 대신 맑스주의의 어떤 대목이 경제사회학적 분석에 유용한 것인가를 찾아보아야 할 것이다. 무엇보다도 맑스주의가 제공하는 경제사회학에 대한 이론적 자원으로서의 기여는 역사제도주의 시각을 마련하고 있다는 점을 꼽아야 할 것이다. 제도주의 시각은 방법론적 개인주의에 대한 비판을 기본 골간으로 하고 있다. 개인이 아니라 사회, 제도가 분석의 단위가 되어야 함을 강변하고 있는 것이다. 여기에는 절대적 합리성의 가정에 의존하는 설명구도에 대한 강한 회의가 깔려있다. 맑스주의의 역사제도주의적 시각은 개인을 둘러싸고 있는 혹은 개인 활동을 규정하는 보다 넓은 사회적 역사적 맥락과 상황조건을 중시한다. 여기서 맑스주의 시각

은 인간이 부재하는 사회를 거부한다. 맑스주의 시각은 다른 사람과 연
결되어 있는 사회적 인간(social individual)을 중시하면서 주류 경제학자
들의 고립된 개인을 비판한다. 맑스주의는 인간을 구체적 사회관계 속
의 실제적이고 현실적인 사회적 행위자로 개념화한다. 사회적 행위자
의 개념에는 의사결정의 기준인 합리성은 당위로만 존재할 뿐이며, 실
제 상황에서는 매우 제한된 의미의 합리성만이 작동하고 있음을 함축한
다. 제도주의자들은 개인의 합리성 가정에 대한 논의보다는 개인이 합
리적으로 행동하게 되는 사회·구조적 상황이나 문화적 맥락을 설명하
고자 한다.

　경제의 의미 역시 합리성에 따라 행동하는 경제행위자들의 총합으로
구성된 독립된 경제가 아니라 문화·제도적으로 구성된 경제인 것이다.
맑스의 통찰처럼 시장, 경제의 영역은 자연법칙과 같은 일종의 법칙이
관철되는 사물의 세계가 아니다. 인간들의 사회관계가 상품의 형태, 자
본의 운동에 투영된 것에 불과하기 때문이다. 많은 이들은 경제를—그
것의 자기완결성을 가정한 상태에서—하나의 사물의 세계로만 해석하
고 있는 것처럼 보인다. 하지만 사물의 운동처럼 보이는 경제는 결국에
는 사람들 간의 사회관계와 운동의 발현인 것이다.

　맑스주의가 경제사회학의 형성에 기여하는 바는 맑스주의의 분석방
법론에서 더 크게 찾아볼 수 있다. 내생/외생 변수의 구획화에 대한 거
부, 중층결정의 설명 논리, 역사적 시간 개념의 중시, 일반적 수준과
구체적 수준으로의 분석 범주의 세분화 등은 경제사회학의 방법론에 중
요한 항목을 이룬다. 맑스주의의 모든 것이 경제사회학의 형성에 기여
한 것은 아니다. 맑스의 역사유물론이나 종종 결정론으로 비쳐지기도
하는 경제중심적 해석은 경제사회학의 발전에 장애물이 되기도 한다.
또한 역사적 맥락의 특수성을 지나치게 강조함에 따라 설명보다는 단순
한 서술로 그칠 위험성이 있는 것도 사실이다. 그런가 하면 맑스주의
내의 다양한 논의들이 동일한 제도론적 시각을 공유하고 있는 것도 아
니다.

　　최근 들어 경제사회학은 단순히 사회학의 한 분과학문에 머무르는 수준이 아니라 주요 사회이론들이 구축되는 근간으로 자리잡고 있다. 이를 위하여 맑스를 비롯한 베버, 슘페터, 폴라니와 같은 고전·현대 사회이론가들의 연구에 대한 탐색이 요구된다. 특히나 경제사회학은 맑스주의와의 생산적 대화를 통해 계급이해에 기초한 계급관계를 중심으로 하는 비판적 시각을 보다 체계적으로 정립시켜야 함은 물론이고, 맑스주의의 방법론적 기여를 경제사회학 분석에 차용하면서 더 풍부한 설명력을 구축할 수 있을 것이다.

제 4 장

슘페터의 경제사회학

1. 서론 : 경제사회학자 슘페터

조지프 슘페터(Joseph A. Schumpeter), 그는 편력의 인물이었다. 그의 삶도, 그의 학문세계도, 안주나 정체라는 단어와는 거리가 너무도 먼 격변과 방황과 "창조적 파괴"로 점철된 모습 그 자체였다. 그는 오스트리아-헝가리 제국의 귀족문화를 깊이 동경한 나머지 제국의 와해가 불을 보듯 뻔한 시점에 황제를 중심으로 한데 뭉쳐 제국의 복귀를 위해 힘써야 한다고 역설하는가 하면, 얼마 지나지 않아 사회주의자들과 손잡고 국가 기간산업의 국유화와 자본세의 도입을 목소리 높여 부르짖기도 했다. 그는 부르주아적 사회질서와 가치에 뿌리깊은 동질감을 느끼면서도 자본주의의 발전논리가 관철된다면 자본주의는 쇠망하고 사회주의로의 길이 열릴 수밖에 없음을 담담하게 인정했다.

경제학을 처음 배우는 학생으로서 그는 자신의 스승들 대부분이 수학적 방법에 대해 회의를 품고 있었음에도 불구하고 수학이 경제학이론 구축에 필수불가결한 역할을 하기 때문에 경제학은 수학적 방법을 적극 수용해야 한다고 기염을 토했으며, 미시경제학 이론을 수학적 공리의 체계로 완성시킨 레온 왈라스를 가장 위대한 경제학자로 숭상했다. 그러나 이와 동시에 그는 왈라스의 일반균형 모델이 정태적이기 때문에 현실의 동태적 경제를 파악하는 데 한계가 있음을 직시했으며, 현대 자본주의 경제의 동태적 발전을 파악하는 것이 경제학의 본연의 임무라고 주장하고 나아가 그러기 위해서는 역사적 사실을 중시하는 경제사나 사회학 분야의 연구가 결코 소홀히 취급되어서는 안 된다는 사실을 강조했다. 그리고 자신의 이러한 입장을 몸소 과시라도 하듯이, 대부분의 경제학자들이 순수 경제현상에 대한 수학적이고 추상적인 모델을 만들고 정교화하는 데 혈안이 되어있던 시절에 그는 '제국주의', '사회계급', '자본주의 체제의 미래', '국가' 등과 같은 전형적인 사회학적 주제들을 천착하는 작품들을 남겼다.

그의 삶과 학문세계가 보여주는 이러한 다채로움과 변화무쌍함은 그를 어느 한 분야—경제학이면 경제학, 정치학이면 정치학, 사회학이면 사회학 등—의 학자로 규정짓는 것을 무의미하게 만든다. 그럼에도 불구하고 우리는 슘페터를 "경제학자"로 규정하려 한다. 그리고 그가 얼마나 "이단적인" 경제학자였으며, 그의 경제학의 "이단성"이 어떻게 하여 경제학과 인접 사회과학—특히 사회학—과의 생산적 교류를 위한 토대가 될 수 있었는지를 살펴보고자 한다. 이것은 그의 광활한 학문세계를 무단으로 분할하는 폭력적 결정일 수도 있지만, 경제사회학의 화두를 형성한 지적 뿌리를 찾으려는 현재의 목적상 불가피한 결정이라고 판단된다. 따라서 이후의 논의는 슘페터의 여러 학문적 업적들 중에서 그가 경제학계에 어떤 "혁신"들을 도입했는가를 경제학 방법론, 경제발전 이론, 경쟁이론, 경제학사, 네 분야로 나누어 살펴보고, 그의 혁신들과 경제사회학적 주제와의 관련성을 부각시키고자 한다.

2. 슘페터의 경제학 방법론

슘페터는 방법론 논쟁이라는 경제학사의 커다란 격동기 ― 다시 말해
이론경제학의 추상적·연역적 방법을 따를 것인가 역사주의 학파의 경
험적·해석적 방법을 따를 것인가 양자택일을 강요당하는 시대 ― 에
경제학을 시작한 사람이었음에도 불구하고 결코 어느 한 방법론적 입장
을 맹목적으로 신봉하는 사람이 아니었다. 그는 23세 때 출간한 자신의
첫 논문에서 수학적 방법을 경제학이론 구축에 적극적으로 활용해야 한
다고 역설했고 66세로 세상을 떠나기 몇 주 전에는 경제사의 중요성을
강조했다. 그는 한 편에서는 "레온 왈라스야말로 모든 경제학자들 중에
서 가장 위대하다"라고 주장했다가 다른 편에서는 "역사주의 학파의 가
장 전투적인 지도자인 구스타프 슈몰러"에게 최상의 찬사를 아끼지 않
았다(Machlup, 1991: 232). 보기에 따라서는 슘페터가 뚜렷한 방법론
적 소신이 없이 양 극단을 왔다갔다한 것으로 보일 수도 있고, 어느 한
방법론을 맹신하지 않고 연구주제에 따라 여러 방법론적 입장을 유연하
게 취해야 한다고 주장하는 방법론적 다원주의자로 보일 수도 있을 것
이다. 여기서는 우선 슘페터의 이처럼 다채로운 방법론적 입장변화들
을 그대로 쫓아가 보기로 한다.

앞서 말한 바와 같이 비엔나 대학시절 슘페터의 첫 관심사는 역사였
다. 따라서 슘페터가 처음 경제학을 접했을 때 연구의 방법으로 삼았던
것은 역사 속에 존재하는 구체적이고 독특한 사건에 대한 경험적 서술
과 묘사에 역점을 두는 역사적 접근방법이었다. 그는 지그문트 아들러
(Siegmund Adler, 막스 아들러의 형제이다)가 이끄는 일련의 세미나 수
업에 참여하면서 경제현상에 대한 역사적, 사회적 접근에 입문한다. 지
그문트 아들러는 무엇보다도 행정법의 역사에 정통한 인물이었으나 조
세제도에 대해서도 관심이 많았다. 그의 지도하에 슘페터는 오스트리
아 일부 지역의 조세제도사에 대한 연구를 시작했다. 비록 이 연구를

끝내지는 못했지만 슘페터는 이 경험을 통해 문헌연구에 익숙해졌으며 역사적 접근방식의 핵심을 맛보았다. 또한 그는 통계학자이자 경제사가인 이나마-슈터넥(Inama-Sternegg)의 세미나 수업에도 참석하여 통계학과 경제사를 접목시키려는 시도에 동참했다. 슘페터가 이 세미나에서 제출한 논문을 살펴보면 그가 역사적 접근방식을 얼마나 충실히 따르고자 했는지를 알 수 있다. 국제시장의 가격형성에 관한 연구인 이 논문에서 슘페터는 추상적이고 이론적인 접근방식을 피하고 그 대신 네 가지 원료―밀, 커피, 면화, 그리고 양모―의 가격이 각 국제시장에서 실제로 어떻게 형성되는지에 주목한다. 나아가 그는 이 과정에서 뉴욕이나 런던, 시카고 등과 같은 대도시가 수행했던 중심적 역할을 중시하고, 다양한 시장들의 역사적 형성과정을 언급했으며, 가격형성에서 투기나 여타 심리적 요인들이 어떤 영향을 미쳤는지를 강조했다.

그러나 몇 해 지나지 않아 슘페터는 이러한 역사적 접근방식에 대해 흥미를 잃어버린다. 그는 수리경제학 문헌들을 읽기 시작했으며, 곧 수학의 도움으로 경제학을 진정한 과학의 반열에 올려놓는 것이 그의 관심사가 되었다. 그리고 이 관심은 그의 일생동안 변하지 않고 지속된다.[1] 1906년 23세의 젊은 슘페터가 내놓은 최초의 논문은 그의 이 변심을 무엇보다도 잘 보여준다. 그는 "이론경제학에서 사용되는 수학적 방법에 관하여"(On the Mathematical Method of Theoretical Economics)라는 이 논문에서 쿠르노(Antoine Cournot), 에즈워드, 제번스, 마셜, 파레토, 왈라스, 윅셀(Knut Wicksell) 등의 수리경제학자들을 검토하면서 "과학으로서의 경제학의 미래는 수학적 방법에 달려있다"는 결론에 도달한다. 실로, "경제학이 과학이 되려면 수학적이어야 한다"(Madarász,

---

1) 사회경제학이라는 통합적 경제학을 추구한다는 자신의 입장을 최종적으로 명확히 한 유작《경제분석의 역사》에서도 슘페터는 이론경제학 분야에서는 수학이 "우월한" 분석도구임에 분명하다는 입장을 굽히지 않았다. 게다가 수학적 테크닉을 얼마나 탁월하게 사용할 줄 아는가를 각 시대의 경제학자를 평가하는 잣대로 삼기도 했다(Aufricht, 1991: 246).

1991: 223). 뵘-바버크나 미제스 등과 같은 오스트리아 학파에 속하는 경제학자들이 하나같이 수학에 대해 부정적인 입장을 갖고 있었던 점을 고려하면 슘페터의 수학에 대한 신뢰는 당시에는 가히 이단적이라고 할 만 한 것이었다. 그는 경제학은 지금 부정확한 철학적 사변의 단계에서 정확한 분석기법을 사용하는 과학의 단계로 옮겨가는 어려운 분기점에 놓여있다고 생각했으며, 이 전환기에 수학의 도움이 절대적으로 필요하다고 확신했다.

역사학적 관심들을 포기하고 순수 이론경제학자로 변신하기 위한 슘페터의 노력은 계속되어 그의 첫 저서인 《이론 경제학의 성격과 본질》에 와서 구체화되고 체계화된 결실을 맺는다. 그의 이 저작은 이론 경제학의 교과서라기보다는 당시 독일 이외의 지역에서 꽃피기 시작했던 이론 경제학의 성과와 그 방법론적 원칙들을 독일에 소개하기 위한 것이었다. 당시 독일 경제학계는 슈몰러의 영향으로 이론 경제학과는 담을 쌓고 있는 실정이었다. 슘페터는 이 책에서 먼저 역사학파의 주장을 제시하고 그것을 이론 경제학의 시각과 대비시키는 방식으로 논의를 이끌어가고 있다. 이런 상황을 고려해볼 때 당연히 《이론 경제학의 성격과 본질》은 방법론 대논쟁에 대한 슘페터 자신의 입장을 정식화한 저서이자, 따라서 슘페터 경제학의 근간이 되는 방법론적 기본입장이 드러나 있는 저서라고 할 수 있다. 그러면 이 책을 통해 그의 방법론적 기본입장이 어떠했는가를 살펴보기로 하자.

이 책에서 그는 표면적으로는 이론경제학이나 역사학파 둘 다를 비판하고 지양하고자 했다. 그러나 기본적으로 슘페터는 이론 경제학의 편에 서있었다. 첫째, 경제학은 정치적 고려나 이데올로기로부터 초연한 지식 그 자체를 추구하는 학문이라고 슘페터는 못박았다. 따라서 경제학은 정책이나 실질적 경제문제 해결과 같은 현실적 고려에 의해 영향을 받아서는 안 된다. 슘페터는 결국 순수 이론경제학을 경제학의 본령이라고 생각한 것이다. 이보다 한 걸음 더 나아가 슘페터는 이론경제학이 제 위치를 지키려면 모든 형이상학적 철학적 윤리학적 고려와 결별해야 할 뿐만 아니라 사회학, 민속학, 심리학 등과도 담을 쌓아야 한다고 주장했다. 이것은 이른바 이론경제학의 "먼로주의"이다(Swedberg, 1991: 27).

둘째, 경제학의 이론구축은 방법론적 개인주의에 입각해서 이루어져야 한다고 슘페터는 주장한다. 슘페터는 언제나 거시적 총량개념에 대해 회의를 품고 있었다. "평균치를 조심하라"—이것이 그의 모토였다(Harberler, 1991: 105). 그는 경제이론은 언제나 개별 가계나 기업에서 출발해야 한다고 주장했으며, 이러한 미시적 단위로부터의 논리적 추론에 의해 거시적 이론들이 구축될 수 있다고 생각했다. 따라서 어떤 경제현상을 구성하는 개별 행위자로부터 논리적 연역을 통해 거시적 경제현상에 대한 모델을 구축하는 것이 이론경제학의 목표이다. 이 모델은 현실을 그대로 묘사한 것이 될 필요가 없다. 예컨대 이론경제학의 기본개념들—효용함수, 이윤극대화 행동 등—은 현실을 묘사한 것이 아니라 현실과 비교할 수 있는 구체적 결론을 이끌어내기 위한 이론적 가정에 불과하다. 이론경제학은 인생의 목적이나 역사의 의미 따위는 다루지 않는다. 이론경제학의 목표는 과학이다. 현실의 경제시스템에 대한 모델을 구축하고 그 모델을 바탕으로 하여 현실 시스템의 작동과 변화를 설명하고 예측하는 것이다. 그런 한에 있어서 이론경제학은 여타 사회과학보다는 자연과학에 더 가깝다. 수학적 추론과 테크닉이 이론경제학에서 중차대한 역할을 담당한다는 주장은 바로 이런 맥락에서 제기된 것이다.

그러나 슘페터가 보기에 당시의 이론경제학이 갖고 있던 가장 큰 방법론적 약점은 경제의 동태적 측면을 분석할 도구를 갖추지 못했다는 것이었다. 왈라스의 탁월한 업적에 의해 드러난 이론경제학의 백미는 정태적 일반균형만을 설명할 수 있을 뿐 현실에 존재하는 역동적이고 파상적인 경제변동을 해명하는 데는 아무런 도움이 되지 않는다는 것이 당시 이론경제학에 대해 슘페터가 갖고있던 가장 큰 불만이었다. 슘페터는 앞서 언급한 이론경제학의 방법론적 이상을 만족시키면서 동시에 동태적 경제를 해명하는 데 유용하게 사용될 수 있는 이론을 구축하는 것을 일생의 화두로 제시한다. 그러나 이러한 동태적 분석방법이 어떤 것인지에 대해서는 《이론경제학의 성격과 본질》에서는 더 이상의 언급이 없다. 어쨌든 동태이론 구축의 필요성을 선구적으로 주창했다는 사실은 슘페터 방법론의 또 하나의 핵심이다.

이처럼 슘페터는 이론경제학의 편에 서서 수학적 방법을 옹호하긴 했으나, 정작 그 자신은 이런 방법론적 이상에 충실하지 못했다. 슘페터는 비록 수학의 가능성에 대해 많은 기대를 갖고있었지만 그 자신 수학에는 그다지 능통하지 못했다. 경제수학 강의가 레온티에프에게로 넘어간 배후에는 슘페터가 그다지 역량 있는 수학자가 아니라는 사실이 확인되었기 때문이라는 이유가 숨어 있었다. 결국 슘페터는 수학을 사랑하고 수학이 경제학 발달에 큰 도움이 된다는 것을 확신하고는 있었지만 스스로 수학적 재능을 발휘하여 형식이론을 구축하지는 데까지는 나가지 못했던 것이다. 다음은 하버드 시절 슘페터와 레온티에프 둘 다로부터 경제수학 강의를 들었던 한 학생의 고백이다.

> 나는 슘페터가 경제수학을 버거워한다는 인상을 받았다. … 그는 경제수학의 중요성에 대해서는 누구보다도 확신에 차 있었지만 실제로 수학적 조작과 활용에는 서툴렀다. … 그리고 그 때문에 그의 강의는 생각보다 흥미진진하지 못했다. 악의적인 비교를 하자는 것은 아니지만, 나는 나중에 레온티에프의 강의를 다시 들었다. 레온티에프는 수학적 정식화에 완벽하게 정통해있었다. 그리고 내게는 그의 강의가 슘페터의 강의보다 훨씬 더 유용하고 흥미진진했다(Swedberg, 1991: 117).

슘페터 역시 자신의 수학적 무지에 대해 잘 알고있었다. 뿐만 아니라 그는 수학의 활용이 갖는 한계와 위험에 대해서도 너무나 잘 알고있었다. 그는 자신의 저작에 수학이 사용되지 않았다는 지적에 대해, 자신의 주장을 수학적 언어로 표현하기가 어려웠기 때문이라는 단순한 대답으로 응수한다. "나의 주장의 배후에는 살아있는 현실이 숨어있고, …

나의 주장이 쉽사리 수학적으로 정식화되지 못하는 것은 바로 이 때문"
이라고 그는 말하곤 했다(Swedberg, 1991: 118). 슘페터에게 수학은 경
제학적 문제와 현상들 모두를 포괄할 수 있는 만병통치약과 같은 분석
도구가 아니라 그중 일부만을 포착하는 도구일 뿐이다. 따라서 수학적
방법의 배타적 우월성을 믿고 여타 분석기법들을 업신여기는 것은 슘페
터 자신의 의도와는 거리가 멀다. 그리고 슘페터가 제기한 문제제기들
은 대부분 당시의 수학적 방법으로는 정식화될 수 없는 것들이었다. 그
리고 만약 누군가가 수학적으로 다룰 수 없기 때문에 이 문제제기들 자
체를 폐기해 버려야 한다고 주장했다면 슘페터는 분명 노발대발했을 것
이다. 그가 바라는 것이 있었다면 보다 더 세련된 수학적 도구들이 개
발되어 자신의 문제의식을 수학적으로 형식화할 수 있게 되는 것이었을
것이다. 2)

---

2) 그의 주장들을 수학적으로 형식화할 수 없었다는 사실은 케인즈와의 경쟁에
   서 슘페터가 고배를 마시는 원인이 된다. 어쩌면 이것은 슘페터 자신이 수
   학에 기대를 걸고 수학적 방법을 적극 활용해야 한다고 주장한 것이 초래한
   자업자득일지도 모른다. 1936년 케인즈의 《일반이론》(The General Theory of
   Employment, Interest, and Money)이 출간되자 하버드 경제학과의 대학원생
   들은 너나 할 것 없이 이 책을 탐독하고 감탄과 존경을 감추지 않았다. 갤브
   레이스나 앨빈 핸슨(Alvin Hansen) 같은 경제학과 교수들도 케인지언이 되
   어갔다. 특히 슘페터가 각별히 아꼈던 제자이자 하버드 경제학과의 천재 학
   생이었던 폴 새뮤얼슨 조차 케인즈주의로 개종해 버렸다. 결국 하버드는 미
   국에서 케인즈주의의 메카가 되었을 뿐만 아니라 새뮤얼슨과 핸슨의 유명한
   교과서를 통해 케인즈주의를 전세계로 퍼뜨린 중심이 되었다. 이는 슘페터
   자신이 하버드에 경제수학을 도입하면서 이론경제학의 수학적 형식화를 강
   조한 것의 예기치 못한 결과라고 할 수 있다. 슘페터의 주장은 당시의 수학
   적 테크닉으로 형식화하는 것이 어려웠고 슘페터 자신도 그리하려고 시도하
   지 않았으나, 케인즈의 주장은 정교한 수학모델로 쉽게 정식화되었기 때문
   이다. 결국 아이러니컬하게도 슘페터의 일생의 라이벌이었던 케인즈가 슘페
   터를 제치고 각광을 받은 것은 케인즈의 이론이 슘페터가 그토록 찬미해마
   지 않았던 수학적 형식화에 더 적합했기 때문이었다. "케인즈의 이론이 힉
   스(John R. Hicks)의 IS-LM모델로 형식화될 수 있었다는 것은 행운이 아
   닐 수 없다"(Ursprung, 1991: 100).

이처럼 슘페터는 이론경제학을 옹호하고 수학의 도움으로 순수 경제이론을 더욱 정교하게 만드는 것을 중시했지만, 그렇다고 해서 슘페터가 비타협적 이론가였다고 생각한다면 그것은 큰 오해이다. 슘페터는 추상적 이론구축의 중요성을 누구보다도 잘 알고 있었지만 역사에 대한 이해와 경험적 사실에 대한 민감성 또한 필수적이라는 사실을 잊지 않았다. 그의 세 번째 저작인《경제학의 원리와 방법》에서 우리는 이를 확인할 수 있다. 그는 경제학 방법론의 정립에 가장 큰 영향력을 미쳤던 사건인 방법론 대논쟁을 다루는 장에서 역사주의적 전통과 이론경제학적 전통은 서로 전혀 다른 성질의 접근방식임을 분명히 하면서, 이 이질적인 두 접근방식을 서로 극단적으로 대비시키는 것은 피상적이고 백해무익한 일이라고 단언한다.

그는 멩거 자신도 역사에 대한 인식이 일부 경제문제의 해결에 필수적이라고 말한 바가 있음을 지적하면서 역사적 자료에 대한 이해가 경제문제의 해결에 필수적이라는 생각을 가진 경제학자를 역사학파 경제학자라고 부른다면 역사학파에 속하지 않을 경제학자가 하나도 없을 것이라고 말한다. 결국 경제학자들은 학문적 취향이나 연구수련 과정에 따라 일부는 이론에 경도될 수도 있고 일부는 역사에 경도될 수 있는 것일 뿐, 이론적 접근방식과 역사적 접근방식이 그처럼 극단적으로 대립될 이유가 없다는 것이다. 나아가 슘페터는 이론이 역사에 의해 보완되어야 한다는 점을 명백히 하고, 이론이 절대적 우위를 점하고 역사가 경제학의 무대에서 완전히 쫓겨나는 시기가 온다면 그것이야말로 경제학의 절대위기의 시기라고 주장한다. "우리는 역사학파가 그 전성기에 이론경제학에게 가했던 것과 동일한 푸대접을 받게되는 꼴사나운 광경을 목격하게 될 가능성이 농후하다"고 슘페터는 예언한다(Swedberg, 1991: 44).

슘페터는 경제사의 중요성을 인식하는 데서 한 걸음 더 나아가 경제학을 새로운 방법론적 토대 위에 세우고자 했다. 비록 슘페터의 학계 데뷔는 수학에 대한 희망으로 시작했지만 그는 경제학에 대한 보다 더 포괄적인 상을 가지고 있었다. 초기저작부터 이 징조는 보였다. 비엔나 대학 경제학계의 분위기가 역사주의적 형태의 분석을 반대하고 추상적·연역적 방법을 옹호하는 분위기였음은 두말할 나위 없는 사실이다. 방법론 대논쟁에서 역사학파 경제학의 불구대천의 적이었던 카를 멩거가 비엔나 대학 경제학의 거두였으니 놀랄 일도 아니다. 그러나 멩거나 뵘-바버크나 비제나 모두 다 역사학이나 사회학이 경제학에서 중대한 역할을 수행한다는 것을 부인하지는 않았다. 슘페터는 이런 방법론적 다원주의의 분위기 속에서 경제학을 배웠다. 그래서인지 그의 마음속에는 경제학이란 이론뿐만 아니라 역사학과 사회학까지를 아우르는 포괄적인 사회과학이 되어야 한다는 신념이 언제나 자리잡고있었다. 슘페터의 《경제발전의 이론》에 나오는 한 구절을 인용하자면, "사실 사회과정이란 나누어질 수 없는 하나의 전체이다".

슘페터가 씨름한 대 화두는 '어떻게 이 모든 다양한 접근방식들을 하나로 통합시킬 것이냐'였다. 역사는 이론경제학과 어떤 관계에 있는가? 사회학과 통계학의 역할을 정확히 어떤 것인가? 그의 전 생애동안 슘페터는 이 문제와 씨름했다. 비록 이 씨름의 결과 체계적이고 일관적인 대답을 제시하지는 못했지만, 중요한 것은 그가 이 문제와 씨름했다는 사실이다. 바로 이 사실 때문에 우리는 그를 일반적인 의미의 경제학자들과는 다른, 보다 폭넓은 사회과학으로서 경제학을 정립하고자 한 학자로 간주할 수 있다. 그러면 슘페터의 이러한 방법론적 지향을 보다더 자세하게 검토해 보자.

슘페터가 이러한 신념을 체계화한 것은 1920년대의 시련기였다. 그는 《경제발전의 이론》이나 《경제학의 방법과 원리》에서부터 이론경제학과 여타 사회과학간의 전통적 노동분업에 문제가 있다는 생각을 개진해 왔으나, 정태적 경제학과 역사적 경제학이 각기 어떤 한계를 갖고 있는지를 살펴보는 선에서 그쳤을 뿐 양자간의 관계가 어떤 것이 되어야 하는지에 대한 체계적 분석으로까지 나아가지는 못했다. 그러나 《구스타프 폰 슈몰러와 오늘의 쟁점》을 필두로 1920년대의 슘페터는 베버에게서 '사회경제학' 개념을 빌어와 경제학을 보다 더 넓고 포괄적인 과학으로 바라보는 새로운 입장을 체계화했다. 이 입장에 따르면 이론경제학은 경험적 사실과 보다 더 밀접하게 관련되어야 하며, 따라서 이론경제학은 통계학, 사회학, 역사학과 밀접히 통합되어 넓은 의미의 사회경제학의 일부가 되어야 한다(Swedberg, 1991: 66). 그러면 슘페터가 경제학과 인접 사회과학 분야를 아우르는 포괄적 과학으로서 제시한 사회경제학이 과연 어떤 내용과 성격을 지니는 것인지 살펴보기로 하자.

《구스타프 폰 슈몰러와 오늘의 쟁점》은 방법론 대논쟁을 뛰어넘어 역사학파 경제학과 분석적 이론경제학을 통합시키려는 슘페터의 노력이 돋보이는 저작이다. 역사학파 경제학과 이론경제학 간의 대립을 해결해야 한다는 생각은 슘페터의 독창적 아이디어는 아니었다. 칼 맑스, 에밀 뒤르켕과 더불어 사회학의 창립자로 간주되는 막스 베버는 일찍이 멩거와 슈몰러 사이의 방법론 대논쟁이 경제학을 "두 개의 과학"으로 갈라놓았다고 개탄하면서, 전통적인 이론경제학과 경제사 및 경제사회학을 한데 아우르는 사회경제학을 추구함으로써 경제학을 주변 사회과학과 잘 통합된 새로운 학문으로 재정립해야 한다고 주장한 바 있다. 슘페터는 《구스타프 폰 슈몰러와 오늘의 쟁점》에서 베버의 이 주장을 이어받아 사회경제학이야말로 이론경제학과 경제사 간의 파괴적 분열에 대한 해결책이라고 단언한다. 그리고 방법론 대논쟁에서 슈몰러가 부당하게 매도되었다면서, 경제학을 보다 더 풍부하고 광범위한 학문으로 재정립하려는 그의 시도야말로 슈몰러가 경제학에 남긴 가장 큰 공헌이므로 이런 점에서 슈몰러를 재평가해야 한다고 주장한다. 슈몰러는 현실에 무감각한 이론과 이론적 기반 없는 현실묘사는 둘 다 바람직하지 않으며 사실(facts)과 이론은 언제나 상호 보완적인 관계에 있어야 한다는 점을 누구보다도 잘 알고 있었다고 슘페터는 주장한다.

슘페터가 보기에 슈몰러는 경제과정이 광범위하고 총체적인 과정임을 인식하고 이 과정을 그 풍부함과 다채로움 속에서 인식하는 것이 경제학의 임무라고 생각한 경제학자였다. 슈몰러는 이론경제학자들이 무시했던 모든 측면들—즉, 한 사회의 구체적인 경제상황, 국제관계, 사회구조, 생산구조, 사회적 생산물의 크기와 그 분배방식, 사회의 정치적 구성원리 등—에 초점을 맞추었다. 슘페터는 슈몰러의 이러한 방대한 프로젝트를 경제현상에 대한 여러 상이한 학문적 접근방식들을 모두 포괄하는 일종의 일반경제학(general economics)이라고 해석했다. 다시 말해 슈몰러는 학제간의 뚜렷한 경계와 구분을 지양하고 하나의 현상을 여러 다양한 방식으로 접근하는 것을 옹호함으로써 경제학을 보다 더 광범위하고 풍부한 학문이 되게 했다는 것이다. 슘페터에 따르면, 슈몰러는 단순히 역사적 접근방식이라는 새로운 무엇을 경제학에 덧붙이기만 한 것이 아니라 경제학의 모든 분야를 근본적인 방식으로 변혁시킨 인물이다. 슈몰러는 경험적 사실에 더 민감한 이론 구축을 촉구함으로써 새로운 종류의 이론경제학을 도입했으며, 경제제도(재산권이나 상속제도 등)에 대한 분석을 목표로 하는 경제사회학이라고 불리는 새로운 분야를 개척했으며, 통계학과 역사학이 경제학의 일부로 포함되어야 한다는 주장을 설득력 있게 제시했다.

슘페터의 이러한 슈몰러 재해석은 경제학이 추상적 이론구축만을 고집하는 편협성을 버리고 여타 인접학문과 밀접히 협력해야 한다는 슘페터 자신의 입장을 더욱 더 명확하게 정식화하는 데 일조했다. 슘페터가 생각하기에 성공적인 사회경제학은 이론경제학, 경제사회학, 통계학, 역사학이 각자의 자율성을 유지하면서 서로간의 상호교환과 협력도 동시에 추구할 때에야 비로소 실현될 수 있을 것이었다.

한편 1939년에 출간된 《경기순환론》에서도 우리는 슘페터가 이론경제학과 여타 인접 사회과학과의 통합을 어떻게 도모했는가를 엿볼 수 있다. 사실 《경기순환론》은 그 구체적 주장들과 연구결과들보다도 이러한 슘페터의 방법론과 접근방식 때문에 더욱 더 각광을 받은 작품이다. 《경기순환론》은 슘페터가 《경제학의 원리와 방법》 이후에 25년만의 침묵을 깨고 내놓은 역작이다. 이 네 번째 저작은 《경제발전 이론》

의 이론적 관심사를 확장시키고 세련화시키고 현실에 비추어 검증하기
위한 노력으로서, 명실공히 《경제발전 이론》의 속편이라고 할 수 있다.

슘페터 자신의 표현을 빌자면 《경제발전 이론》에서는 건물의 '뼈대'
만을 구축했고 《경기순환론》에서는 "벽돌을 쌓고 지붕을 올려" 집짓기
를 완성하고자 했던 것이다(Swedberg, 1991: 126). 《경기순환론》을 통
해 슘페터가 하고자 했던 바는 자본주의의 발전과정 — 그 기원에서 출
발하여 오늘날에 이르는 전 과정 — 을 역사적 디테일과 논리적 엄밀성
이라는 두 가지 요건을 모두 만족시키면서 설명한다는 것이었다. 이는
다시 말하면 역사적, 통계적 자료를 이용하여 《경제발전 이론》의 이론
적 테마를 경험적으로 보강하는 것이었다. 이것은 경험적 사실에 보다
더 민감한 이론을 추구한다는 슘페터의 변화된 이론관을 반영하는 것으
로서, 이론경제학이 어떻게 경제사 및 경제통계와 통합될 수 있는가를
보여주려는 슘페터의 의도를 엿볼 수 있는 저작이자, 사회경제학이라
는 보다 포괄적인 경제학이 어떤 것인지를 직접 예시해주는 저작이다.

《경기순환론》의 제 2장에서 슘페터는 이론과 경험적 사실 간의 밀접
한 상호보완 관계를 강조했다. 경험적 사실을 무시한 순수 이론의 고수
와 이론의 안내가 없는 사실만의 나열은 둘 다 바람직하지 못하다. 이
론은 사실과 매우 밀접한 관련 속에서 구축되어야 하고 사실들은 이론
의 도움으로 구조화되고 해석되어야 한다. 즉, 이론은 사실과 '상호침
투'(interpenetration)의 관계에 있어야 한다. 그리고 슘페터에 따르면 이
론과 경험적 사실과의 상호침투를 이루는 방법은 역사적, 통계적 자료
들을 적극 활용하는 것이다. 그 중에서도 특히 슘페터는 역사적 접근방
식에 더 큰 비중을 둔다. 경제이론가는 반드시 경제사에 정통해야 한
다. 이론가는 경제사에 친숙해지고 나서야 비로소 통계자료들을 만족
스럽게 다룰 수 있는 위치에 서게 된다. "시계열 자료로부터 의미 있는
추론을 이끌어내기 위해서는 먼저 그 시대, 그 국가, 그 산업 — 심지어
개별 기업 — 의 경제적 역사에 대해 완벽하게 마스터하는 것이 절대적
으로 필요하다"고 슘페터는 단언했다(Swedberg, 1991: 130).

그리고 나서 슘페터는 자신의 경기순환 이론의 핵심 얼개를 제시한다(그 구체적 내용에 관해서는 나중에 살펴볼 것이다). 이 저서의 나머지 부분은 방대한 역사적, 통계적 자료를 동원하여 이 얼개에 살을 붙이는 일에 할애된다. 슘페터는 다양한 국가의 사례들에 주목하면서 여러 혁신행위들이 어떻게 도입되었고 어떻게 확산되었는가를 역사적 자료에 근거하여 상술했으며, 영국, 독일, 미국의 이자율, 물가, 생산수준 등에 대한 시계열 통계자료를 동원하여 이들 국가에서 자신이 이론부문에서 상정한 유형의 경기순환이 실제로 발견되는지를 추적했다. 결국 《경기순환론》의 나머지는 제2장에서 제시한 이론과 사실을 통합하는 자신의 독창적 연구방법론을 직접 자본주의의 발전과정에 대한 분석을 통해 예시한 것이라고 할 수 있다.

이로써 우리는 슘페터의 저작들에 나타난 그의 방법론적 입장의 변화과정을 살펴보았다. 이 학자의 방대하고 다채로운 학문적 궤적을 단순화시키고 희화화시키는 우를 범하면서라도 굳이 그의 방법론적 입장을 한 문장으로 요약해 보라고 한다면, 우리는 다음과 같이 말할 수 있을 것이다. 슘페터의 경제학 방법론에 대한 입장은, 이론경제학을 통한 논리적 엄밀성과 정밀성이 뛰어난 순수이론의 구축, 경제사와 경제사회학을 통한 역사적·제도적 요인의 고려, 통계적 방법을 통한 이론의 경험적 검증, 이 세 마리 토끼를 모두 좇는 것이 경제학 — 혹은 슘페터의 용어를 빌자면 사회경제학 — 이 추구해야 할 방법론적 원칙이라는 것이다. 물론 경제학자 일 개인이 이 모든 분야를 완벽하게 습득할 수는 없겠지만 좋은 경제학자가 되기 위해서는 이 네 분야 모두에서 훈련을 게을리 하지 말아야 한다.[3]

---

3) 슘페터의 방법론적 입장은 나중에 《경제분석의 역사》에 대해 논할 때 다시 한번 더 거론하게 될 것이다. 그때 우리는 슘페터가 '사회경제학'의 방법론적 정체성에 대해 최종적으로 어떤 입장을 취했는지를 보다 더 명확히 알게 될 것이다.

3. 경제변화에 대한 이론

슘페터는 1908년 자신의 첫 저작《이론경제학의 성격과 본질》을 왈라스에게 보내면서 그에게 경의를 표하는 내용의 편지를 동봉했다. 그는 이 편지에서 자신의 책을 왈라스의 "사도가 쓴 책"이라고 묘사하면서 "저는 언제나 당신이 닦아놓은 기초 위에서 당신의 노력을 계승하고자 애썼습니다"라는 말로 이 이론경제학의 대가에게 존경의 마음을 표했다 (Swedberg, 1991: 31). 그러나 슘페터는 왈라스의 이론체계에 대해 존경과 더불어 진지한 회의도 품고 있었다. 그리고 이 회의는 경제발전과 변동이라는 주제를 천착할수록 더욱 깊어졌다.[4] 슘페터는 왈라스의 분석방법이 균형상태를 가정하는 정태적 분석방법이며, 따라서 경제발전과 같은 동태적 과정을 분석하는 데는 적절하지 않다고 생각하기 시작했다. 왈라스의 이론체계에 따르면, 경제시스템은 언제나 균형을 지향하며 외부적 힘의 개입이 없는 한 결코 스스로 변화하지 않는다.

그러나 슘페터가 보기에 현실의 경제시스템은 불균형으로 점철되어 있으며, 외부의 충격에 의해서뿐만 아니라 자체의 내부 논리에 의해서도 끊임없이 변화를 겪고 있는 것이었다. 슘페터가 스위스에서 왈라스를 방문했을 때, 그는 자신과 이 노령의 대가 사이에 이 문제를 둘러싸

---

4) 슘페터가 경제발전이라는 주제에 관심을 기울이게 된 데에는 맑스주의의 영향이 컸던 것으로 보인다. 1차 대전 이전의 오스트리아 주류 경제학계는 주로 가치이론, 이자, 분배 등과 같은 정태적 문제에 관심을 기울이고 있었다. 한편, 오토 바우어나 루돌프 힐퍼딩을 비롯한 젊은 오스트리아 맑스주의자들의 주된 관심은 바로 독점자본주의, 금융자본, 제국주의 등과 같은 자본주의의 변화과정과 앞으로의 전망이었다. 대학시절부터 이들과 맺었던 친분과 교류가 슘페터의 관심을 경제발전의 문제 쪽으로 이끌었을 것이라는 주장은 충분히 설득력을 갖는다(März, 1991: 60). 슘페터는《경제발전의 이론》을 통해 멩거, 뵘-바버크, 비저로 대표되는 오스트리아 학파와 이들 오스트로-맑시스트의 통찰들을 한데 뒤섞어 "내실 있는 종합"을 이루려 했다고 할 수 있다(März, 1991: 99).

고 해소될 수 없는 견해차가 존재한다는 사실을 확인할 수 있었다. 왈라스는 슘페터에게 경제생활이라는 것은 "본질적으로 수동적이며 주어진 자연적·사회적 조건에 대한 점진적 적응과정에 불과하다"고 말하면서, 이러한 정태적 과정에 관한 이론이 이론경제학의 본령이며 따라서 경제학자는 역사적 변동에 대해서는 아무 말도 할 수 없다고 지적한 것으로 전해진다(Swedberg, 1991: 32).

슘페터는 이러한 시각을 받아들일 수 없었다. 그가 보기에 경제발전, 특히 자본주의적 경제발전은 다음과 같은 동태적 특성들로 가득한 것이었다. 우선 그것은 연속적으로 일어나지 않고 불연속적으로 일어난다. 자본주의 경제는 원활한 곡선을 그리며 성장하는 것이 아니라 간헐적, 단속적으로 성장한다. 둘째 자본주의 경제의 발전은 양적이고 점진적인 변화가 아니라 "질적이고 혁명적인" 변화이다. 그것은 옛 균형을 "근본적으로 뒤흔들어 놓고 전혀 다른 새 균형을 만들어낸다"(Elliott, 1991a: 263). 마지막으로 자본주의 경제의 발전은 경제시스템의 외부에서 가해지는 충격에 의해서가 아니라 시스템 내부의 자체 논리에 의해 발생한다. 그는 "자본주의 경제시스템 내부에 시스템의 균형을 저절로 파괴해버리는 에너지의 원천이 내재되어 있다"고 생각했다(Rimmer, 1991: 380). 그렇다면 경제시스템의 변화를 외부의 충격이 아니라 시스템 자체의 내적 논리에 의해 설명하는 이론, 경제시스템이 스스로를 끊임없이 변모시키는 힘을 어떻게 만들어내는지를 설명해줄 수 있는 이론, 즉 경제변화에 대한 순수 경제이론이 있어야 한다.[5] 슘페터는 바로 이 이론을 구축하고자 했고, 그 노력의 첫 결실이 바로 1911년에 출간된 《경제발전의 이론》이었다.[6]

---

5) 이것은 경제사와는 다른 것이었다. 경제사란 경제변동의 구체적 사례—일회적이고 유일무이한—를 묘사하고 해석하는 것을 목표로 하지만, 슘페터가 추구하는 경제변동에 대한 순수이론은 경제의 변화를 전적으로 경제시스템 자체의 내적 논리에 의해 설명할 수 있는 일반적·추상적 모델을 구축하는 것을 목표로 한다.

《경제발전의 이론》은 정태적 경제 — 이른바 순환경제(*circular flow of economic life*) 라고 하는 것 — 에 대한 모델에서 출발한다. 여기서 말하는 정태적, 순환적 경제란 발전이 전혀 존재하지 않는, 왈라스식의 일반균형 경제이다(Swedberg, 1991: 33; Heilbroner, 1986: 293~294; Elliott, 1991b: 40~41). 경제를 구성하는 모든 행위자들은 완벽한 정보와 완벽한 예측력을 갖춘 채 자신의 만족을 극대화하고자 하는 사람들이다. 한편 경제는 이런 행위자들로 이루어진 완전 경쟁시장에 의해 조직화된다. 각 소비자는 주어진 시장상황과 자신의 소득하에서 효용극대화 선택을 함으로써 시장의 수요측면을 형성하고 각 생산자는 소비자들의 수요상황과 자신의 테크놀로지 제약하에서 이윤극대화 선택을 함으로써 시장의 공급측면을 형성한다. 시장의 힘은 즉각적으로 수요와 공급의 균형상태로 이어지고 그 결과 균형가격과 균형거래량이 결정된다. 모든 시장은 동시에 균형을 이루므로 재화의 과잉공급이나 부족은 발생하지 않는다. 모든 생산적 자원은 시장에 의해 적소에 적량이 할당되므로 실업이나 여타 유휴자원이 존재할 수 없는 '완전고용'(*full employment*) 의 상태가 된다.

이런 경제하에서는 새로운 일이라곤 발생하지 않는다. 동일한 재화가 매 시기마다 생산되고 소비된다. 모든 공급에 대해 그에 일치하는 수요가 있기 마련이고 화폐는 시스템 내에서의 일상적인 거래가 수행되는 데 꼭 필요한 양만큼만 존재한다. 따라서 이 시스템의 구성원들은 언제나 같은 선택만을 반복할 뿐이다. 지도자는 필요치 않다. 새로운

---

6) 《경제발전의 이론》이 나올 무렵 경제학계는 한계효용학파의 미시경제학에 매료되어 있었다. 따라서 경제발전과 같은 거시적·동태적 현상은 거의 경제학자들의 관심을 끌지 못했으며, 알프레드 마셜만이 경제발전의 문제를 다루었을 뿐이었다. 그러나 마셜조차도 체계적이고 본격적으로 발전문제를 다룬 것은 아니었고, 고전경제학의 이론적 통찰을 대체로 모방하는 선에서 그쳤다. 그러나 미국 경제학자인 클라크(J. B. Clark) 는 예외였으며, 슘페터는 그에게서 동태론의 개념을 빌어오는 등 여러 신세를 졌다(März, 1991: 31).

무언가가 존재할 필요가 없기 때문이다. 관성이 이 경제를 주관하는 힘이다. 각자의 합리적 선택의 결과로 사회 전체가 최선의 상태에 도달하게 되면 그 선택은 반복되고 최선의 상태는 변함없이 재생산된다. 이런 경제 하에서는 기업의 이윤이란 존재하지 않는다. 경쟁은 각자가 정확히 생산에 기여한 만큼만을 가져가도록 만들어 이윤을 영(零)으로 끌어내린다. 다시 말해 기업간의 경쟁으로 말미암아 각 기업주들은 노동자들에게 그들이 생산한 제품의 가치만큼을 임금으로 지급하지 않을 수 없게 되고 지주나 여타 자연자원 소유자들에게도 그들의 자원이 생산에 기여한 대가만큼을 지대로 지급하지 않을 수 없게 된다. 따라서 기업주는 자신의 경영노동에 대한 대가로 받는 급료를 제외하고는 아무것도 가져갈 수 없다. 리카도나 밀이 주장했던 바와 같이 슘페터에게서도 정태적 경제는 무이윤의 경제이다.

이런 경제 하에서는 소비자가 가장 막강하다. 다시 말해 소비자야말로 이런 경제 하에서 존재하는 유일한 "지도자"이다(Elliott, 1991b: 41). 생산자는 주어진 생산수단과 생산기술 하에서 시장에서 형성된 소비자의 수요가 명하는 대로 따르는 존재일 뿐이다. 이런 정태적 경제에서도 변화는 있다. 그러나 그것은 시스템을 구성하는 특정 요소의 값이 외부의 충격에 의해 변했을 때 전체 시스템이 그 변화에 연속적이고 순차적으로 적응해 가는 과정일 뿐이다. 따라서 정태적 순환경제에 변화를 일으키는 원천은 경제 외부의 충격이고, 이 충격으로 야기되는 경제시스템의 변화는 언제나 점진적이고 미세하고 연속적이다. 이런 의미의 정태적 경제는 현실에 존재하지 않는다. 다만 그것은 슘페터가 현실의 동태적 경제를 분석하기 위해 출발점으로 삼는 이론적·가상적 모델일 뿐이다.

실제의 경제는 이런 정태적 순환경제가 아니라 동태적 발전(*dynamic development*)을 거듭하는 경제이다. 슘페터에게 발전 — 혹은 동태적 발전, 혹은 진화 — 이란 "끊임없이 경제구조를 그 내부에서부터 혁명적으로 바꾸어 놓는, 다시 말해 끊임없이 옛 구조를 파괴시키고 새 구조를 만들어내는, 산업적 돌연변이의 과정"이다(Leahy and McKee, 1991: 121). 따라서 동태적 발전을 특징으로 하는 현실세계의 경제는 외부의 충격이 아니라 내부의 논리에 의해 끊임없이 자기변환을 겪고, 그 결과 전과는 질적으로 완전히 다른 성격의 경제로 다시 태어나는 과정을 반복한다.

슘페터의 표현을 빌자면 정태적 경제에서의 변화는 "우편마차의 숫자가 늘어나는 것"에 해당하는 것이고 동태적 경제에서의 변화는 "우편마차에서 철도로의 변화"에 해당하는 것이다. 그의 말대로 "우편마차의 수를 제아무리 늘린다 해도 결코 철도를 얻을 수는 없다"(Swedberg, 1991: 34). 슘페터의 정태적 순환경제는 바로 이러한 동태적 경제를 이끌어내기 위한 논리적 출발점이다. 그러면 정태적 순환경제에서 어떤 메커니즘에 의해 이런 동태적 변화가 배태되는가? 슘페터는 혁신(innovation)의 개념을 가지고 이 질문에 대답한다. 혁신이란 기존의 것들을 새로운 방식으로 재조합하는 것이다. 그는 "기존의 자원들을 새로운 방식으로 재조합하여 더 질이 좋고 비용이 덜 드는 상품을 만들어내는 과정"을 통칭하여 혁신이라고 규정했다(Lazonick, 1994: 246). 나아가 그는 혁신을 보다 구체적으로 다음과 같이 정의한다.

①신상품 혹은 새로운 품질의 상품을 개발, 도입하는 것, ②새로운 생산방식을 도입하는 것, ③새로운 시장을 개척하는 것, ④원재료나 반제품의 새로운 공급원을 확보하는 것, ⑤독점의 형성이나 기존 독점의 해체와 같은 산업의 재구조화(Awan, 1991: 448).

그리고 혁신을 담당하는 주체를 슘페터는 혁신기업가(entrepreneur)라고 부른다. 정태적 순환경제에서는 소비자가 경제를 주도하지만 동태적 경제하에서는 바로 이 혁신기업가에 의해 경제의 운용과 발전방향이 결정된다. 자본주의 경제를 움직이는 것은 자본가가 아니다. 오히려 자본가 계급에서 소외되어 있으면서도 타고난 수완과 의지력으로 정태적 경제에 활력과 생기를 불어넣는 혁신기업가가 자본주의 경제발전의 주역이다. 다시 말해 혁신기업가는 정태적 순환만을 반복할 운명에 처해있는 경제에서 "돈키호테처럼" 나타나 정태적 균형을 깨트리고 경제의 동태적 진화를 촉발시키는 주역이다(Heilbroner, 1986: 298).

사회에는 기존의 것을 고수하려는 관성이 있고 사람들은 누구나 익숙한 것을 좋아하고 새롭고 생소한 것을 경원시하려는 경향을 가지고있기 때문에, 혁신기업가는 이러한 사회전반의 저항을 극복할 수 있는 역량을 갖춘 사람이어야 한다. 그러나 그런 사람은 흔하지 않은 법이다. 혁신기업가는 기존의 관행에 도전하고 전통의 힘을 거역할 수 있는 용기와 지략을 갖춘 사람이어야 한다. 이런 조건을 갖춘 사람은 흔하지 않은 법이며 따라서 혁신기업가는 당연히 소수일 수밖에 없다. 이렇게 볼 때 슘페터의 혁신기업가는 베버(Max Weber)의 카리스마적 지도자를 경제영역으로 옮겨놓은 것이나 다름없다고 할 수 있다. 그렇다면 이런 혁신기업가를 추동하는 심리적 모티브는 무엇일까? 혁신기업가의 진취적 모험을 추동하는 가장 큰 힘은 무엇보다도 물질적 보상이다. 그래서 슘페터는, 잠시 후에 살펴보겠지만, 독점이윤이 혁신기업가의 혁신행위를 장려하기 위한 보상장치라며 경쟁의 최대 적으로 간주되는 독점 관행을 옹호하기도 했다. 그러나 혁신기업가를 추동하는 심리적 요인들은 단순한 물질적 보상에 대한 추구보다 더 심층적이고 복잡하다. 슘페터는 혁신기업가의 행동동기를 다음과 같이 열거한다.

> 무엇보다도 사적 왕국—혹은 하나의 왕조—을 건설하려는 꿈과 의지를 들 수 있다. … 다음으로는 정복의지, 즉 싸우려는, 자기 자신이 남보다 우월함을 입증해 보이려는, 성공의 열매 때문이 아니라 성공 그 자체를 위해 성공을 추구하려는, 충동을 들 수 있다. … 마지막으로, 창조하고 과업을 완수하는 데서 오는 기쁨, 혹은 단순히 자신의 에너지와 창의력을 사용하는 데서 오는 즐거움을 들 수 있다(Swedberg, 1991: 35).

주지하다시피, 정통 주류 경제학이 가정하는 개인의 심리적 특성은 주어진 조건하에서 자신의 만족 극대화를 추구하는 '이기심'(*selfishness*)이다. 위와 같은 슘페터의 혁신기업가에 대한 생각은 이러한 좁은 의미의 쾌락주의와는 차별성을 보인다. 주류 경제학에서 상정하는 개인 — 경제인(*homo economicus*) — 은 완벽하고 객관적인 정보하에서 치밀하게 한계비용과 한계효용을 따진다. 그러나 슘페터의 혁신기업가는 불완전한 정보와 미래에 대한 불안 속에서 자신의 비전과 의지력을 믿고, 치밀한 이해타산이 아니라 "직관과 통찰"에 의존하며, "순환경제하에서 굳어지고 확립된 행동노선에 정면으로 반대되는" 모험과 도전을 감행하는 인물이다. 결국 슘페터의 혁신기업가는 "경제적" 인간이 아니라 "영웅적" 인간인 것이다(Elliott, 1991b: 44).

슘페터의 다음 관심은 혁신기업가의 선구적 행동이 어떻게 경제적 결실을 맺고 어떤 메커니즘을 통해 경제변화와 연결되느냐이다. 혁신기업가의 혁신행위와 경제변화를 연결짓는 메커니즘 중에서 슘페터가 가장 큰 비중을 둔 것은 바로 혁신기업가의 이윤(*entrepreneurial profit*)과 은행의 신용창조(*credit creation*)이다. 혁신기업가는 자신의 새로운 아이디어를 생산에 이용하여 실질적 결실을 거두기 위해서는 자금이 절대적으로 필요하다. 그러나 혁신기업가는 자본가가 아니기 때문에 돈이 없다. 게다가 정태적 순환경제 하에서는 유휴자금이 있을 수 없다. 따라서 혁신기업가가 필요한 자본을 얻기 위해서는 이미 타 사용처에 할당되어 있는 자원을 끌어다 써야 한다. 이런 상황에서 혁신기업가의 자금줄이 되는 것은 은행의 신용창조이다. 은행은 여러 합법적 테크닉을 이용하여 새로이 신용을 창조하고 이를 혁신기업가에 대출해줌으로써 혁신기업가는 자신의 혁신적 구상을 실행에 옮길 물적 수단을 확보하게 된다. 슘페터는 자본주의의 출현시기를 금융체계를 통한 대규모 신용창조가 가능하게 된 시점으로 잡는 등, 은행에 의한 신용창조가 경제변동에 지대한 역할을 수행하는 것으로 간주했다.

은행으로부터 필요한 자금을 확보한 혁신기업가는 자신의 혁신적 아이디어를 적용하여 본격적으로 생산에 임한다. 그 결과 혁신기업가는 비로소 이윤이라는 것을 얻게 된다. 그것은 그의 혁신행위에 대한 보상이다. 앞서 살펴본 바와 같이, 정태적 순환경제하에서는 이윤이 있을 수 없다. 균형상태에서는 모든 생산요소에게 돌아가는 보상은 각 생산요소의 한계생산물의 가치와 동일하고 모든 생산물의 판매가격은 그 생산물의 한계비용과 동일하기 때문에 잉여나 이윤이 있을 수 없다. 따라서 이윤이란 동태적 경제하에서만 존재한다. 그리고 그것은 혁신기업가의 선구적 노력에 대한 보상이다.

예컨대 모든 일이 수작업으로만 이루어지는 섬유공장이 있다고 하자. 한 혁신기업가가 등장하여 이 공장을 기계화했다면, 그는 동일한 섬유제품을 훨씬 더 낮은 비용으로 생산할 수 있을 것이다. 이 상품을 종전의 가격으로 판매할 수 있는 한 그는 상당정도의 초과이득을 얻을 수 있을 것이며, 여기서 혁신행위를 실행에 옮기기 위해 은행에서 빌어온 돈에 대한 이자를 포함한 여타 생산비용들을 공제하고 남는 것이 바로 이 혁신기업가에게 돌아가는 이윤이 된다. 결국 경제의 동태적 성장의 원천은 혁신기업가의 선구적 혁신행동과 그로 인해 발생하는 이윤이다. 그러나 이 이윤은 결코 영원하지 않다. 그것은 아직까지 반복적 일상을 좇고 있는 보통의 기업가들로 하여금 서둘러 이 혁신기업가를 모방하도록 만드는 "신호"(*signal*)이다(Kisch, 1991: 191). 따라서 혁신기업가의 이윤은 혁신기업가의 혁신행위가 여타 기업가들에 의해 모방되어 널리 확산되자마자 사라져 버리는 "일시적" 현상이다(Heilbroner, 1986: 295∼296).

이러한 혁신기업가의 이윤은 자본주의 경제의 파동적 발전, 즉 경기순환을 일으키는 핵심적 요인이 된다. 경기순환의 첫 단계는 혁신기업가의 혁신행위로부터 시작된다. 이로써 발생한 이윤은 즉시 모방자들을 끌어들인다. 이들은 첫 혁신기업가보다는 더 쉽게 혁신행위를 도입할 수 있다. 왜냐하면 변화에 대한 저항을 첫 혁신기업가가 크게 완화시켜 놓은 상태이기 때문이다. 이러한 모방자들의 "벌떼와 같은" 등장

과 더불어 자본투자가 늘고 경제는 원래의 균형지점을 벗어나 활황
(*boom*)에 접어든다(Hansen, 1991: 211). 임금과 금리가 오르고 일자리
가 창출된다. 그러나 이러한 활황은 필연적으로 경기후퇴(*recession*)를
부른다. 활황기에 싹튼 각 경제영역들 간의 불균형이 증대된다. 모방자
들과의 경쟁과 비용상승으로 혁신기업가의 이윤이 줄어들고, 혁신활동
이 둔화되고, 투자감소와 금리하락이 초래되며, 과잉공급으로 인해 물
가가 하락하고, 성공적이지 못한 혁신기업가들 중 도산하는 사람들이
생겨난다. 결국 경기후퇴 국면은 활황기에 뒤따르는 "자정과정"인 셈이
다(März, 1991: 8, 115). 경기후퇴 국면을 통해 경제는 활황기의 불안
정을 소화하고 이전의 균형점과는 전혀 다른—생산의 양과 질어 개선
된—균형점에 도달한다.7)

   그러나 이러한 경기후퇴 후에는 자본주의 경제의 논리에 따라 반드
시 새로운 혁신기업가가 출현하기 마련이다. 그리고 그의 선도에 따라
또 다른 일군의 모방자들이 벌떼처럼 등장한다. 경기회복과 새로운 활
황의 시작이다. 그 이후에는 역시 자본주의 경제의 논리에 따라 새로운
경기후퇴가 뒤를 잇는다. 결국 슘페터는 자본주의 경제의 파동적 변화
는 자본주의 자체의 경제논리에 따른 것이라고 본 것이다. 그가 즐겨
쓰던 표현을 빌리자면, "경기후퇴의 원인은 활황이다"(Swedberg, 1991:
36). 결국 자본주의 경제는 혁신기업가의 혁신행위에 의해 파동적 변화
를 겪으면서 성장, 발전하도록 되어있는 것이다.

   경제변동에 대한 슘페터의 관심은 개인적 비극과 역경에도 불구하고
1920년대에도 계속되었다. 이 시기에 슘페터는 특별히 경제변동의 두
측면, 즉 경기순환과 전체 경제체제의 구조적 변화에 관심을 기울였다.
경기순환 분야에서 슘페터는 여러 주기의 경기순환이 있을 수 있다는
사실을 발견함으로써 훗날 《경기순환론》에서 다룰 테마의 바탕을 마련

---

7) 이 점에서 슘페터는 경기침체 국면을 "자본주의 경제질서의 고질적 병폐의
   표출"이라고 간주했던 케인즈나 맑스와 차별을 보인다(März, 1991: 8).

했다. 한편 경제체제 자체의 구조적 변화에 관한 테마를 다룬 최초의
저술은 1928년에 나온 "자본주의의 불안정성"(The Instability of Capital-
ism)이라는 논문이다. 경제체제 자체의 변화는 하나의 경제체제라는
틀 내에서의 변화인 경기순환과는 근본적으로 다른 변화이다. 이 논문
에서 슘페터는 자본주의 경제체제가 자체 논리에 의해 변화를 거듭하다
가 결국에는 사멸하게 될 것이라는 전망을 시사한다. 이 테마는 맑스의
그것과 상당히 유사하며, 훗날 《자본주의, 사회주의, 민주주의》에서
더욱 세련된 모습으로 다시 등장한다.

　그러나 이러한 거시적·구조적 변동에 대한 관심을 본격적으로 체계
화하기 이전에 슘페터는 먼저 자본주의 체제 내에서의 경제적 변화를
분석하는 데 혼신의 노력을 기울인다. 그 노력의 결실이 바로 《경기순
환론》이었다. 《경기순환론》은 18세기 후반부터 1930년대에 이르는 긴
기간 동안의 자본주의의 경제적 진화를 다루고 있다. 본격적 분석에 들
어가기 전에 슘페터는 이 기간 동안 자본주의 경제의 제도적 구조는 변
화하지 않았다고 가정한다. 따라서 《경기순환론》은 자본주의라는 거시
제도적 틀은 변함이 없다고 가정하는 가운데 그 틀 내에서의 경제 메커
니즘의 변화인 경기변동에만 초점을 맞추는 '경제학적' 저작이라고 할
수 있다. 그러나 이렇게 《경기순환론》을 경제학적 저작으로 국한시킴
으로써 슘페터는 대가를 치러야 했다. 즉, 자본주의 제도 자체의 변화
에 의해 초래된 여러 사회경제적 현상들이 논의에서 제외되어 버린 것
이다. 이 대가는 특히 현대 자본주의가 분석대상이 될 때는 더 심각해
진다. 슘페터도 인정했다시피 현대 자본주의는 급격한 제도상의 변화
(예컨대 경쟁자본주의에서 독점적 조직자본주의로의 변화)로 말미암아 전
에 없이 큰 변혁을 경험하고있기 때문이다. 그러나 자본주의의 제도적
변화에 대해서는 후일 보다 사회학적 성격을 갖는 저작들에서 다룰 일
이었고, 슘페터의 《경기순환론》은 경기변동이라는 특유의 자본주의적
경제현상을 순수 경제학적 시각으로 분석한 저서이다.

　슘페터는 《경기순환론》에서 경기변동을 분석할 때 세 단계로 접근한

다. 한 단계에서 다음 단계로 넘어가는 과정에서 분석은 점점 더 복잡해지고 현실에 더 가까워진다. 분석대상은 1787년부터 1938년에 이르는 긴 기간 동안의 자본주의의 진화과정을 보여주는 방대한 역사적·통계적 자료들이다. 분석의 첫 단계는 균형상태에 있는 정태적 경제와 혁신의 도입으로 시작된다. 정태적 경제에 혁신이 도입되면 우선 균형으로부터 이탈하려는 힘이 발생하는데 이것이 바로 활황(prosperity) 국면이 된다. 그 다음에는 다시 균형을 회복하려는 반대방향의 힘이 작용하게 되는데 이것이 경기후퇴(recession) 국면이다. 첫 단계의 분석결과는 《경제발전 이론》에서의 경기순환 분석과 거의 대동소이하다. 그러나 슘페터는 여기에서 멈추지 않고 보다 더 복잡하고 더 현실에 근접하는 두 번째 단계의 분석에 들어간다.

두 번째 단계의 분석에서는 활황국면 이후에 균형의 회복이 용이하지 않은 경우를 고려에 넣는다. 이 경우, 경기후퇴 국면 이후에는 활황이 뒤따르는 것이 아니라 보다 더 깊고 심각한 불황(depression)의 국면이 이어진다. 그러나 불황 이후에 경제는 경기회복(recovery) 국면을 맞아 다시 균형을 회복하게 된다. 따라서 두 번째 분석단계에서 슘페터는 첫 단계에서의 경기순환 과정을 보다 더 세분화하여 네 가지 기본적인 경기순환 국면을 제시한다. 즉, 활황-경기후퇴-불황-경기회복이 그것이다.

그러나 슘페터는 여기에서 멈추지 않고 세 번째 분석단계로 나아가, 더욱 더 현실 적합성이 높은 경기순환 모형을 제시하고자 한다. 슘페터는 두 번째 분석단계에서 제시한 유형의 경기순환 주기 하나만이 존재한다고 생각하는 것은 지나치게 비현실적이라면서, 현실에는 세 가지 상이한 경기순환 유형이 서로 중첩되면서 각자의 주기를 반복하고 있다고 주장했다. 40개월 주기의 키친 순환(Kitchin Cycle)과 9~10년 주기의 저글러 순환(Jugler Cycle), 40~50년 주기의 콘드라티에프 순환(Kondratief Cycle)이 그것이다. 오늘날 흔히 경기순환이라고 하면 저글러 순환을 말하는 것이며 콘드라티에프 순환과 같은 장기파동이 과연 존재하는지는 여전히 논란의 대상이다. 어쨌든 슘페터는 세 번째 분석단계에서 현실의 자본주의 경제는 이 세 가지 상이한 유형의 경기순환이 동시에 존재하면서 각자의 주기를 반복하는 가운데 파동적 발전을 겪는다고 주장함으로써, 자신의 경기순환 이론을 최종적으로 세련화시킨 셈이다. 8)

그러나 슘페터의 경제변동에 대한 이론, 특히 그 골간이 되는 혁신기업가에 대한 이론은 2차 세계대전이 끝난 직후인 1945년에서 그가 세상을 떠나기 직전인 1949년 사이에 큰 변화를 겪는다. 그 변화가 너무나 커서 일부 논평가들은 슘페터가 새로운 "대안적" 이론을 제시하고 있다고까지 말할 정도였다(Swedberg, 1991: 171). 슘페터가 자신의 혁신기업가 이론에 불만을 갖고 있었다는 표시는 일찍이 《경제발전의 이론》에서부터 찾아볼 수 있으며, 《경기순환론》에서는 혁신기업가 개인보다는 혁신행위에 더 초점을 맞춤으로써 자신의 기존 견해를 수정하고자 하는 기도를 명백히 드러냈고, 《자본주의, 사회주의, 민주주의》에 이르러서도 자신의 기존 견해에 대해 계속해서 문제를 제기했다.

그러나 슘페터가 자신의 이러한 입장변화를 가장 체계적으로 정식화했던 저술은 2차 대전 이후부터 그가 세상을 떠나기 전까지 집필했던 세 편의 논문이었다. 이 시기에 슘페터가 쏟아 부었던 학문적 정열은 거의 대부분 《경제분석의 역사》를 완성하려는 노력에 집중되었으나,

---

8) 그러나 앞서 지적했듯이, 슘페터의 《경기순환론》은 그 방법론적 참신함에도 불구하고 실질적 연구내용에서는 많은 비판을 받았다. 예컨대 경기순환론의 권위자로 알려져 있는 사이먼 쿠즈네츠(Simon Kuznets)는 《경기순환론》에 대한 논평에서 슘페터가 혁신이 경기순환의 원인이라는 것을 제대로 입증하지 못했고, 통계적 방법에 미숙하여 경기순환이 네 가지 국면을 갖는다는 것을 입증하지 못했고, 세 가지 유형의 경기순환이 존재한다는 것 — 특히 콘드라티에프 장기순환이 존재한다는 것 — 을 명확히 보여주지 못했다고 비판했다. 결론적으로 쿠즈네츠는 "정교한 시계열 분석 기법을 제대로 따르지 않은 슘페터의 분석은 수많은 도표들을 나열하고 그것들에 대한 인상을 기록해 놓은 것에 불과하다"고 혹평했다(Swedberg, 1991: 134~135).

이외에도 슘페터는 이 세 편의 논문들을 통해 자신이 일찍이 《경제발전의 이론》에서 제시했던 혁신기업가에 대한 이론을 수정하고 개편하는 데 노력을 기울였던 것이다. 1947년에 출간된 "경제사에서의 창조적 대응"(The Creative Response in Economic History), 같은 해에 출간된 "경제성장의 이론적 문제들"(Theoretical Problems of Economic Growth), 1949년의 "경제이론과 기업가사"(Economic Theory and Entrepreneurial History) 등이 바로 그 논문들이다. 9)

그러면 슘페터의 이 새로운 혁신기업가론에 대해 보다 더 자세히 살펴보기로 하면, 혁신기업가의 정의에 대해서는 《경제발전의 이론》에서 처음 제시했던 견해와 별반 달라진 것이 없었다. 혁신기업가는 여전히 발명가나 자본가와는 구별되는 존재였으며, 창조성과 능동성을 특징으로 하는 인물로 묘사되었다. 그러나 새로이 개진된 혁신기업가론은 다음 여러 가지 측면에서 종전의 견해와는 차이가 났다.

첫째, 슘페터는 이제 혁신기업가 '개인'에 더 이상 주목하지 않았다. 그는 혁신기업가가 한 명의 개인일 필요가 없다는 점을 강조했다. 중요한 것은 혁신기업가 개인이 아니라 혁신기업가가 수행하는 기능이며,

---

9) 슘페터가 자신의 혁신기업가론을 다소 수정할 필요가 있다고 생각하게 된 가장 큰 계기는 앞서 언급한 하버드의 기업가 연구센터와의 인연이다. 이 연구소에서 활동하면서 슘페터는 인접 사회과학 분야, 특히 경제사 분야와의 교류를 통해 자신의 혁신기업가 이론이 너무나 비현실적이라는 반성을 하게 된다. 이 연구소의 핵심 인물은 하버드의 경제사 교수였던 아서 콜(Arthur H. Cole)이라는 사람이었다. 그는 경제사 분야의 연구가 활성화되어야 한다는 것과 혁신기업가에 대한 연구가 그 기폭제가 될 수 있을 것이라는 생각으로 기업가에 대한 학제간 연구를 추진했으며, 그 결과가 바로 기업가 연구센터의 설립이었다. 이 연구소에는 슘페터 말고도 기업사(*Business History*) 연구자나 사회학자들이 대거 참여하여 그야말로 학제간 교류의 모범적 전형을 보여주었다. 이 연구소에서 혁신기업가에 대한 슘페터의 견해는 사람들의 주목을 끌긴 했으나 지배적인 견해로 받아들여지지 못했고, 경제사 분야의 기능적 접근, 사회학 분야의 역할이론적 접근 등과 한데 어우러져 치열한 경합을 벌였던 것으로 전해진다(Swedberg, 1991: 172).

그것은 반드시 한 사람의 물리적 신체에 귀속될 필요가 없다. 이는 여러 명의 개인들, 혹은 하나의 팀이 혁신기업가일 수 있다는 것을 의미한다. 심지어는 국가가 혁신기업가의 역할을 하는 경우도 있다. 슘페터는 그 예로 미국의 상무부가 새로운 경작기술을 도입하고 전파하여 미국 농업에 일대 혁명을 가져다 준 사례를 들고 있다.

둘째, 슘페터는 자신의 전체 이론체계와 이 새로운 혁신기업가론을 별개의 것으로 취급했다. 《경제발전의 이론》에서 슘페터는 경제의 동태적 발전에 대한 이론을 구축함에 있어 혁신기업가에 대한 이론을 그 출발점으로 삼았다. 그리하여 앞서 살펴본 바와 같이 금융, 이윤, 경제성장 등에 관한 이론들은 모두 혁신기업가에 대한 공리를 출발점으로 하여 구축된 것들이었다. 종래에 혁신기업가론을 자신의 전체 이론체계 속에 이처럼 밀접하게 통합시키고자 했던 것과는 달리, 이제 그는 이러한 시도를 더 이상 하지 않는다. 그는 대신 혁신기업가의 혁신행위와 여타 경제현상과의 관계는 국가별로 시대별로 다양할 수 있다는 입장을 취한다. 그리고 실제 기업가들과의 인터뷰를 통해 슘페터는 기업 지도자들이 평균적으로 은행신용보다는 자가금융을 더 선호한다는 사실을 보여주었다. 이제 그는 혁신기업가 이론을 전체 이론체계의 틀 속에 짜맞추는 것이 아니라, 혁신기업가 이론과 전체 이론체계가 잘 부합하지 않고 쉽게 연결되지 않는다고 하더라도 현실의 상황에 맞는, 현실을 충실히 반영하는 혁신기업가론을 정립하려 했던 것이다.

혁신기업가 이론에서 주목해야 할 세 번째 차이점은 경험적 자료를 대하는 슘페터의 태도에 근본적인 변화가 있었다는 점이다. 슘페터의 종래의 태도는 전형적 혁신기업가를 상정하고 그의 행동경로와 그것이 초래할 결과를 논리적으로 이끌어내려는 것이었을 뿐, 이 이론으로부터 가설을 이끌어내어 그것이 과연 경험적 현실에 부합하는가를 살펴보려는 것은 아니었다. 그러나 슘페터는 말년의 일련의 논문들을 통해 바로 이 부족을 보충하려 했다. 특별히, 그는 과연 전형적인 혁신기업가가 관료제적 경영자로 대체되고 있는지 그리고 그에 따라 전체 자본주

의 체제의 쇠퇴가 다가오고 있는지를 경험적 자료를 동원하여 확인해보
고자 했다. "혁신기업가가 수행하는 기능의 중요성이 시간이 지남에 따
라 감소하고 있는가?"라는 질문을 제기한 슘페터는 "그렇다고 믿을 만
한 이유는 충분하지만, 과연 그런지를 확인하는 것은 경제사가의 몫이
다"라고 대답한다(Swedberg, 1991: 174). 나아가 그는 혁신기업가에 대
한 연구가 상당히 진행된 상태임에도 불구하고 아직까지 타당한 경험적
일반화가 도출될 정도로 충분한 연구업적의 축적이 이루어지지 않았음
을 개탄하면서, 경제학자들은 그동안 자신의 이론적 견해를 몇 가지 구
미에 맞는 사례를 들어 정당화하는 구태를 버리고 자신의 이론을 바탕
으로 타당한 경험적 일반화를 내릴 수 있는지 진지하게 고민해보아야
한다고 주장했다.

　이러한 작업은 경제학자들이 그동안 이론구축 과정에서 의존해 왔던
수학적 테크닉으로는 수행될 수 없다. 수학은 경제시스템의 논리를 파
악하는 데는 유용할지 모르나 경험적 연구에 있어서는 많은 한계를 안
고 있다. 이론을 경험적으로 검증하는 데 필요한 자료들을 제공해줄 수
있는 분야는 바로 경제사이다. 역사가들이야말로 경제학자의 가장 친
밀한 동료가 되어야 할 사람들이다. 말년의 논문들은 이론경제학은 경
제사와 더욱 밀접한 협력을 유지해야 하고 사실과 이론의 결합을 통해
서만 혁신기업가에 대한 연구가 큰 진전을 볼 수 있을 것이라고 일관되
게 강조하고 있다. 보다 더 구체적으로, 경제사의 도움으로 경제학자들
은 혁신기업가 정신의 다양한 제도적 형태들을 이해할 수 있을 뿐만 아
니라, 경제의 다양한 영역들에서 혁신기업가 정신이 어떤 차이를 보이
는지 — 예컨대 금융부문과 산업부문에서의 혁신기업가 정신의 차이 등
—를 더 잘 이해할 수 있고, 나아가 혁신기업가의 기능이 얼마나 다양
하고 혁신기업가에는 얼마나 다양한 유형이 있을 수 있는가를 파악할
수 있다고 그는 주장했다. 이 과정에서 계량화된 자료보다는 기업 지도
자의 자서전과 같은 질적 자료가 상당한 도움이 될 수 있다고 슘페터는
강조했다.

108

　말년에 이르러 슘페터가 보여주었던 이러한 발상의 전환은 동시대 경제학자들의 관심을 끌지 못했다. 이들 중 대부분은 벌써 오래전부터 슘페터의 생각이 수학적으로 정식화될 수 없기 때문에 그 가치가 제한적일 수밖에 없다고 생각해왔던 터였다. 특히 슘페터의 제자이면서도 수학적 방법에 정통했던 리처드 굿윈(Richard Goodwin)과 폴 새뮤얼슨(Paul A. Samuelson)은 슘페터의 이러한 변심에 대단한 충격을 받았다. 그것은 슘페터가 자신의 혁신기업가 이론을 수정하고 경험적 연구를 강조했기 때문이 아니라, 수학적 모델 구축이 경제학이 나아가야 할 유일한 길이 아닐 수도 있다는 점을 시사했기 때문이었다. 새뮤얼슨은 슘페터가 진정으로 수학적 모델 구축을 경시하게 되어서 그런 주장을 편 것은 아닐 것이라면서, 자신의 스승이 보여준 이러한 태도변화는 "대세를 따르기 싫어하는 그만의 독특한 성격 탓"일 거라고 주장했다(Swedberg, 1991: 176).10)

----

10) 대세를 거스르는 것을 즐기는 듯한 슘페터의 이런 버릇은 종종 그의 생애를 연구하는 논평가들의 논란거리가 되곤 한다. 새뮤얼슨의 말대로 슘페터가 말년에 보여준 이러한 태도변화가 그의 이 버릇에 기인한 것인지는 알 수 없으나, 다음과 같은 어느 논평자의 진술은 새뮤얼슨의 판단이 전혀 틀리지만은 않다는 것을 시사해 준다. "그의 저작은 너무나 독창적이어서 섣부른 단순화를 불허한다. 그는 독일에 역사주의의 서슬이 시퍼럴 때 이론경제학과 수학의 중요성을 설파했으며, 주류 경제학이 정태적 최적화 문제와 씨름하고 있을 때 동태론을 들고 나왔으며, 케인즈의 거시경제학이 경제학의 새 장을 열어 젖히려 할 때 혁신기업가론을 근간으로 하는 미시경제학과 씨름했으며, 자기 스스로의 노력으로 탄생한 계량경제학이 경제학 분야를 휩쓸려고 할 때 역사적 방법론으로 눈을 돌렸던 사람이다"(Giersch, 1991: 248).

4. 경쟁에 대한 새로운 접근

자본주의의 동태적 과정을 이렇게 이론화한 슘페터는, 그 당연한 귀결로서 시장에서의 경쟁을 정통 신고전주의 경제학과는 다르게 파악한다. 슘페터에 따르면 신고전경제학의 경쟁시장 개념은 자본주의의 발전과 성장의 논리를 제대로 이해하지 못한 결과이며, 현실의 자본주의 경제에서 발견되는 경쟁과정을 전혀 포착하지 못한다. 신고전경제학의 경쟁개념은 완전경쟁(*complete competition*) 가정 속에 잘 드러나 있다. 여기서 완전경쟁이란 시장 참여자의 수가 너무나 다수여서 한 사람의 행위가 시장 전체에 아무런 영향도 미칠 수 없다는 것과, 따라서 개별 참여자는 시장이 부여한 조건을 수동적으로 받아들이고 거기에 자신의 행위를 적응시킬 뿐 능동적으로 시장의 조건을 변화시킬 수 없다는 것이다. 그리고 이러한 완전경쟁이 이루어지면 시장은 최대의 후생을 초래하는 효율적(*efficient*) 시장이 된다.

그러나 우리가 매일 매일의 경제생활에서 경험하는 경쟁은 이런 의미의 경쟁이 아니다. 슘페터는 이런 의미의 완전경쟁은 결코 존재한 적이 없고 앞으로도 없을 것이라고 주장한다. 그리고 설사 현실에 이런 의미의 완전경쟁 시장이 존재한다고 하더라도 그것은 그다지 좋은 결과를 초래하지 못할 것이다. 오히려 오늘날 존재하는 경제적 후생이나 효율성의 증대는 완전경쟁시장이 아닌 거대기업의 독점적 관행의 덕분인 경우가 대부분이다.

우리가 현실에서 경험하는 것은 새로이 생겨나는 기업과 시장조건을 견디지 못하고 몰락하는 기업, 새로운 테크놀로지의 도입, 새 테크놀로지의 확산으로 인한 구테크놀로지의 쇠퇴, 그로 인한 산업구조의 변화 등이다. 다시 말해 우리는 경제가 역동적으로 변화하는 것을 경험한다. 슘페터는 이러한 변화의 과정을 "창조적 파괴"(*creative destruction*)의 과정으로 이해한다. 즉, 자본주의는 자신의 경제구조를 내부에서부터 끊

110

임없이 혁명적으로 뒤바꾸려는, 다시 말해 스스로 쉴새 없이 옛 것을 파괴하고 쉴새 없이 새것을 창조해 나가려는 힘을 배태하고 있다는 것이다. 이것이 바로 앞서 살펴본 자본주의 발전의 논리이자 자본주의의 파동적 변화가 전개되는 과정이다.

이 과정에서는 신고전경제학에서 말하는 상상 속의 완전경쟁은 아무런 할 일이 없다. 주어진 가격하에서 어느 기업이 생산량을 최적의 수준으로 조절하여 이윤극대화를 이루느냐는 오늘날의 자본주의적 경쟁과는 무관한 문제이다. 오히려 현실의 경쟁은 이론경제학에서 말하는 정태적 의미의 완전경쟁이 아니라 "동태적 경쟁"(dynamic competition)이다 (Hanusch, 1988: 3). 다시 말해 자본주의에서 실로 중대한 비중을 차지하는 경쟁은 동질적 상품을 생산하는 여러 기업들 간의 가격경쟁(price competition)이 아니라, "획기적 비용절감과 품질향상을 앞다투어 추구하는 혁신경쟁(competition of innovation)"이다(O'Donnell, 1991: 63).

슘페터는 이런 현실경제에서는 이론경제학에서 경제적 효율성의 적이라고 간주되는 독점적 관행들이 오히려 건설적 공헌을 한다고 주장한다. 그 이유는 간단하다. 앞서 슘페터의 경제발전 이론에서도 살펴보았듯이 경제발전의 가장 중요한 추동력은 혁신행위를 통해 기존의 균형과 루틴에서 이탈하는 것이다. 자금력과 연구개발 능력을 갖춘 대기업이 성공적 혁신을 이룩할 가능성은 완전경쟁시장에서 상정하는 무수히 많은 소규모 기업들보다 훨씬 높다. 더욱이 대기업들 간의 전략적 합의에 의해 각자가 상대방의 주력 부문에 뛰어들지 않기로 한다든지 일부 분야에 대해 경쟁을 제한하기로 하는 것은, "대규모 투자를 통해 혁신을 도입하는 데 수반되는 위험부담을 덜어주기 때문에" 혁신을 고무시키는 촉매제가 될 수 있다(Mason, 1991: 225). 그리고 이렇게 혁신을 성공적으로 이룩해낸 기업에 대해 독점적 위치가 주어지는 것은 경제발전의 추동력인 혁신을 부추기는 인센티브로서 당연한 처사이다.

따라서 독점적 위치에 있는 대기업은 혁신을 성공적으로 이끌어 자본주의의 파동적 발전을 선도하는 견인차 역할을 한다. 물론 슘페터는

독점시장이 경쟁시장에 비해 여러 가지 비효율을 낳는다는 것을 인정한
다. 그러나 슘페터의 요점은 "독점에 의해 야기되는 생산성 향상과 경
제발전의 효과가 이러한 비효율성으로 인한 피해를 상쇄하고도 남음이
있다"는 것이다(Fisher and Temin, 1991: 39). 슘페터의 생각대로 독점
적 관행들이 이처럼 경제발전에 중요한 기여를 한다면 오늘날 정부의
반독점 정책들은 큰 수정을 겪어야 한다. 오늘날 산업규제 정책은 대부
분 "대기업이 마치 완전경쟁적 산업부문에서 활동하듯이 처신하도록"
지도·감독하는 것을 기본 목표로 하는 것들이다. 슘페터의 입장에서
보면 이러한 산업정책은 치명적인 실수가 아닐 수 없다(Mayhew, 1991:
242). 정태적 순환경제를 모델로 하여 도출된 완전경쟁의 효율성 공리
를 금과옥조로 믿고 그것을 중심으로 현실의 동태적 경제에 적용시킬
독점규제 정책을 내놓는 경제학자 출신 관료들을 슘페터는 "언어로 권
력을 휘두르면서 실제적인 문제에 대해서는 나몰라라하는 무책임한 집
단"이라고 비난했다(Mason, 1991: 230).

슘페터의 이러한 생각에서 후대 학자들이 이른바 "슘페터 가설"
(*Schumpeterian Hypothesis*)이라고 일컬은 유명한 명제가 도출된다. 슘페
터 가설이란 간단하게 요약하자면 기업의 혁신행위는 기업의 규모와 함
수관계에 있다는 것이다. 다시 말해 "대규모 기업이 소규모 기업에 비
해 더 혁신적이며, 따라서 산업 전체로 봤을 때 경쟁적 산업구조에서보
다는 독점적 산업구조에서 혁신행위가 더 많이 발생한다"는 것이다
(Link, 1991: 250). 혁신활동은 기업의 기술개발 부문 투자능력에 크게
의존하며, 그것은 다시 그 기업의 규모나 시장 점유율과 높은 상관관계
를 보인다. 그동안 이러한 내용의 슘페터 가설이 경험적으로 지지되느
냐를 알아보기 위해 수많은 연구들이 수행되었다. 여기서 이러한 다양
한 연구성과들을 다 소개할 필요는 없을 것이다. 다만, 경쟁을 바라보
는 슘페터의 독창적인 생각이 후대 경제학자들의 "벌떼 같은" 연구를 자
극하는 밑거름이 되었다는 점을 강조하는 것으로 충분하다.

결국 슘페터의 경쟁 개념은 신고전경제학의 정태적 완전경쟁과는 전

혀 다른 것임이 드러났다. 그가 말하는 경쟁이란 무수히 많은 소규모 생산자들이 동일한 방식으로 동일한 재화를 생산함으로써 시장가격이 하나의 균형가격으로 수렴해가는 과정이 아니라, 소수의 기업들이 혁신을 통해 예전의 품질, 예전의 생산방식 등을 끊임없이 새것으로 대체함으로써 라이벌 기업을 앞서려고 하는 과정이다. 다시 말해 자본주의 경제에서 경쟁은 혁신에 의해 추동되는 것이다. 그리고 이러한 의미의 경쟁은 반드시 균형을 낳는 것이 아니라 불안정과 불균형을 낳을 수도 있다. 사실 균형이란 것이 전혀 존재하지 않을 수도 있으며 "선수와 응수(move and countermove)의 끝없는 이어짐, 기업들 간의 무한 전쟁상태"가 야기될 수도 있다(Semmler, 1991: 77). 경쟁은 경제의 기존 균형을 파괴하고 새롭고 변화된 또 다른 상태로 나아가게 만드는 힘이며, 그런 의미에서 "창조적 파괴"(creative destruction)의 과정이다(Mayhew, 1991: 244). 이러한 동태적 경쟁을 특징으로 하는 자본주의 경제를 슘페터는 "고삐 풀린 자본주의"(unfettered capitalism)라고 불렀다(Coe and Wilber, 1985: 6). 고삐 풀린 자본주의는 이전의 성공적 혁신과 기술개발의 결과로 탄생한 대규모 기업이 새로운 미지의 혁신기업가들에 의한 혁신적 도전에 직면하여 자신의 현위치를 유지하고 개선하고자 고군분투하는 장이다.

이러한 슘페터의 경쟁 개념은 맑스의 그것과도 차이를 보인다. 맑스는 경쟁을 개별 자본가들 간의 경합으로 인해 여러 소자본들이 대자본 앞에 무릎을 꿇게되는, 다시 말해 "제거적"(eliminative) 과정, 혹은 "하나가 여럿을 죽이는" 과정으로 파악했다. 그러나 슘페터의 경쟁은 제거적 과정이 아니라 "고무적"(stimulative) 과정이다. 슘페터에게 경쟁은 한 사람의 자본가가 여럿의 자본가를 죽이는 과정이 아니라 한 혁신적 개척자 기업이 길을 터놓고 여러 타 기업들이 그의 선도를 뒤따르는 과정인 것이다(Heilbroner, 1991b: 261).

5. 슘페터의 경제학설사

경제학 분야에 대한 슘페터의 공헌 중에서 빼놓을 수 없는 또 한 가지는 경제학사 분야의 업적이다. 그리고 경제학사 분야에서 슘페터가 이룩해 놓은 연구업적들을 검토해보면 그가 인접학문과 경제학과의 관련성을 얼마나 중시했는가를 다시 한 번 확인할 수 있다. 우선 경제학사에 관한 첫 번째 저작인 《경제학의 원리와 방법 : 역사적 스케치》에서 슘페터는 경제학이 인접학문과 어떤 상호작용을 나누면서 성장해왔는가를 면밀히 살펴보고 있다. 이 책에서 슘페터는 여타 경제학사 교과서들과는 달리 해당 경제학자가 경제학이론의 발달에 어떤 공헌을 했는가 뿐만 아니라, 그들이 자신의 경제학적 분석을 어떻게 당시의 사회와 경제제도에 대한 일반적 분석으로 보완했는가도 중요하게 다루었다. 즉, 슘페터 자신의 용어를 빌리자면 슘페터는 경제학사를 쓰면서 각 학자들의 경제이론뿐만 아니라 이들이 자신의 이론과 자신의 경제사회학을 어떻게 조화시켰는가도 또한 중시했던 것이다. 그러나 이것이 슘페터 자신의 의도였는지 아니면 경제이론과 여타 사회과학 분야를 통합한다는 베버의 편집의도를 존중한 소치였는지는 정확히 알 수 없다.[11]

슘페터는 이 저서를 네 부분, 즉 경제학의 사상적 뿌리를 다루는 부분과, 경제학의 탄생에 관한 부분과, 고전경제학에 관한 부분, 그리고 현대 경제학에 관한 부분으로 나누었다. 경제학의 사상적 뿌리를 천착하는 부분에서 슘페터는 경제학은 사실상 두 종류의 기원을 갖는다고 주장한다. 철학자들의 학문적 노력과 현실경제 논평가의 실용적 노력

---

11) 앞서 소개한 바와 같이, 《경제학의 원리와 방법》은 막스 베버의 요청에 의해 《사회경제학 요강》이라는 방대한 편저서의 일부로 쓰였다. 따라서 우리는 이론 경제학과 여타 사회과학을 아우르는 광범위한 경제학을 추구한다는 베버의 편집의도가 어느 정도 《경제학의 원리와 방법》의 주요 내용 속에 반영되었을 수도 있다는 개연성을 생각해볼 수 있다.

이 그것이다. 경제학적 주제를 논한 적이 있는 철학자들—희랍철학자들, 교부철학자들 등—은 철학적 사유를 통해 습득한 체계적 분석 능력을 갖추고 그것을 경제적 주제를 다루는 데 이용하기도 하였으나, 근본적으로 그들의 관심은 구체적인 경제문제가 아니라 보다 더 근본적이고 근원적인 데 있었으므로 체계적 경제학의 발달에 공헌할 수 없었다.

한편 시사와 재리에 밝은 논평가로서 현실적인 경제문제와 씨름하던 많은 사람들은 수출, 관세, 금, 이자율 등과 같은 구체적인 경제적 쟁점들에 대해서는 해박한 지식을 갖추고 있었으나, 실용적 지식을 뛰어넘어 체계적이고 보편적인 법칙을 정식화하기에는 사유능력과 분석능력이 부족했던 관계로 경제학의 발달에 그다지 큰 공헌을 하지 못했다. 한편 경제학의 탄생을 다루는 부분에서 슘페터는 경제학이 18세기에 이르러 어떻게 하나의 과학으로서 등장하게 되었는가를 살펴본다. 그는 앞서 지적했던 철학적-분석적 전통과 구체적-현실적 경제진단의 전통이 한데 결합됨으로써 경제학이 탄생하게 되었다고 주장한다. 이 두 전통의 결합은 슘페터에 따르면 역사상 한 특정 시기—보다 구체적으로 말해 18세기 프랑스 곡물법을 둘러싼 논쟁이 활발하게 진행되던 시기—에 일어난 사건이었다. 그리고 당시 프랑스 중농주의자(Physiocrats)의 대표격이었던 케네(F. Quesnay)를 슘페터는 경제학의 진정한 창시자로 보았다.

슘페터는 이 책의 제3부를 고전주의에 할애한다. 18세기 말에서 시작하여 19세기 중반에 이르는 기간 동안 영국뿐만 아니라 프랑스, 독일, 이탈리아, 그리고 미국에서 진행되었던 경제학의 발달사를 추적하면서 슘페터는 특히 각 학자들의 사회학적 전망에 초점을 맞춘다. 그는 경제학자들이 하나같이 좋은 사회학적 관점을 갖추지 못했다는 것이 고전주의 시기의 폐단이라고 진단한다. 고전경제학자들은 사회를 이윤을 추구하는 고립된 개별 인간들의 단순 합으로 보았는데, 슘페터에 따르면 이것이 바로 고전경제학자들의 사회학적 관점의 순진함을 폭로하는 것이었다. 그러나 맑스만은 예외였다. 슘페터는 경제이론을 사회학적 관점과 가장 훌륭하게 융합시켜낸 고전경제학자로 맑스를 꼽는다. 그리고 자본주의의 발전과정과 그 미래에 대한 맑스의 사회학적 비전을 높이 평가하고 전폭적으로 수용한다. 그는 장장 4페이지에 달하는 장문의 각주에서 맑스를 위대한 사회학자이자 위대한 경제학자라고 평가하면서, 모든 정치적 선전선동에도 불구하고 맑스는 기본적으로 과학자로서 기억되고 평가되어야 한다고 주장했다. [12]

이 책의 마지막 부분은 현대 경제학, 그 중에서도 경제사와 한계효용이론에 대한 논의에 할애된다. 슘페터는 이 부분에서 과거의 저작에서와는 달리 슈몰러식의 역사주의 학파의 업적을 객관적으로 열거한다. 예컨대 진화 개념을 경제학에 도입하는 데 일조했다든지, 경제의 전체적 상에 관심을 기울였다든지, 경제적 동기를 보다 더 현실적으로 그렸다든지, 하는 것이 그것이다. 그러나 슘페터는 여전히 경제학의 미래는 경제사가 아니라 한계효용이론과 같은 이론경제학이 주도하게 될 것이라고 보았다. 리카도가 추구했던 것과 같은 연역적-분석적 경제학을 이어받아 추상적 공리체계의 구축을 목표로 경제학을 새로운 지평 위에 올려놓은 것이 바로 한계효용이론이라는 것이다. 슘페터는 한계효용이론이야말로 이론경제학 분야에서 미래의 학문적 성과를 누적시킬 굳건한 토대가 된다고 결론짓는다.

그러나 슘페터가 경제학사의 발전과정을 보다 면밀히 분석하고 그것을 통해 자신의 경제학관을 보다 더 뚜렷하게 확립시킨 것은 바로 《경제분석의 역사》에 이르러서이다. 이 책은 슘페터 자신의 표현대로, "그

---

12) 비록 슘페터는 맑스 이론의 많은 부분을 비판하고 거부했지만, 당대에 맑스를 체계적이고도 진지하게 탐구한 최초의 주류 경제학자였다. 특히 그는 맑스의 착취이론, 노동가치론, 노동계급의 빈곤화 테제 등에 대해서는 단호한 거부의사를 숨기지 않았으나, 맑스의 이론이 갖는 동태적 측면에 대해서는 언제나 경의를 표했다. 그는 역사유물론을 "오늘날 개인이 이루어낸 것 중에서 가장 위대한 사회학적 업적"이라고 칭송했으며 축적, 자본의 집중화, 주기적 순환에 의한 자본주의 발전 등과 같은 맑스의 테마들을 자신의 이론체계 속에 받아들였다(März, 1991: 58~59).

리스·로마시대로부터 현재에 이르기까지 경제과학의 발전과정을, 사회적·정치적 맥락과 여타 사회과학 및 철학 분야에서의 발전과정을 함께 고려하는 가운데 기술하는 것"을 목표로 한다(Swedberg, 1991: 178). 이 책은 총 5부로 구성되어 있다. 제1부는 도입부로서 경제학 방법론에 관한 문제를 다루고 있다. 제2부는 고대 그리스시대로부터 애덤 스미스에 이르는 장구한 시기에 걸친 경제학적 지식의 축적과정을 다루고 있으며, 제3부는 1776년에서 1870년, 제4부는 1870년에서 1914년까지의 기간을 각각 다루고 있다. 한편 제5부에서는 현대 경제학을 과거의 업적과 연관시키면서 경제학의 현주소를 탐구한다.

이 책의 제1부는 그동안 무시되어 왔던 부분이지만 실은 슘페터가 경제학이라는 학문을 어떻게 바라보았는지를 최종적으로 알려주는 중대한 대목이다. 여기서 슘페터는 경제학이 순수 논리의 영역에서 벌어지는 독자적이고 독립적인 산물이 아니라 사회의 일부라는 점을 명확히 하면서, 과학사회학(*sociology of science*) 혹은 지식사회학(*sociology of knowledge*)의 관점을 경제학사 서술에 도입한다.

슘페터가 지식사회학의 중요성을 처음으로 언급한 것은《자본주의, 사회주의, 민주주의》에서였다. 그러나 거기에서는 경제학적 지식의 형성과 사회구조와의 관계를 더 이상 정밀하게 천착하지 않고 막스 쉘러(Max Scheler)나 칼 만하임(Karl Mannheim)과 같은 지식사회학자들을 인용하는 선에서 그쳤다. 그러나《경제분석의 역사》에 와서는 지식사회학이 경제학자의 저작 중에서 타당하고 타당하지 않은 것을 가리는 중대한 잣대로 이용된다. 특히 슘페터는 이데올로기가 경제학에 미친 영향에 대해 관심을 기울였다. 슘페터는 이데올로기란 주변의 현실을 정당화하고 거기에 의미를 부여해주는 일련의 관념들이라는 맑스의 입장을 따른다. 그러나 슘페터의 관심을 끌었던 것은 이데올로기란 무엇인가가 아니라 어떻게 하면 경제학자들이 연구를 수행함에 있어 이데올로기적 영향으로부터 자유로울 수 있느냐였다. 따라서 현대 경제학의 급선무는 이데올로기적 환상을 발견하고 진단하고 제거할 수 있는 일련의 규칙을 마련하는 것이다.

슘페터는 이런 맥락에서 하나의 개념을 주창한다. 관(觀, vision) 개념
이 바로 그것이다. 무릇 위대한 경제학자들에게는 세계와 그 구성원리
에 대한 나름의 상이 있었다. 슘페터가 말하는 관이란 바로 이 세계상
이다. 관은 학자에게 어떤 주제를 학문적 논구의 대상으로 삼을 것인가
를 선택하는 지침이 된다. 경제학자는 자신의 관에 의거하여 연구주제
를 선택하고 그 다음에는 과학과 논리학의 규칙에 따라 그 주제를 탐구
해나간다. 따라서 관 자체는 과학적 규칙과 무관하다. 그것은 과학적
분석에 원재료를 공급해주는 전(前) 과학적 인지행위이다. 따라서 연구
자는 관의 영향에서 벗어날 수 없으며, 각자의 관은 불가피하게 당사자
의 "내면적 가치와 선호"에 의해 윤색되기 마련이다(Heilbroner, 1986:
309). 슘페터는 경제학이 용인할 수 있는 유일한 이데올로기적 요소는
바로 이 관뿐이라고 주장한다. 관의 영향을 제거한다는 것은 가능하지
도, 바람직하지도 않다. 관이 없이는 경제학도 없다. 문제는 경제학적
연구의 한계와 맥락이 모든 사람들에게 분명하게 밝혀지기 위해서는,
그리하여 경제학이 이데올로기적 왜곡으로부터 최대한 자유롭기 위해
서는, 연구 당사자의 관이 먼저 분명하게 밝혀져야 한다는 것이다. 이
같은 슘페터의 입장은 가치 자유적(value-free) 사회과학에 관한 베버의
논의와 너무도 유사하다.

《경제분석의 역사》의 1부에서 발견할 수 있는 또 다른 중대한 메시지
는 경제학의 정체성에 관한 것이다. 그는 '경제학이란 바로 이런 학문
이다'라고 정확하게 정의 내리는 것이 불가능하다고 주장한다. 왜냐하
면 경제학은 경제학자들의 의식적 노력이 빚어낸 산물이 아니라 장구한
역사적 진화의 우연적 결과이기 때문이다. 경제학은 논리적으로 치밀
하게 짜여진 정교한 구조물이 아니다. 그것은 경제학자들의 청사진에
의해 용의주도하게 구축된 건축물이 아니라, 통제할 수 없는 자연적·
역사적 진화과정에 의해 저절로 생겨난 우거질 대로 우거진 열대 우림
과도 같다. 따라서 경제학의 경계는 끊임없이 변화하고 있으며, 경제학

118

만의 독특한 연구대상이나 연구방법을 상정하여 경제학을 정의하려고 하는 것은 부질없는 노력이다. 이런 생각을 토대로 슘페터는 경제학을 보다 넓고 유연한 시각으로 접근하려 한다. 이것이 바로 슘페터가 앞서 세상에 내놓았던 여러 편의 저술들을 통해 거듭 거듭 거론했던 사회경제학 프로젝트이며, 《경제분석의 역사》의 제1부는 사회경제학 프로젝트로 경제학의 정체성을 재확립하려는 슘페터의 일생의 노력이 최종 결말을 맺는 곳이기도 하다.

사회경제학을 "과학적 경제학"(*scientific economics*)이란 말과 거의 동일시한 슘페터는 사회경제학을 구성하는 기초분야로 다음 네 가지를 제시한다. 경제사학, 통계학, 이론경제학, 경제사회학이 그것이다. 앞서 《경제학의 원칙과 방법》에서 경제사보다는 이론경제학에 우위를 두는 입장을 견지했던 슘페터는 《경제분석의 역사》에 와서는 이 네 가지 기초분야들 중 어느 하나가 다른 분야를 희생하면서 우선시되어서는 안된다는 기본입장을 제시하면서, 굳이 개인적으로 호감이 더 가는 분야를 꼽는다면 경제사 분야를 꼽을 수 있다고 말한다. "만약 내가 경제학 공부를 다시 시작하게 되어 이 네 기초분야 중에서 딱 하나만을 선택해야 한다면 나는 경제사를 선택할 것이다"라고 그는 고백했다(Swedberg, 1991: 184). 이처럼 슘페터가 경제사 분야에 개인적으로 끌리게 된 이유는, 경제현상이라는 것이 역사적 시간 속에서 발생하는 것이므로 경제현상을 분석하는 경제학자는 역사에 대한 이해를 반드시 갖추고 있어야 좋은 경제학을 할 수 있다는 그의 신념 때문이었다. 역사적 사실에 대한 지식과 역사적 감각을 충분히 갖추지 못한 경제학자는 결코 그 어느 시기의 경제현상도 제대로 이해할 수 없다는 것이 그의 지론이었다.13)

13) 《경제분석의 역사》에서 슘페터가 경제사 분야의 중요성을 특별히 강조하는 이유로 내세운 것은 다음과 같다. "첫째, 경제학의 대상은 본질적으로 역사적 시간 속에서 일회적으로 발생하는 사건이나 과정이다. 역사적 사실에 대한 충분한 이해와 … 충분한 역사적 감각을 갖추지 못한 사람은 결코 어느

또한 슘페터는 좋은 경제학자가 되기 위해서는 역사에 대한 이해뿐
만 아니라 현대의 통계학적 방법에도 정통해 있어야 한다고 주장한다.
통계학에 대한 무지는 경제학자로 하여금 말도 안 되는 연구결과를 낳
게 만든다. 통계학에 대한 지식이 없다면 제시된 통계자료가 어떤 의미
를 갖는지, 어떤 방법으로 수집된 것인지, 타 연구자가 그 통계자료를
근거로 제시하는 주장이 과연 타당한 것인지 등을 평가할 도리가 없다.
그리고 이론경제학의 성과물인 이론적 모델을 경험적 사실에 비추어 검
증할 수도 없다. 따라서 통계적 방법에 대한 마스터는 좋은 경제학자가
되기 위한 충분조건은 아니지만 필요조건들 중 하나이기는 하다고 슘페
터는 거듭 강조한다.

사회경제학을 구성하는 세 번째 기초분야는 이론경제학이다. 이론경
제학이 논리적 엄밀성 기준을 따라 정확한 이론모델을 구축하는 분야임
을 인정하면서도 슘페터는 이론경제학이 자연과학, 특히 물리학을 모
델로 삼아서는 안 된다는 점을 분명히 한다. 물리학은 기계적 · 역학적
체계를 다루는 학문이지만 이론경제학은 인간행동과 그 진화적 과정을
다루는 학문이기 때문이라는 것이다. 나아가 그는 경제이론에는 두 가
지 종류가 있다고 말한다. 첫 번째는 설명적 가설(explanatory hypo-
thesis)과 같은 의미의 이론이다. 이런 의미의 이론이란 경제학자가 연
구대상으로 삼은 현상에 대해 내리는 이론적 진단을 지칭한다. 예컨대
'특정 상품의 가격이 이러저러한 조건하에서는 이러저러한 범위 내로
안정화될 것이다'라는 식의 가설이 바로 이런 의미의 이론이라고 할 수
있다. 두 번째는 연장 혹은 도구로서의 이론이다. 이것은 그동안 경제

시대의 경제현상도 제대로 이해할 수 없다. 둘째, 역사 탐구는 … 제도적 사
실들을 반영하게 마련이며, 따라서 경제학적 사실과 비경제학적 사실이 어
떻게 서로 연관되어 있는지를 이해하는, 나아가 다양한 사회과학 분야들이
어떻게 서로 연관되어야 하는지를 이해하는, 최선의 방법을 제공해줄 수 있
다. 셋째, … 오늘날 경제분석에서 저질러지는 대부분의 근본적 오류들은 경
제적 분석도구의 결점에서 비롯된다기보다는 역사적 경험과 소양의 부족에
서 비롯되는 것이다"(Lazonick, 1994: 253).

학자들이 경제현상을 분석하기 위해 개발·축적해 놓은 분석도구나 개념들을 지칭한다. 위의 예에서 보자면 가격이라든가, 안정화 등의 개념들 자체가 바로 이에 해당한다. 이것은 슘페터의 표현대로 분석을 위한 도구이자 연장(tool)이다. 경제학자는 이것들을 동원해서 문제가 되는 경제현상에 대해 함의를 갖는 첫 번째 의미의 이론을 만들어낸다.

슘페터가 마지막 기초분야로 언급한 것은 경제사회학이다. 슘페터에 따르면 이론경제학은 주어진 제도 ─ 예컨대 시장경제 ─ 내에서 작용하는 경제 메커니즘에 대한 분석을 임무로 하는 반면 경제사회학은 "정부, 재산권, 계약, 관습적 행동, 습관 등을 포괄하는 무릇 경제적 행위에 영향을 미치는 사회제도 일반에 대한 해석적 묘사"를 담당하는 학문이다(Elliott, 1991b: 49). 이론경제학의 논리적 테크닉만을 고수하는 연구가 아닌 한, 모든 경제학 연구들은 이러한 경제사회학적 요소를 지니기 마련이다. 나아가 그는 이 분야가 내실 있는 발전을 이룩하려면 경제학자들과 사회학자들 간의 학문적 교류와 협력이 절대적으로 필요하다고 주장한다. 그러나 슘페터가 바람직하게 생각하는 그러한 교류와 협력은 지극히 드문 실정이다. "18세기 이후부터 양 진영은 서로 멀어지기만 했으며, 결국 지금에 와서는 전형적 사회학자와 전형적 경제학자가 서로에 대해 거의 아는 바 없이, 상대방이 하는 일에 대해 거의 관심을 기울이지 않는 상태로, 각자 자신만의 고유한 학문세계를 고수하기를 더 좋아하는 지경에 이르렀다"고 슘페터는 개탄했다(Swedberg, 1991: 186).[14]

이처럼 사회경제학의 기초분야들에 대한 상세한 설명을 통해 경제학의 정체성 파악을 위해 노력한 슘페터는《경제분석의 역사》의 나머지 지면들은 이러한 사회경제학의 시각에 입각하여 각 시기별로 학문적 발전과정을 서술하는 데 할애한다. 다시 말해《경제분석의 역사》는 일반

---

14) 그러나 앞서 언급한 바와 같이 슘페터는 맑스만은 여기서 예외라고 주장한다. 맑스는 경제분석과 경제사회학을 절묘하게 결합시킨 학자라고 슘페터는 경탄했다.

적으로 통용되는 의미로서 경제학의 역사가 아니라 슘페터가 새로이 정립한 넓은 의미의 경제과학, 즉 사회경제학의 역사인 셈이다. 슘페터는 《경제분석의 역사》에서 단순히 이론경제학의 역사뿐만 아니라, 경제사와 통계학과 경제사회학의 역사까지도 함께 다루고 있는 것이다.

예컨대 슘페터는 아리스토텔레스를 논의하면서 그의 경제사회학 — 즉 국가의 기원, 사유재산, 노예제 등에 대한 그의 사상들 — 을 먼저 거론하고, 그 다음 순수 경제학에 대한 아리스토텔레스의 공헌 — 예컨대 가치, 화폐, 이자 등에 대한 그의 입장들 — 을 정리했다. 여기에다가 슘페터는 고대 그리스의 경제상황에 대한 기술들을 여기저기 삽입함으로써 경제사에 대한 고려 또한 잊지 않았다. 고전파 시기를 지나 현대 경제학의 발전을 논하는 부분에서는 학자들이 한결같이 제도적 조건들에 대한 연구를 게을리 하여 경제사회학적 측면에서는 발전이 거의 없었다고 슘페터는 평가했다. 그러나 이론경제학 부문에서는 한계효용학파의 영향으로 거의 혁명적 진보가 이루어졌다고 평가했다. 슘페터는 특히 왈라스의 일반균형이론을 가장 높이 평가했으며, 이론 경제학의 '마그나 카르타'라고 격찬했다.

한편 1차 세계대전 이후 현대 경제학을 평가하는 자리에서는 무엇보다도 계량경제학의 발달로 통계학과 이론경제학 간의 동맹관계가 마침내 달성되었음을 강조했다. 그러나 현대 경제학에 대해 슘페터는 가장 큰 불만을 하나 품고 있었다. 그것은 바로 왈라스의 정태적 일반균형이론을 대신할 동태적 일반이론이 없다는 것이었다. 오늘날의 경제학은 일반균형이론의 전통을 답습하고 있을 따름이었다. 슘페터의 주장에 따르면 현대 경제학의 과제는 정태적 이론을 단지 보완하는 것이 아니라 정태론을 자신의 일부로 포함하는 동태적 일반이론 체계를 확립하여 그것으로 오늘날의 왈라스식 정태적 이론을 대체하는 것이다.

전체적으로 보아, 《경제분석의 역사》가 전해주는 메시지는 경제학은 이론경제학 — 특히 수학적 형식이론 — 보다 더 넓고 더 풍부한 과학이라는 것이다. 그리고 경제학이 이러한 풍부한 모습을 갖추기 위해서는 경제사, 경제사회학, 통계학 등과 같은 인접학문과 끊임없는 교류를 가져야 한다는 것이다.

6. 소결 : 통합적 경제사회학을 위하여

거칠게 말해, 경제학자 슘페터의 학문적 노정은 엄밀하고 엄격한 이론경제학으로부터 출발하여, 경제학 방법론에 대한 진지한 성찰을 거쳐, 경제변화-제도-역사에 대한 성찰을 포괄하는 통합 사회과학으로서의 사회경제학에 도달하는 지난한 과정이었다고 묘사할 수 있을 것이다. 이 긴 학문 역정에 대한 성찰을 통해 우리가 포착해낸 그의 경제학자로서의 변모는 경제학과의 끊임없는 대화를 통해 사회제도와 인간행위에 대한 더 나은 이해에 도달하는 것을 모토로 하는 경제사회학 진영에 다음과 같은 질문을 남긴다.

오늘날 경제사회학은 슘페터가 생각했던 의미의 경제사회학으로, 즉 이론경제학의 도구로는 분석되기 어려운 잔여적 제도와 구조를 탐구하는 학문분야로 남을 것인가, 아니면 슘페터가 지향하는 통합 사회과학으로서의 경제학, 혹은 사회경제학으로 나아가야 할 것인가? 슘페터 자신은 이론경제학자로서, 경제사가로서, 계량경제학자로서, 경제사회학자로서, 다재다능한 면모를 보여 주기는 하였지만, 이 모든 상호 보완적 접근들을 아우르는 그리하여 경제시스템을 타 시스템들과의 상호작용과 그 시간적 변화의 동학 속에서 파악하는 통합적 사회경제학자로서의 업적을 보여주는 데는 실패했다고 진단할 수 있다. 그의 이 실패는 한 개인으로서는, 그가 아무리 위대한 학자라 할지라도, 경험할 수밖에 없는 실패이다. 오늘날의 경제사회학은 이 거인의 실패를 통해 그의 어깨 위에 올라서는 법을 배워야 한다.

제 5 장
폴라니의 경제사회학

1. 서론 : 폴라니의 이론적 배경

폴라니의 저서는 경제사회학계에서 비교적 널리 회자되고 있음에도 불구하고, 그의 이론체계는 아직까지 진지하게 논의되지 않은 채 주요 저서의 한 두 구절이 인용되는 데 그치고 있는 실정이다. 따라서 폴라니의 전 저작을 꿰뚫는 이론적 핵심을 체계적으로 천착하는 것은 반드시 필요한 작업이라고 할 수 있을 것이다. 그러나 폴라니의 이론적 접근방식은 법학, 경제학, 역사학, 인류학을 넘나드는 학제적 접근방식의 전형을 보여주고 있기 때문에(Swedberg, 2003: 26), 게다가 50대 후반에 첫 저술을 내놓은 그의 독특한 이력 탓에 그의 저작들은 "완결된 체계가 아니라 시작 단계의 체계"라고 할 수 있기 때문에(Dalton and Köcke, 1983: 23), 그의 이론적 업적을 일목요연하게 정리한다는 것은 상당히 어려운 일이 아닐 수 없다. 따라서 여기서는 폴라니의 광범위한 학문적 업적들 중에서 경제사회학의 핵심적 테마와 관련하여 중요하게 다루어야 할 부분들을 중심으로 초점을 좁혀서 살펴보고자 한다.

폴라니의 이론적 공헌을 이해하기 위해 가장 먼저 필요한 것은 폴라

니의 이론적 동시대(*contemporaries*)를 이해하는 것이다. 폴라니는 신고
전경제학과 맑스주의 경제학을 동시에 극복하고자 한다. 신고전경제학
과 맑스주의 경제학은 서로 대척점에 있는 패러다임이지만, 자본주의
경제에 관한 객관적이고 보편적인 법칙을 규명하려 한다는 방법론적 공
통분모를 갖고 있다. 따라서 이들 두 이론적 입장에 경도된 인류학자들
은 각각 비서구 경제, 비자본주의 경제를 분석함에 있어 자본주의 경제
를 분석하는 데 활용되는 분석도구(신고전주의 경제학의 경우는 효용극대
화와 합리성 명제, 맑스주의 경제학의 경우는 계급관계와 착취 명제)를 가
지고 분석에 임한다는 공통점도 또한 지니고 있다. 폴라니는 이 두 패
러다임 진영의 이와 같은 공통적 경향에 대해 반대한다. 폴라니와 이
두 이론적 라이벌 사이의 가장 큰 차이점은 자본주의 시장경제와 자본
주의 이전의 비(非)시장경제 사이의 공통점이 차이점보다 더 중요한가
에 대한 입장의 차이이다. 맑스주의자와 신고전경제학자들은 두 경제
사이의 공통점을 더 중요하게 부각시키는 반면, 폴라니는 차이점이 더
크다고 주장한다.

전자들은 따라서 19세기 자본주의 산업화 시대의 경제를 이해하기
위한 이론적 도구를 이용하여 전근대적 비자본주의 경제를 분석하려고
하는 반면, 폴라니는 신고전주의 미시경제학이나 맑스주의 경제학의
분석도구를 가지고는 시장에 의해 통합되지 않은 이들 비자본주의 경제
들을 분석할 수 없다고 주장하는 것이다. 폴라니는 19세기 유럽과 미국
의 산업 자본주의 경제는 역사적으로 "유일무이한"(*unique*) 체계라서 여
타 비서구 지역의 비시장경제와는 공통점보다 차이점이 훨씬 더 크다고
지적하면서, 따라서 비서구·비시장 경제를 분석하기 위해 서구 시장
경제를 분석하기 위해 고안된 이론과 개념적 도구를 사용할 수 없다고
주장한다(Dalton and Köcke, 1983: 25).

폴라니의 일견 복잡하고 미완의 것으로 보이는 이론적 체계는 사실
비서구·비시장 경제를 분석하는 데 필요한 새로운 개념적 도구들을 모
색하고, 이 새로운 개념적 도구들을 가지고 실제 비서구·비시장 경제

를 분석하며, 나아가 서구 시장경제의 출현과 정착 과정조차도 이 새로
운 개념적 도구들로 재조명하고자 하는 일련의 시도들이라고 규정지을
수 있을 것이다. 이 장에서는 폴라니의 이러한 광범위한 시도들 중에서
경제사회학의 대주제와 관련하여 특히 중요하게 주목해야 할 것으로 첫
번째와 마지막 작업에 초점을 맞추어 살펴보고자 한다. 즉, 폴라니가
모색한 새로운 이론적·개념적 도구들의 구체적 내용이 무엇이며, 폴
라니는 그것을 통해 서구 시장경제의 출현과 안착을 어떻게 분석했는지
를 살펴볼 것이다. 한편 폴라니가 새로운 분석도구들을 이용하여 비서
구·비시장 경제를 어떻게 분석했는지는, 비록 폴라니의 이론적 업적
의 큰 부분을 차지하고 있기는 하지만, 경제사회학의 발달과 관련하여
그다지 비중 있게 다루어질 사안이 아니므로, 폴라니의 분석도구를 예
시하는 데 필요한 선에서 간단하게 언급하고 지나칠 것이다.

2. 폴라니의 이론적 통찰

1) 경제의 실질적 의미

폴라니는 '경제'(*the economy*)를 어떻게 개념화하고 있는가? 폴라니는
경제의 의미를 두 가지로 구분한다(Polanyi, 1977: 19~21). 첫째는 "형
식적"(*formal*) 의미로서, 희소한 자원에서 최대한의 만족을 얻기 위해
"선택"(*choices*)이 요구되는 상황을 지칭한다. 이러한 의미의 경제는 전
형적으로 신고전경제학의 "제약하의 최적화"(*constrained optimization*) 문
제가 적용되는 영역에 해당한다(Henderson and Quandt, 1980). 비용을
최소화하면서 이득을 극대화하는 논리적 조건을 찾아야 하는 상황, 그
것이 바로 형식적 의미로서 경제가 의미하는 바이며, 경제를 이렇게 보
는 시각은 신고전경제학(특히 미시경제학)이 전형적으로 채택하고 있는
시각이다. 폴라니가 보기에 신고전경제학이 분석하고자 하는 경제는

이와 같은 "형식적" 의미의 경제일 뿐이다. 그리고 신고전경제학의 명료하고 정교한 이론적 업적들 때문에 이 형식적 의미의 경제가 곧 경제의 "유일한" 의미인 것처럼 여겨지게 되었고, 그 덕분에 경제의 또 다른 의미는 간과되고 거의 잊혀져 왔다(Polanyi, 1977: 24). 폴라니는 잊혀진 이 두 번째 의미에 초점을 맞춤으로써 신고전경제학의 편협함을 부각시키고자 한다.

경제의 두 번째 의미는 무엇보다도 인간은 생계유지를 위해 자연과 동료인간들에게 의존한다는 명백한 사실에서 비롯된다. 인간은 타인 혹은 주변 환경과의 제도화된 상호작용을 통해서만 생존할 수 있는데, 이 과정이 곧 "경제"인 것이다. 다시 말해 두 번째 의미의 경제는 인간의 생계유지를 위한 "재화 및 서비스의 체계적 제공행위", 혹은 개인이나 공동체에 필요한 재화나 서비스를 "반복적인 방식으로 제공하기 위한 행위틀(arrangements)"로 정의될 수 있다(Dalton and Köcke, 1983: 24). 모든 사회는 두 종류의 재화 혹은 서비스를 제공할 여건을 갖추고 있어야 한다. 사람들이 생물학적 존재로서 요구하는 것(예컨대 식료품, 주거, 의복 등)과 응집력 있는 사회-정치적 집단의 일원으로서 요구하는 것(집단의 보호와 팽창을 위해 필요한 군사적 서비스, 종교적 표현, 결혼 등)이 그것이다. 무릇 모든 인간사회는 이 재화나 서비스를 안정적으로 제공하기 위해 자연자원과 인간노동과 테크놀로지(도구와 지식)를 이용하고, 나아가서 그 이용의 과정과 절차를 안내하는 일정 형태의 관행과 제도적 틀(시장, 화폐, 무역제도 등)을 갖추어야 한다. 이것이 바로 폴라니가 제시하는 경제의 "실질적"(substantive) 의미의 내용들이다 (Polanyi, 1977: 19; Dalton and Köcke, 1983: 24~25).

폴라니는 경제를 이렇게 두 가지 의미로 구분한 다음, 둘 중 어떤 것이 더 보편적인가 라고 묻는다. 그의 대답은 후자였다. 이것은 인간의 최적화 행위, 즉 이득을 극대화 하고자 하는 성향이야말로 시간과 공간을 초월한 보편적 인간본성이라고 보고 원시사회와 비서구사회의 경제를 신고전경제학의 분석도구를 들이대고 분석하고자 했던 형식론적

(*formalist*) 인류학자들에 대한 전면적 반박인 것이다. 1) 폴라니가 보기에, 인간의 극대화행동 가정에 입각한 형식적 의미의 경제는 19세기 서유럽이라는 특수한 시기 특수한 공간에 인류 역사상 최초로 등장한 자기조절적 시장체계(*self-regulating market system*)에만 국한된 것인 반면, 실질적 의미의 경제는 고대와 현대, 서구와 비서구 지역을 막론하고 인간사회라면 보편적으로 발견되는 현상이다. 그 어느 인간사회가 실질적 의미의 경제 ─ 즉 인간의 생계를 유지하기 위해 필요한 재화 및 서비스의 조달체계 ─ 없이 존재할 수 있단 말인가? 그러나 이득 극대화를 추구하지 않은 방식으로 재화 및 서비스의 생산과 조달이 조직화되었던 (혹은 조직화되고 있는) 사회는 너무도 많다.

폴라니가 구체적 연구를 수행할 때 지침으로 삼았던 주요 분석도구들은 경제에 대한 그의 이러한 차별화된 개념화에 비추어 이해될 수 있다. 그 중에서 폴라니의 이론적 통찰을 이해하는 데 결정적으로 중요한 개념적 도구는 경제행위의 "피구속성"(*embeddedness*)과 "통합형식"(*forms of integration*)이다.

2) 피구속성 (*embeddedness*)

피구속성은 폴라니가 경제영역, 혹은 개인의 경제적 행위를 분석할 때 의존하는 기본가정에 해당한다. 경제영역과 그것을 구성하는 인간의 경제행위는 여타 비경제적 영역과 제도들의 구속을 받는 상태로, 즉

---

1) 경제인류학(*economic anthropology*)에서는 서구의 시장경제에서 관철되는 논리(즉, 신고전경제학의 제한적 최적화 명제)가 원시사회 혹은 비서구 사회의 경제에도 그대로 관철되는가 라는 쟁점을 두고 형식론(*formalism*)과 실질론(*substantivism*) 사이에 논란이 계속되어 왔다(Clammer, 1985; Ortiz, 1983). 형식론자들은 인간의 합리성과 이득 극대화 성향은 시간과 공간을 초월하는 보편적 인간본성이기 때문에 비서구적·전통적 경제조차도 신고전경제학의 제한적 최적화 논리에 의해 설명될 수 있다고 주장했다. 폴라니는 이에 반대하는 실질론 진영의 선구자였다.

그것들의 영향에서 결코 자유로울 수 없는 상태로, 존재한다는 것이 피구속성 명제의 요점이다. 이것은 맑스주의식의 경제결정론(*economic determinism*)과 좋은 대조를 이루는 테마라고 해석될 수도 있다(Dalton and Köcke, 1983). 폴라니에 따르면, 근대 이전의 사회에서는 경제영역이 비경제영역에 점착된 정도가 너무나 커서 "경제영역을 비경제영역으로부터 구별해내는 것" 자체가 어려웠으며, 그 결과 "경제"라는 단어조차 존재하지 않았다고 한다(Polanyi, 1957a: 71). 예컨대 트로브리안드나, 누어나, 잉카 사회에서는 고유한 친족체계나 정치체계와 구분되는 "별도의 경제체계"가 존재하지 않았다(Dalton and Köcke, 1983: 26). 이 지역 경제의 모든 측면들은 철저하게 사회적·정치적 통제하에 있었던 것이다.

피구속성 명제는 실질적 경제에 대한 폴라니의 관점으로부터 직접적으로 도출된다. 경제를 인간사회가 존속하기 위한 재화 및 서비스 제공체계라는 실질적 의미로 이해하고 나면, 이런 의미의 경제는 여타 비경제영역과의 상호관련과 상호간섭을 배제하고는 이해될 수 없음이 자명해진다. 특히 비서구·비자본주의 사회에서는 경제영역이 친족관계나 권력관계에 의해 거의 전적으로 좌지우지되었을 것이므로 이 피구속성의 정도가 더욱 강했다고 할 수 있을 것이다. 비시장경제 사회에서는 경제적 중요성을 갖는 모든 행위나 관행들 — 예컨대 주식(*staple foods*)의 생산, 외부 사회와의 교역, 의례적(*ceremonial*) 교환, 신부 지참금의 지급, 정치지도자에 대한 금전적 기부 의무와 그에 따른 반대급부 등 —이 정치적, 사회적 제도나 관계로부터 독립적으로 존재할 수 없었고, 이들 사회정치적 제도나 관계가 우리가 "경제적"이라고 부르는 모든 활동이나 거래들을 "결정"했다고 폴라니는 주장했다(Dalton and Köcke, 1983: 26).

경제가 비경제영역의 제약 속에 있다는 사실을 비서구 사회의 사례를 통해 입증하고자 한 노력은 폴라니 이후에도 꾸준히 계승되었다. 예컨대 데이비스(Davis, 1992)는 리비아의 쿠프라(Kufra)라는 지역의 상

인집단에 대한 민속지를 통해 이 지역시장의 구조와 형태, 시장의 사회
적 결과 등이 리비아의 정치구조, 종교, 이데올로기와 같은 사회통제
(social control) 기제에 의해 얼마나 좌우되고 있는지를 보여준다. 쿠프
라 지역의 상인집단(Zuwaya)의 시장행태를 보면, 거래에 있어 친구나
친족과 같은 일차적 관계망을 통합담합을 강조하고, 이윤에 대한 명확
한 개념이 없으며, 부의 집중보다는 상호부조나 구휼 등을 통한 부의
확산이 이루어지는 등, 서구 시장경제 하에서 관찰되는(혹은 강조되는)
바와는 판이한 양상을 보이고 있다. 서구 시장과 리비아 상인들의 시장
사이에 존재하는 이러한 차이는 서구의 정치조직과 카다피식 혁명적 정
치조직 사이의 차이, 이슬람교과 기독교라는 종교적 차이, 기타 사회통
제 기제의 차이 등에서 비롯되는 것이라고 데이비스는 주장한다. 한마
디로 리비아의 시장이라는 경제제도는 서구의 그것에 비해 비경제적 제
도나 요인들의 영향에 더 깊이 접착되어 있다는 것을 데이비스는 보여
주고 있다. 한편 알렉산더(Alexander, 1992)는 자바(Java)의 지역시장
에서 가격이 결정되는 과정을 관찰한 것을 토대로, 비서구 사회의 경제
— 그의 표현을 빌자면 "저자 경제"(bazar economy) — 에서 발견되는 거
래 관행들이 어떻게 그 지역의 독특한 문화적 특성에 의해 확립되고 유
지되는지를 보여주었다(Alexander, 1992: 91~92).

　　그러나 폴라니는 19세기 서유럽에서 시장기제가 경제를 조직화하는
지배적 원리로 자리잡게 되면서 경제영역의 피구속성은 급격하게 감소
하고 경제영역은 여타 비경제영역의 영향에서 벗어나 독자적이고 독립
적으로 기능할 수 있게 되었다고 본다. 그것은 경제의 통합과 조정을
담당하는 시장이라는 기제 자체가 외부의 간섭을 필요로 하지 않는 "자
기조절적"(self-regulating) 기제이기 때문이다(Polanyi, 1957a: 68). 이제
인간의 생계유지를 위해 필요한 모든 재화 및 서비스는 독자적 운영법
칙(수요·공급의 법칙)에 의해 기능하는 자기조절적 시장들에 의해 생
산·분배된다. 이러한 자기조절적 시장의 작동에는 친족관계가 지정해
주는 의무나 정치권력의 명령 등과 같은 외부적 간섭이 전혀 필요 없으

며, 굶주림에 대한 공포와 이득에 대한 욕심이라는 두 가지 단순한 개인적 동기만으로 충분하다. 폴라니가 보기에, 서구 시장경제 체제의 도래와 더불어 경제영역은 이제 더 이상 비경제영역에 의해 간섭받거나 영향받지 않으며, 오히려 비경제영역이 경제영역의 영향과 간섭 하에 놓이고 나아가 경제영역의 "부수물"(adjunct)로 뒤바뀌게 되는 상황으로 발전하게 되었다. 이것은 경제가 사회관계의 구속을 받는 것이 아니라 사회관계가 경제체계의 구속을 받는 상황이라고 할 수 있다(Polanyi, 1957a: 57).

폴라니의 피구속성 명제는 여기서 끝나지 않는다. 폴라니는 서구 자본주의 사회에서 경제영역이 여타 비경제영역의 구속으로부터 벗어나 (disembedded) 사회적이고 비경제적인 권위에 의한 조절의 고삐가 풀려버리게 될 때 초래하게 될 재앙을 경고한다(Swedberg, 2003: 28). 폴라니가 보기에 19세기 서유럽의 자본주의화로 인해 초래된 경제영역의 고삐 풀림은 슬럼화, 빈곤, 가족의 몰락 등과 같은 온갖 해악을 낳은 주범이며, 20세기의 파시즘의 등장도 궁극적으로는 "모든 것을 시장에 넘겨주려는 19세기 중반의 불행한 시도"로부터 비롯된 것이며(Swedberg, 2003: 27), 따라서 사회적 통제와 조절을 받지 않는 시장체계는 쓰레기 더미를 토해내는 "악마적 공장"(satanic mill)에 다름 아니다(Polanyi, 1957a: 39). 이러한 고삐 풀린 시장경제가 초래하는 해악을 바로잡기 위해서는 경제영역이 제 위치를 찾도록 하여야 한다. 폴라니는 자기조절적 시장체계의 확립으로 인해 경제영역이 사회영역으로부터 탈착되어 나가려는 움직임과 때를 같이하여 경제영역을 다시 사회영역의 구속을 받는 상태로 되돌리려는 사회의 "자기보호"(self-protection) 움직임이 작동한다고 주장한다. 이것이 폴라니의 이른바 "이중운동"(double movement) 테제이다(Polanyi, 1957: 130ff). 결국, 시장경제의 폐해를 시정하기 위해서는 경제영역과 시장의 작동이 비경제적 사회관계의 영역 속에 "재구속되어야"(reembedded) 한다는 것, 다시 말해 "경제에 대한 정치적 통제를 재확립"해야 한다는 것이 폴라니의 피구속성 명제로부터 도출되는 최종결론이다(Swedberg, 2003: 28).

3) 통합형식

폴라니의 경제에 대한 실질적 개념화로부터 도출되는 또 다른 주요 개념도식은 통합형식이다. 실질적 의미의 경제가 제 구실을 다하려면, 즉 재화 및 서비스의 생산과 분배가 원활하게 이루어져 사회 구성원의 생물학적 존재로서의 필요와 집단의 일원으로서의 필요가 모두 채워지도록 하려면, 재화 및 서비스의 생산과 분배를 조직화하는 일정한 원칙(혹은 형식)이 필요하다. 그것을 폴라니는 "통합형식"(*forms of integration*)이라고 명명했다. 폴라니에 의하면 통합형식이란 "경제가 통일성과 안정성을 갖추게 되는 방식," 즉 경제가 그 구성부분들 사이의 반복적 상호의존관계를 제도화하는 방식에 대한 이념형적 도식이다(Polanyi, 1957b: 250). 폴라니는 다음과 같은 세 가지의 통합 형식을 제시한다. 이것은 어디까지나 이념형적 구분으로서, 현실의 경제는 이들 세 통합 형식간의 적절한 조합에 의해 표현될 수 있을 것이다.

첫째는 호혜성(*reciprocity*)이다. 재화나 서비스의 이동이 사회적 관습이나 규범에 의해 규정된 대칭적이고 동등한 위치 사이에서 이루어지는 것이 바로 호혜성에 의한 경제 조직화이다. 이 경우 대칭적 집단의 성원들 사이에 선의(*good-will*)에 기반한 되갚음에 의해 재화나 서비스가 생산·분배되는 방식으로 경제(실질적 의미의)는 통합을 유지하며, 이때 되갚음의 대상은 오래된 전통과 관습, 규범에 의해 결정된다. 트로브리안드(Trobriand) 섬의 남성이 여자 형제의 가족을 부양하는 의무를 지고 자신의 가족을 부양하는 책임은 자신의 처의 남자 형제들이 지는 경우가 호혜성에 입각한 경제 조직화의 좋은 예가 될 것이다(Polanyi, 1957b: 253).

둘째는 재분배(*redistribution*)이다. 이는 재화 및 서비스의 공급이나 이동이 중앙의 권력에 의해 이루어지는 조직화 방식이다. 모든 재화 및 서비스는 중앙권력에 의해 징발되고 중앙권력의 계획에 의해 필요처에 할당된다. 사회성원의 생계유지 및 집단유지에 필요한 모든 것이 "중앙으로 취합되고 중앙으로부터 배분되는 것"(collecting into, and distributing from, a center)이 재분배 통합형식의 핵심이다(Polanyi, 1957b: 254). 재분배라는 통합 형식은 원시 수렵사회에서부터 고대 이집트나 수메르, 바빌로니아, 페루 등지의 거대 저장체계(storage systems)를 거쳐, 근대 사회주의 국가 혹은 복지국가에 이르기까지, 다양한 문명과 다양한 시대에 걸쳐 발견된다.

마지막으로 교환(exchange)이라는 통합형식이 있다. 이것은 재화나 서비스를 필요로 하는 당사자가 그것을 공급할 당사자에게 쌍방이 합의하는 비율로 대가를 치르고 해당 재화나 서비스를 건네 받는 것을 의미한다. 여기에는 거래 쌍방의 자기이익(self-interests)에 대한 관심 말고는 친족집단 사이의 규범이나 중앙의 권위 등과 같은 외부적 간섭이 끼어들 여지가 없다. 교환 역시 고대 사회에서부터 근대 자본주의 경제에 이르기까지 보편적으로 존재해왔던 경제 조직화 방식이지만, 간헐적이고 지엽적인 거래방식이 아니라 한 경제를 통합시키고 유지시키는 원리로까지 자리잡게 된 것은 19세기 서유럽의 시장경제 체제의 등장과 더불어서다.

폴라니의 통합형식 논의에서 빼놓을 수 없는 중요한 통찰은 이러한 통합형식들이 형성되고 경제의 통합원리로 자리잡게 되려면 반드시 그것을 지탱해주는 사회구조적 맥락이 먼저 조성되어야 한다는 것이다. 즉, 폴라니의 표현을 빌자면 세 가지 통합 형식은 각각 그에 상응하는 "지지구조"(supporting structure) 혹은 "제도적 버팀목"(institutional supports)을 필요로 한다(Polanyi, 1977: 37; 1957b: 251). 이 지지구조는 개인의 미시적 행동의 단순 합이 아니다. 개인간의 되갚음 행위가 계속 반복하여 누적된다고 해서 호혜성이 통합형식으로 자리잡는 것이 아니며, 사냥한 포획물을 한데 모아 서로 나누어주는 행위가 누적된다고 해서 재분배가 확립되는 것이 아니고, 개인간의 교환이 빈번히 이루어진다고

해서 교환이라는 통합 형식이 정착되는 것은 아니다. 폴라니는 호혜성
이 한 사회의 경제를 조직화하는 지배적 원리가 되려면 예컨대 친족제
도와 같이 대칭적 의무를 지닌 쌍방을 지정해주고 그들 간의 의무와 행
동규범을 명시해 주는 확립된 제도적 장치가 뒷받침되어야 한다고 주장
한다. 마찬가지로 재분배는 권력의 집중을 제도화하는 정치구조의 확
립을, 교환은 가격형성적 시장(price-making markets)이 경제의 전 영역
을 조정하는 이른바 시장체계(system of markets)의 확립을 각각 필요로
한다.

3. 폴라니의 신고전경제학 비판

경제사회학의 발달사와 관련지어 생각할 때, 우리의 관심을 끄는 것
은 폴라니의 이러한 분석적 개념들이 오늘날의 서구 자본주의 시장경제
를 분석하는 데 어떤 함의를 던져주느냐 하는 것이다. 지금까지 신고전
경제학은 시장이 경제를 조직화하는 가장 효율적이고 따라서 가장 자연
스러운 방식이라고 여겨 왔다. 그것은 효용극대화 추구를 목표로 하는
개인의 선택행위가 경제의 핵심이라고 보는 형식론적 관점의 당연한 결
과일 것이다. 시장은 애덤 스미스의 표현처럼 "교환하고자 하는 인간의
자연스러운 본성"[2]에서 비롯되기 때문에 방해요인이 없는 한 저절로
(자연스럽게) 발생하는 것이며, 따라서 시장의 형태로 조직화되는 경제
가 가장 "정상적인"(normal) 것이라고 간주되었다(Polanyi, 1957a: 249~
250).

그러나 신고전경제학의 이러한 입장은 오히려 경제에 대한 실질론적
개념화에 입각한 폴라니의 시각에서 보면 너무나도 자연스럽지 못한 것

---

2) "the propensity in human nature … to truck, barter, and exchange one
   thing for another …" 애덤 스미스의 《국부론》제 1권(1776: 2)에 나오는
   구절. Polanyi(1957a: 43) 등에서 재인용.

이다. 경제적 자유주의자들은 시장경제의 출현이 아주 자연스러운 것이고 그것에 반대하는 제경향들은 순리에 역행하는 인위적 조작이라고 보는 반면, 폴라니는 시장경제의 출현 자체가 아주 인위적인 사건이었으며 후자야말로 인위적으로 조성된 시장의 파괴적 힘으로부터 스스로를 지키려는 사회의 "자기보호" 본능에서 비롯된 자연스러운 현상이라고 주장한다(Polanyi, 1957a: 141; Block and Somers, 1984: 57).

신고전경제학자들처럼 경제를 형식적 의미로 이해한다면, 즉 희소 상황하에서 개인의 최적화 선택 행위로 이해한다면, 인류 역사상 존재했던 사회의 대부분이 경제 없이 존속했던 사회로 치부되어 버린다. 즉, 교환원리에 의해 통합되는 경제체제가 가장 자연스럽고 정상적인 경제체제라고 한다면, 호혜성이나 재분배와 같은 원리에 의해 조직화되었던 경제들은 비정상적 경제로 간주될 수밖에 없다. 물론 신고전경제학자들과 형식론을 옹호하는 몇몇 경제인류학자들은 이런 위험한 결과를 피하기 위해 원시·비서구 사회의 경제행위조차 합리적 효용극대화 행위로 해석될 수 있다고 주장하고 있다(Herskovits, 1940; Leclair and Schneider, 1968).

그러나 앞서 살펴본 바와 같이, 폴라니를 위시한 실질론자들은 이 입장을 거부한다. 사실, 전체 역사를 통틀어 볼 때 인류 사회는 효용극대화 동기를 중심축으로 하는 시장 메커니즘이 아니라 집단의 관습과 기타 사회적 관계들에 의해 개인적 동기가 제어되고 규제되는 그러한 메커니즘에 의해 유지·존속된 경우가 대부분이었다. 이것이 바로 폴라니가 경제에 대한 실질적 정의를 고수하는 이유이다. 사실상 폴라니의 입장에서 보면 신고전경제학의 시장에 대한 관점은 19세기 이후 서유럽이라는 특수한 시기 특수한 지역에서만 제한적으로 적용될 수 있는 개념화를 교환이 아닌 다른 통합형식(예컨대 호혜성이나 재분배)으로 조직화되는 사회에까지 무분별하게 확대 적용시킨 결과에 불과하다. 폴라니는 이처럼 서구의 특수한 경험에 국한되어 적용되어야 할 경제 개념을 역사와 문화를 초월한 모든 사회에 적용시키려 하는 신고전경제학자들의 시도를 "경제주의적 오류"(*economistic fallacy*)라고 비판했다(Polanyi, 1957b: 270; Swedberg, 2003: 27).

따라서 시장에 대한 신고전경제학적 접근방식은 이론적으로 반드시 재고되어야 한다. 오히려 시장은 각기 다양한 문화적 배경 속에서 배태된 여러 경제 조직화 원리들 중 하나에 불과하다. 각 사회마다 재화와 서비스를 생산·분배하는 과정을 결정하는 고유한 문화적 틀이 있으며, 시장은 시장 친화적인 문화적 틀에 종속되어 있는 경제조직화의 한 양식일 뿐이다. 폴라니의 지적대로라면, 시장은 인간경제를 조직화하는 하나의 특수한 형태일 뿐 인간의 경제행위를 규정하는 보편적 원리는 아니다. 폴라니는 시장이 경제를 조직화하는 가장 자연스러운 방법이라고 하는 주장 대신, 경제를 조직화하는 자연스러운 방법이란 존재하지 않으며 호혜성, 재분배, 교환 등은 각기 고유한 문화적·사회구조적 맥락 속에서 인위적으로 만들어진 경제조직화 방식이라는 입장을 견지하고 있다.

특히 서구식 시장경제 체제는 본래 사회를 파괴하는 경향을 지니고 있기 때문에, 그럼에도 불구하고 이 체제가 서구 경제를 조직화하는 지배적 통합형식으로 자리잡게 된 것은 "극도의 인위성"(*extreme artificiality*)이 개입되지 않고는 불가능했다는 것이 폴라니가 강조하는 바다(Polanyi, 1957a: 73). 따라서 시장경제를 분석하려 할 때 폴라니에게 필요한 것은, 교환원리(혹은 시장원리)가 경제를 통합하는 지배적 방식으로 자리잡게 된 19세기 서구 사회의 독특한 구조적·제도적·문화적 맥락을 밝히고, 사회의 자기보호 본능을 거스르면서까지 이 파괴적 질서가 뿌리내리게 만든 그 "극단적 인위성"의 구체적 내용을 드러내는 것이었다. 다음 절은 폴라니의 이론적 업적 중에서 바로 이 부분에 해당하는 것들을 구체적으로 살펴보는 데 할애된다.

4. 서구 시장경제에 대한 분석

1) 시장체계의 정의

앞서 살펴본 바와 같은 폴라니의 이론적 기본입장과 개념도구들에 비추어 볼 때, 폴라니는 서구 시장경제 체제가 16세기부터(혹은 그보다 훨씬 더 이전부터) 19세기 말에 이르는 기간 동안 서유럽이 처해 있던 독특한 사회문화적 배경 속에서 인위적이고 의도적으로 만들어진 구성물이라고 파악했음을 알 수 있다. 이제 우리는 폴라니가 구체적으로 어떤 논증들을 동원하여 자신의 이러한 주장을 정당화했는지를 살펴볼 단계에 이르렀다. 그러나 그 이전에 폴라니의 "시장체계"(*system of markets*)란 구체적으로 무엇을 의미하는지를 먼저 명확히 해야 한다.

폴라니에 따르면 시장체계란 19세기 서유럽 사회에 초래된 거대한 변화의 한 파생물이다.

> … 이 거대한 변화는 사회 각 구성원들의 행동동기의 변화를 의미한다. 생계유지의 동기는 이윤동기로 대체되어야 한다. 모든 거래는 화폐거래로 바뀌며, 따라서 산업생활의 모든 측면들에 속속들이 교환의 매개(즉 화폐)가 도입될 것이 요구된다. 모든 소득은 어떤 것을 파는 것에서 비롯된다. 한 개인의 실질적 소득원이 무엇이든 간에 그것은 그 사람이 무엇을 판 결과로 간주되어야 한다. '시장체계'(*market system*)라는 단순한 용어가 의미하는 바는 바로 이러한 일련의 변화들이다. … 그러나 시장체계의 가장 놀라운 특성은 이 체계는 일단 확립되기만 하면 외부의 간섭 없이 자율적으로 작동하도록 되어있다는 점이다. … 이러한 자기조절적 시장체계(*self-regulating system of markets*)를 우리는 시장경제라고 부른다(Polanyi, 1957a: 41~42).

즉, 다른 말로 하자면 폴라니의 시장체계란 생산의 모든 요소들 ─ 노동력, 토지, 자본 ─ 이 모두 시장에서 사고파는 상품으로 바뀌어 "오

직 시장에 의해서만 통제되고, 조절되고, 운영되는" 경제체제를 말한다
(Polanyi, 1957a: 68). 이런 체계 하에서는 생산과 분배에 관련된 모든
결정은 시장의 가격신호에 의해 이루어지며, 모든 개인의 소득도 이 가
격에 의해 결정된다. 예를 들어 근로자의 소득은 노동시장에서 형성된
가격인 임금에 의해, 토지나 자본 소유자의 소득은 토지시장이나 자본
시장에서 형성된 가격인 지대나 금리에 의해, 기업가의 소득은 자신이
파는 상품의 가격과 그 상품을 공급하는 데 소요된 요소가격과의 차이
에 의해 각각 결정된다고 할 수 있다. 폴라니는 시장체계라는 용어를
'자기조절적 시장체계', '시장경제체계', 혹은 '시장경제' 등과 동의어로
사용한다. 이러한 의미의 시장체계는 특정한 물건을 사고파는 구체적
이고 개별적인 지역시장과는 구분되는 개념이다. 후자는 인류의 역사
와 더불어 시작되었다고 해도 좋을 만큼 오래되었지만, 전자는 19세기
말 서유럽의 일부 지역에서 비로소 모습을 갖춘 지극히 최근의 제도이
다. 폴라니의 "대변혁"(the great transformation)은 사실상 서유럽에 시장
체계가 자리잡게 된 과정, 즉 근대 자본주의 시장경제로의 이행과정에
다름 아니다. 다음은 그가 이 과정을 어떻게 분석하고 있는가에 대한
설명이다.

2) 테크놀로지

폴라니는 시장체계가 자생적 질서(spontaneous order)가 아니라 15세
기 무렵에서 19세기에 이르는 기간 동안 서유럽의 고유하고 독특한 사
회문화적 토양에 의해 길러진 문화적 구성물임을 주장하고자 한다. 폴
라니가 시장체계를 배태한 서구의 사회문화적 토양의 구체적 내용으로
지목한 것은 기계와 공장제 생산이라는 테크놀로지 발달, 근대 국민국
가라는 정치적 실체의 등장, 두 가지였다.

폴라니는 서구의 시장체계는 기계시대(machine age)의 도래에 대한
적응의 결과로 생겨나게 되었다고 주장한다(1977: xlviii). 고립된 개별

시장들이 시장체계로 통합되는 과정은 시장의 자연적 확대가 아니라 "기계의 출현이라는 인위적(*artificial*) 현상에 의해 조성된 상황에 대처하기 위해 사회영역(*the body social*)에 가해진 고도의 인위적 자극"의 결과다(Polanyi, 1957a: 57). 그러면 기계의 출현이 사회영역에 가한 인위적 자극이란 무엇인가? 폴라니의 설명은 다음과 같다. 선대제(*putting-out system*) 하에서 가내수공업 형태로 제조된 상품을 고립된 몇몇 지역 시장에 판매함으로써 이윤을 챙기던 상인들에게 기계를 이용한 대량 생산은 그 자체로 매력적인 혁신은 아니었다. 기계를 생산에 도입함으로써 전에 없던 대량생산이 가능해졌으나 정교한 기계는 무척 값비싼 자본재였으므로 그 비용을 상쇄하고도 남을 만큼의 대량생산·대량판매가 보장되지 않는 한 기계의 도입은 선대제 하의 상인들에게 그다지 매력적일 수 없었다. 기계제 생산이 매력적인 대안이 되려면 생산된 대량의 상품이 판매될 수 있는 창구가 마련되어 있어야 했으며, 또한 원료의 부족으로 기계를 쉬게 하는 일이 없어야 했다. 이는 대량생산된 상품의 판로가 되는 대규모 시장이 확립되어 있어야 한다는 것을 의미할 뿐만 아니라, "생산에 필요한 모든 요소들에 대해서도 각각의 요소시장이 형성되어 있어야 한다는 것, 즉 대금을 지불할 용의가 있는 모든 사람들에게 모든 생산요소들이 필요한 만큼 적시에 공급될 수 있는 메커니즘이 있어야 한다는 것"을 의미했다(Polanyi, 1957a: 41). 이 조건이 충족되지 않으면 기계를 이용한 생산은 상인집단에게나 전체 공동체에게나 위험부담이 너무 큰 선택이다.

　폴라니가 보기에, 선대제에서 기계를 이용한 공장제로의 이행은 토지와 자본과 노동력을 포함하는 모든 생산요소 시장과 모든 생산물 시장이 가격신호에 의해 유기적으로 통합되는 명실상부한 시장체계의 확립이라는 조건이 만족되지 않으면 불가능하였고, 농업중심 사회에서 이런 조건이 저절로 "자연스럽게" 만족되기란 또한 불가능하였기 때문에, 기계와 공장제 생산방식이라는 테크놀로지의 발달은 자기조절적 시장체계의 인위적 도입을 "불가피하게" 만드는 토양이 되었다고 할 수 있다(Polanyi, 1957a: 75). 폴라니가 기계제 생산이 시장체계를 초래했다는 단순한 기술결정론을 펼치고 있는지에 관해서는 논란의 여지가 있으나, 여기서는 폴라니가 시장경제의 필연성과 자연발생적 성격을 강조하는 신고전경제학을 어떻게 반박하였는가가 논의의 초점이므로 테크놀로지 발달과 시장체계 간의 인과관계에 관한 폴라니의 정확한 견해를 더 깊이 천착하는 일은 다음 기회로 미루기로 한다.

3) 국가권력

폴라니는 19세기 서유럽의 국가권력에 대한 분석을 통해 시장경제 도입의 인위성을 더욱 더 구체적으로 부각시킨다. 테크놀로지의 발달이 민간부문에서 시장체계를 도입하고자 하는 인위적 시도가 발생하게 만든 토양이 되었다면, 당시의 국가부문은 이 인위적 시도가 법제의 개편이라는 더욱 더 노골적인 형태로 나타나는 장이었다.

시장체계의 도래 이전에는 소위 "국민경제"(national economy)라고 할 만 한 것이 유럽에는 존재하지 않았다(Polanyi, 1957a: 63). 국민국가는 정치적 단위였을 뿐, 그 영내의 경제는 자급자족하는 수많은 크고 작은 가구들(households)과 마을 단위의 고립적 지역시장들로 이루어진 아주 느슨한 체계에 불과했다. 또한 국내 교역도 주로 도시를 중심으로 간헐적으로 이루어졌을 뿐, 전국을 거미줄처럼 얽는 교역망은 존재하지 않았다. 게다가 도시를 중심으로 한 상인동맹(예컨대 한자동맹)이나 수공업자의 길드 조직 등은 자신들의 기득권이 위협받는 것을 두려워한 나머지 가능한 모든 수단을 동원하여 전국적 시장의 형성을 막으려고 했다.

도시와 지역을 중심으로 한 이런 격렬한 보호주의적 반대를 무릅쓰고 시장체계를 확립하기 위해서는 국가권력의 "용의주도한 실력행사" (deliberate action)가 필요했다고 폴라니는 말한다(Polanyi, 1957a: 65). 즉, 당시의 중상주의 국가는 국력신장을 위해 시장체계와 국민경제의 확립을 절대절명의 과제로 안고 있었으며, 따라서 이 과제의 달성에 방해가 되는 특수주의적(*particularistic*) 관행들을 그 주권으로 타파하고 교역을 도시의 상인동맹이나 길드의 사슬에서 해방시키고자 했다는 것이다. 결국 폴라니는 국가의 이러한 개입에 힘입어 전국 각 지역을 자유롭게 연결하는 전국적 시장이 형성되었으며, 이러한 "시장의 전국화"(*nationalization of the market*)가 곧 시장체계의 확립으로 이어졌다고 주장한다(Polanyi, 1957a: 65; Block and Somers, 1984: 53~54).

그러나 전국적 상품시장이 형성된 것만으로는 시장체계의 확립을 다 설명할 수 없다. 앞서 살펴보았듯이, 시장체계의 탄생에는 노동력, 토지, 자본이라는 세 가지 핵심적 생산요소들에 대한 시장이 또한 필요했다. 이에 폴라니는 이들 세 가지 요소시장 중에서 가장 중요하다고 생각되는 노동시장을 예로 들면서, 국가가 전국적 노동시장의 형성을 위해 얼마나 주도면밀하게 개입했는가를 보여준다. 영국에서는 토지나 자본에 대한 시장은 노동시장에 비해 훨씬 앞서 형성되어 있었다. 18~19세기 산업화와 농민층 분해과정을 거치면서 영국에는 수많은 잠재적 노동인구들(예컨대 인클로저 운동으로 발생한 토지 잃은 빈민들)이 생겨났으나(Bryson, 1992), 이들을 산업적 필요에 따라 적소에 배분할 전국적 노동시장의 형성은 정주법(the Act of Settlement)[3]과 같은 노동자의 자유로운 이동을 제한하는 법제들에 의해 지연되고 있었다. 1795년 정주법의 부분폐지로 노동시장 출현의 전제조건이 부분적으로나마 마련되는가 했으나 같은 해에 스핀엄랜드법(the Speenhamland Act)이 제정되어 노동시장의 탄생은 다시금 지연된다.[4]

스핀엄랜드법은 일종의 생활보조비를 식료품(빵) 가격과 연동시켜 지급함으로써 빈민들이 그들의 소득과 상관없이 일정 수준 이상의 생계비를 반드시 확보할 수 있도록 한다는 취지로 만들어진 것이다. 그러나

---

3) 1662년에 제정된 법으로서, 이 법에 따르면 노동자는 자신이 속한 교구(*parish*)를 벗어날 수 없게 되어 있다(Polanyi, 1957a: 78).

4) 이하의 스핀엄랜드법에 관한 논의는 특별한 언급이 없는 한 Polanyi(1957a: 77~102)와 Block and Somers(1984: 53~57)를 참조한 것임.

이 법은 일자리를 갖고 있는지 여부에 상관없이 소득이 최저 생계비(식료품 가격을 기준으로 산정된)에 못 미치는 모든 사람들에게 적용되었으므로, 노동자의 근로의욕을 감퇴시켜 생산성의 저하를 초래했으며[5] 사용자가 최저생계비 이하의 임금을 지불해도 나머지는 구빈기금에 의해 충당되었기 때문에 노동자들의 임금수준이 전반적으로 하락하는 결과를 초래했다. 스핀엄랜드법은 지방 교구를 단위로 집행되었기 때문에 노동력의 자유로운 이동에 걸림돌이 되었으며, 이 법이 야기한 임금억제 효과 때문에 빈곤문제는 해결되지 않은 채 더욱 악화되기까지 했고, 신흥 중간계급에 대한 조세부담만 가중되었다. 한마디로 스핀엄랜드법은 인클로저 운동 등으로 생계수단을 잃은 농촌빈민들을 보호한다는 취지로 제정되었으나 실제로는 노동시장으로 보내져 산업 노동자화해야 할 많은 인력들을 구빈대상으로 묶어둠으로써 더 많은 빈민들을 양산하는 결과를 초래하고 말았던 것이다.[6] 폴라니는 "노동시장 없이 자본주의적 질서를 만들어보려는 시도가 얼마나 큰 재앙을 몰고 올 수 있는가"를 보여준 것이 스핀엄랜드법의 교훈이라고 지적한다(Polanyi, 1957a: 80).

1830년대에 이르면 영국 정부는 국가의 복지비용 부담 증가, 취업보다는 복지수혜를 더 선호하는 일반적 경향, 그럼에도 불구하고 누그러들 줄 모르는 가공할 빈곤의 참상 등에 떠밀려 스핀엄랜드법을 비롯한 기존의 구빈법에 대한 전면적 재검토에 들어가게 된다. 그리하여 1834년 스핀엄랜드법이 폐지되고 개정빈민법(the Poor Law Amendment Act)이 탄생한다. 스핀엄랜드가 폐지되고 개정빈민법을 비롯한 수십 개의

---

5) 취업하여 받는 임금이 구빈 대상자에게 지급되는 구호금에 미치지 못하였기 때문에 노동자들은 굳이 노동시장에 자신의 노동력을 판매하지 않고 오히려 복지수혜자가 되는 편을 택했다. 따라서 구빈 대상자와 생활능력이 있는 근로자 사이의 구분이 모호해지고, 급기야는 대부분의 노동자가 구호 대상자화하는 현상이 초래되었다(Polanyi, 1957a: 78~79; Block and Somers, 1984: 55).

6) 스핀엄랜드법이 초래한 빈곤악화의 비참함에 대해서는 Polanyi(1957a: 99~100)을 볼 것.

시장친화적 법안이 제정된 것에는 영국 신흥 중간계급의 의회진출이라는 정치적 변화가 중대한 계기로 작용했다(Polanyi, 1957a: 101). 이 법의 기본취지는 복지수혜자의 생활수준을 취업 근로자의 최저 생활수준보다 더 낮도록 만듦으로써, 빈민들에게 복지수혜자로 남아있기보다는 취업을 선택하고자 하는 인센티브를 갖게 하는 것이었다(Bryson, 1992: 77~78). 다시 말하면 개정빈민법은 고용 외적 부조를 일절 폐지하고 노동자로 하여금 노동력의 판매에만 전적으로 의존하지 않을 수 없도록 만듦으로써, 진정한 의미의 노동시장이 출현할 법적 환경을 조성했던 것이다.

결국 19세기를 전후하여 영국 국가는 정주법이나 스핀엄랜드법 등과 같이 노동시장의 형성에 방해가 되는 법제들은 폐지하고 개정빈민법처럼 노동시장의 발달에 도움이 되는 법제는 적극적으로 도입하여 노동자의 자유로운 이동을 보장하고 임금 노동자의 풀(pool)을 확대시킴으로써 노동시장의 발달을 정치적으로 주도했던 것이다. 그리고 이 과정에서 촉매제로 작용한 것은 스핀엄랜드법을 비롯한 공동체 지향적 법제들로 인해 초래되었던 전대미문의 빈곤이 던져준 충격파였다. 폴라니의 표현을 빌자면, "스핀엄랜드의 공포를 피해 사람들은 맹목적으로 유토피아적 시장경제라는 피난처로 몰려들었다"(Polanyi, 1957a: 102).

요컨대 개정빈민법을 통해 노동시장이 확립되고 시장경제로의 이행이 급물살을 타게 된 것은, 영국 정치권의 용의주도한 입법활동과 과거의 반시장적 법률들이 야기한 빈곤의 참상에 대한 대중적 당황과 공포가 맞물려 작용했기 때문이었다고 할 수 있다. 그러므로 시장체계의 전제조건 중 하나인 전국적 노동시장의 형성은 결코 순리에 따라 자연스럽게 이루어진 것이 아니라 그 기원에서부터 "정치적으로 구성된"(politically constructed) 것이었다고 할 수 있다(Block and Somers, 1984: 56). 폴라니는 시장체계의 정착에 국가가 이렇게 용의주도하게 개입하였음을 보여준 다음, 자유시장(free markets)은 "가만히 내버려두면 저절로 생기는 것이 결코 아니라 국가가 강제적으로 집행하는 일련의 조치들을 통하여 만들어지는 것"이며 자유시장으로 향하는 길이 마침내 열리고 유지된 것은 엄청나게 늘어난 "지속적이고, 중앙집권적이고, 철저히 제어된 국가개입"이 있었기 때문에 가능했다고 결론 짓는다(Polanyi, 1957a: 139~140).

5. 소결 : 폴라니의 유산

피구속성, 경제의 실질적 의미, 통합형식 등과 같은 폴라니의 혁신적 개념들은 경제사회학이 싹트는 데 결정적인 자양분이 되었다. 첫째, 경제사회학은 경제를 결코 독자적 체계로 보지 않는다. 경제는 전체 사회라는 통합시스템 속의 일부에 지나지 않으며, 사회를 이루는 다른 일부들, 예컨대 정치시스템, 문화시스템, 가치체계 등과 불가분의 유기적 관계를 맺고 있다. 따라서 시장과 같은 경제제도의 작동도 결코 경제시스템 내부에서 이해될 수 있는 것이 아니라, 해당 지역의 정치적 문화적 역사적 특성이라는 맥락 속에서라야만 제대로 이해될 수 있다. 이것은 폴라니가 경제를 실질적 의미로 이해하고 그로부터 피구속성 명제를 이끌어낸 것과 정확하게 일치하는 논증방식이다.

둘째, 경제사회학은 경제제도의 다양성을 인정한다. 다시 말해 경제행위를 규제하고 안내하는 제도는 가장 효율적인 것 하나만 존재할 따름이며, 다른 것은 이 유일한 기준에서 얼마나 동떨어져 있는지를 파악하여 최대한 이 가장 효율적인 기준에 근접하도록 고쳐가야 한다는 신고전경제학의 주장을 정면으로 반박한다. 경제사회학은 경제행위를 규제하고 안내하는 제도들은 여러 가지가 있을 수 있으며 각각의 제도들은 그 사회가 처한 고유한 정치적 문화적 역사적 조건에 맞게 등장한 것이므로 이러한 맥락을 무시하고 어느 한 제도가 보편적 우월성을 갖는다고 보아서는 안 된다고 주장한다. 이 입장 역시 폴라니의 경제주의적 오류에 대한 비판과 정확하게 맥을 같이한다. 그렇기 때문에 시장이라는 경제제도를 이해하기 위해서는 시장이 인류의 모든 경제문제를 해결하는 해결사로 역사의 무대에 등장한 시기의 문화적, 정치적, 역사적 맥락을 되짚어보아야 한다는 폴라니의 견해가 경제사회학 진영에 그토록 큰 반향을 불러일으키게 된 것이다.

그러나 경제사회학에서 폴라니의 영향은 아직 시작단계에 머물러 있는 듯 하다. 그라노베터의 선구적 논문(Granovetter, 1985) 이후로, 본격적으로 폴라니의 분석틀을 가지고 현대 자본주의 경제를 이론적으로나 경험적으로 분석한 연구가 그다지 축적되지 않고 있다. 이 공백은 어쩌면 폴라니 자신에게서 비롯된 것일 수도 있다. 폴라니는 피구속성 명제나 통합형식 개념을 가지고 비서구·비시장 경제에 대해서는 많은 분석을 내놓았다. 그러나 정작 서구 자본주의 경제에 대해서는 《대변혁》(1957a)을 제외하고는 연구성과를 내놓지 못했다. 대변혁조차도 서구사회 전반이 아니라 영국이라는 사례에 국한된 연구일 뿐이다. 또한 예컨대 서구 자본주의 사회의 식민지배를 받았던 많은 나라들의 토착경제가 서구 자본주의 경제의 이식에 의해 어떤 영향을 받았는지에 관해서는, 정확하게 폴라니적인 분석도구로 파헤치기에 적합한 주제임에도, 폴라니 자신도 그 후학들도 이렇다 할 연구결과를 내놓지 못했다(Dalton and Köcke, 1983: 27ff). 피구속성 명제를 비롯한 여러 혁신적 개념들이 폴라니로부터 계승할 자산이라면, 이러한 결핍과 공백 또한 경제사회학이 그로부터 물려받아야 할 부채임에 틀림없다.

제 2 부

경제사회학이론의 발전

제6장
거래비용이론

1. 서론 : 신고전경제학을 넘어서

거래비용 경제학(*transaction cost economics*), 혹은 거래비용이론은 앞서 살펴본 신고전경제학의 이론화 방식을 현실의 제도분석에 응용한 이른바 신제도주의 경제학(*neoinstitutional economics*)의 핵심을 이루는 이론적 전망이다. 신고전주의 미시경제학의 전통적 모델에서는 제도가 외생적으로 주어진 조건(즉, 최초조건의 하나)으로 간주되어, 제도 그 자체가 본격적으로 분석의 대상이 되지 못했다. 따라서 제도 자체마저도 내생적으로 설명될 수 있다면, 즉 개인의 극대화 행위의 결과로 설명될 수 있다면, 신고전경제학의 이론체계는 보다 완벽해질 수 있을 것이었다(Heap, 1989: 52~53).

그러나 기존의 신고전주의 미시경제학의 접근방식은 제도를 설명하고 예측하기에 많은 문제점을 안고 있다. 특히, 전통적 접근방식에서는 목적함수의 존재를 상정하기 위해 여러 비현실적 조건들이 요구되는데, 이러한 조건들이 제도라는 현상을 설명하는 데 적용되기에는 너무나 엄격한 것들이었다는 점이 가장 큰 문제였다. 따라서 이러한 엄격한 최초조건들을 보다 완화된 형태의 것들로 수정·대체하는 방식으로 제도에 접근하고자 하는 시도들이 등장했다. 이것이 바로 신제도주의 경제학의 출발점이며, 정보의 완벽성이라는 조건을 완화하여 개인의 정보처리 능력상의 제약으로 말미암는 거래비용 개념으로 제도를 설명해보려고 한 시도가 바로 여기서 구체적으로 살펴보고자 하는 거래비용이론이다.

사실, 신고전경제학의 분석논리는 현실의 제도를 분석하고 해명하는 데 이용하기에는 너무도 비현실적인 것이라는 비판—예컨대 현실 제도로서의 시장은 결코 완벽한 정보를 제공해주지 못하며 완전경쟁이라는 이상적 조건을 만족시키지도 못하고, 거기에 참여하는 개별 거래자들 역시 효용/이윤 극대화를 목표로 하지 않는다는 식의 비판—은 이미 1900년대 초반부터 제기되어 왔다. 그러나 비판의 수준을 넘어서서 보다 현실적인 대안적 제도이론을 제시하는 결실을 맺게된 것은 1970년대 초 이른바 거래비용 경제학이 본격적으로 등장한 이후였다. 거래비용 경제학의 사회제도 분석은 1930년대의 로널드 코스(Ronald Coase)라는 경제학자에서 출발하여 그의 통찰을 계승하여 더욱 체계화시킨 올리버 윌리엄슨(Oliver E. Williamson)으로 이어지는 면면한 흐름을 이루고 있다. 이 장에서는 윌리엄슨을 중심으로 거래비용 경제학의 이론적 모델을 본격적으로 자세히 해부하고 나아가 기본가정에서부터 최종결론에 이르는 논리적 단계를 명확히 재구성함으로써 거래비용 경제학이 피설명항인 제도의 존재와 변화를 어떻게 "설명"하고 "예측"하는지를 살펴본다.

2. 기업의 본질-코스의 문제제기

윌리엄슨의 거래비용 분석은 1930년대 후반, 당시 주류 경제학의 시장분석에 중대한 문제를 제기했던 코스(Ronald H. Coase)의 논의를 화두로 삼아 전개되었다. 코스는 문제에 명쾌한 해답을 제시해서라기보다는 모두가 간과하고 넘어간 현상에 대해 독창적으로 문제를 제기했다는 측면에서 신제도주의 경제학, 좁게는 거래비용 경제학의 발전에 커다란 영향을 미친 사람이다. 그는 유명한 1937년 논문에서, 시장의 가격 메커니즘이 주류 경제학자들이 말하듯 그렇게 효율적이라면 왜 인간세계의 모든 거래들이 시장에 의해 조정되지 않는가 라는 의문을 제기한다. 그가 보기에, 현실 경제에는 분명 시장이 아닌 다른 조정방식이 존재하는데 그것이 바로 기업이라는 조직 내에서 이루어지는 권위(위계)에 의한 조정이다(Williamson and Winter, 1993: 3).

코스가 간명하게 표현한 대로 "기업의 근로자가 X부서에서 Y부서로 옮기는 것은 상대가격의 변동 때문이 아니라 상사의 명령 때문이다"(Coase, 1937: 19). 만약 X와 Y가 별개의 독립적인 회사라면, X사는 Y사에 대해 아무런 명령권이 없고, Y사로부터 원하는 것을 얻으려면 X사는 시장에서 적정한 가격의 제시를 통해 Y사로부터 자발적 판매를 유인해내야 할 것이다. 반면, X사가 Y사를 합병하여 후자를 자사의 한 하위 부서로 만들었다면, X사는 Y에 대해 원하는 것을 제공하도록 "명령"할 수 있다(Hart, 1993: 138~139). 그동안 크게 관심의 대상이 되지 못했던 이 차이에 대해 심각하게 의문을 제기한 것이 바로 코스의 통찰력이었다. 다른 말로 하면, 왜 자발적 교환에 의거한 시장이라는 조정기제 외에 강제적 명령에 의거한 조직이라는 다른 조정기제가 존재하는가? 라는 질문이 바로 코스를 거래비용 경제학의 아버지가 되게 만들었던 화두였다.

코스가 보기에 신고전경제학의 주장대로라면 모든 경제시스템은 가

150

격 메커니즘에 의해 자동적·자생적으로 조정되며, 그런 한에 있어서 경제시스템은 조직(organization)이 아니라 유기체(organism)이어야 한다 (Coase, 1937: 19). 그러나 현실의 경제사회는 인간의 의식적 조직화 노력 없이도 저절로 작동하는 조화롭고 질서 잡힌 유기체가 아니다. 경제사회의 각 구성원들은 가격체계와 자신의 이기적 극대화행동에 입각한 자발적인 거래뿐만 아니라, 권위와 명령에 입각한 강제적인 거래를 통해서도 상호작용한다. 전자가 이루어지는 전형적인 공간이 시장이라면 후자의 전형적인 공간은 기업조직이다. 그러나 유감스럽게도 주류 신고전주의 경제학의 이론은 이러한 권위와 명령에 의한 조정 가능성을 일절 배제하는 가정 위에 구축되어 있다(Demzet, 1993: 160). 결국 코스는 현실경제에 기업이 존재한다는 것은 신고전주의 경제학의 패러다임이 설명하지 못하는 특이사례(anomaly)라고 판단한 것이다. 따라서 그의 단순한 질문— 왜 기업조직이 존재하는가? —은 신고전경제학의 패러다임을 대신할 대안적 이론을 모색하게 만드는, 다시 말해 경제학 이론의 역사에 있어서 패러다임 전환(paradigm shift)을 예고하는 것이었다고 할 수 있다.

그러면 이 질문에 대해 코스는 어떤 답을 내리고 있는가? 코스의 대답은 간단했다. "가격 메커니즘을 이용하는 데 비용이 들기 때문"이라는 것이다(Coase, 1937: 21). 기업이 존재하는 것은 기업조직 내에서 권위와 명령에 의해 자원을 할당하는 것이 특정 상황하에서는 시장 메커니즘을 사용하여 자원을 할당하는 것보다 비용이 적게 들기 때문이라는 것이 코스의 설명이었다. 주류 신고전경제학에서는, 시장에서의 거래에는 아무런 비용도 발생하지 않는다는 것이 암묵적으로 가정되어 있다. 신고전경제학의 이론체계 내에서는, 개별 경제행위자가 시장과 관련한 모든 정보를 완벽하게 갖추고 있다는 의미에서 "합리적"이라고 간주된다. 이 가정에 의해, 개별 경제행위자(homo economicus)들이 시장에서 균형가격을 발견하고 그 가격하에서 거래상대를 찾고 거래를 성사시키고 하는 일련의 과정들이 아무런 비용의 발생 없이 자동적, 동시적으로 이루어진다고 간주된다.

그러나 코스의 시각에서 보면, 그런 시장은 이론 속에만 존재하는 가
공물에 불과하다. 현실의 시장에서는 각 행위자들이 적정가격을 찾아내
는 데도 비용이 수반되고, 형성된 가격하에서 각각의 거래들을 이행하
는 데도 비용이 수반된다. 그러나 기업조직 내에서 기업주가 명령하고
나머지 거래 당사자들은 그 명령에 복종하는 조정방식이 확립되고 나
면, 가격형성에 드는 비용이나 시장에서의 개별적 거래를 성사시키기
위한 일련의 계약들을 체결하고 집행하는 데 들어가는 비용들이 모두
불필요해진다. 오직 어떤 한도 내에서 기업주의 명령에 복종할 것이며
그 대가로 어떤 정도의 보상을 받을 것인가에 관한 고용계약 하나만을
체결하고 이행하면 되는 것이다. 결국 코스는 "시장의 작동에는 비용이
수반되고, 조직을 만들고 권위로 하여금 자원배분을 명령하게 함으로써
이 비용의 일부가 절감될 수 있다"는 사실을 가지고 기업조직과 그 내부
에서 이루어지는 권위에 의한 조정의 존재를 설명한 것이다(Coase,
1937: 22).

코스는 가격체계의 자동적 조정능력을 믿고 중앙계획에 의한 명령
경제를 백안시하던 당시의 지적 분위기와 궤를 같이한다. 그러나 시장
의 "보이지 않는 손"에 대한 믿음은 그의 출발점이긴 하였으나 종착점은
아니었다. 그는 시장이 가장 효율적이고 이상적인 조정자라면 왜 조직
(기업)이라는 비자발적이고 비시장적인 조정자가 존재하는가 라고 묻는
다. 나아가 어떤 거래는 기업조직 내부에서 권위에 의해 이루어지는 것
이 시장에서 가격 메커니즘의 안내로 이루어지는 것보다 비용이 적게
들며, 따라서 이런 거래는 기업조직에 의해 조직화되는 것이 더 "효율
적"이기 때문에 기업이 존재한다는 논리를 편다(Rosen, 1993: 76). 이
것은 때로는 기업조직과 명령-복종의 기제가 시장보다 더 효율적인 조
정자가 될 수 있다는 가능성을 제시한 것으로서, 당시의 주류 경제학
패러다임의 시장관에 대한 심각한 문제제기였던 것이다.

그러나 코스의 이런 문제제기는 한동안 주류 경제학계의 주목을 받

152

지 못했다. 주류 경제학계의 학문적 무감각 탓도 있었겠지만, 보다 중요한 이유는 코스 자신에게 있었다. 그는 기업조직이 어떤 이익과 비용을 갖는가를 시장의 그것과 일반적으로 비교하는 데 그쳤을 뿐, 어떤 거래가 어떤 조건하에서 어떤 조직화 방식에 의해 매개될 것인가를 규명하는 "시장, 기업조직 및 혼합적 형태의 조직화 방식에 대한 예측적 (predictive) 이론"을 구축하는 것에는 미치지 못했던 것이다(Williamson, 1993: 7).

　이처럼 코스가 자신의 문제의식을 정치한 이론으로 체계화시키지 못한 것은 그가 자신의 핵심개념인 "가격 메커니즘을 사용하는 데 소요되는 비용"이란 것의 경험적 내용을 구체적으로 적시하지 못했다는 데 기인한다고 할 수 있다(Rosen, 1993: 77). 이는 궁극적으로 거래라는 개념을 명확히 하고 어떤 거래가 어떤 조직화 방식에 의해 매개될 때 가장 비용이 적게 드는지를 밝히는 구체적 작업이 이루어지지 않았기 때문에 초래될 수밖에 없었던 한계점이었다. 이런 이유 때문에 코스의 이론으로는 현실의 경험적 자료를 통해 "시장 메커니즘을 사용하는 데 드는 비용"의 크기를 구체적으로 측정하기 어려웠고, 따라서 그의 이론은 경험적으로 반증가능한 이론이 되기 어려웠던 것이다. 코스의 선구적 문제의식을 이어받아 기업조직이라는 제도의 출현을 규명하는 과학적 이론의 단계로 끌어올린 것은 윌리엄슨(Oliver E. Williamson)을 비롯한 이른바 거래비용 경제학 주창자들의 공로였다.

3. 거래비용이론의 출발점

1) 기본가정

명시적으로든 묵시적으로든, 거래비용 경제학의 이론체계도 신고전주의 미시경제학의 전통을 이어받고 있기 때문에 몇 가지 기본가정을 출발점으로 하는 연역적 이론체계로 구축되었다고 할 수 있다. 무릇 이론의 기본가정은 두 가지 기준에 의해 상정된다. 현실적합성(*reality*)과 논리적 조작가능성(*logical manipulation*)이 그것이다. 신고전주의 경제학은 후자를 지나치게 강조한 나머지 전자를 무시하는 우를 범했다. 윌리엄슨의 거래비용 경제학은 현실 적합성을 훼손하지 않으면서도 논리적 조작을 통해 유의미한 이론구축의 주춧돌 구실을 할 수 있는 새로운 가정들을 채택한다.1) 제한적 합리성(*bounded rationality*)과 기회주의(*opportunism*) 가정이 그것이다.

우선 제한적 합리성 가정은 경제행위자인 인간은 합리적으로 행위하려고 "의도"하지만 실제로는 "제한적 범위 내에서만" 합리적으로 행위할 수 있을 뿐이라는 사실을 말한다(Williamson, 1993: 92). 신고전경제학의 "합리성" 가정에 대한 반박으로 제시된 제한적 합리성 가정은 인간의 인지능력과 정보처리 능력이 제한되어 있음으로 인해 신고전경제학이 상정하는 그런 종류의 완벽한 합리적 계산은 불가능하다는 사실을 인정한다. 그러나 그렇다고 해서 인간 행동이 비합리성에 의해 좌우된다는 것을 받아들이는 것은 아니다. 인간은 인지능력과 정보처리 능력이 제한되어 있어 완벽하게 합리적인 선택을 할 수는 없지만, 그래도 제한된 능력의 범위 내에서 합리적으로 행위하려고 의도한다는 것에 강조점을

---

1) 이는 수학적 정교함을 위해 비현실적 가정을 용인한 기존의 주류 신고전경제학의 출발점을 버리고 "현실에 부합하면서도 동시에 논리적 조작이 가능한"(*both realistic and tractable*) 가정에 입각하여 이론을 구축하려 했던 코스의 출발점과도 정확히 맥을 같이한다(Coase, 1993: 18).

둔다. 개인의 합리성이 제한적이기 때문에, 이들 간의 계약은 필연적으로 불완전(*imcomplete*)할 수밖에 없다. 다시 말해, 인간이 완벽한 합리성을 갖추고 있다면, 거래상에 발생할 모든 종류의 정황변수들(*contingencies*)을 모두 고려에 넣는 완전계약(*complete contract*)을 체결할 수 있겠지만, 제한적 합리성 하의 실제 인간들 사이의 계약은 미리 예측할 수 없는 수많은 정황변수들에 대응할 여지를 공백으로 남겨두는 불완전계약에 만족할 수밖에 없다(Milgram and Roberts, 1992: ch. 5).

한편 기회주의 가정은 자기이익을 추구함에 있어 인간 행위자는 언제나 간계(*guile*)를 꾸미고자 하는 유혹에 노출되어 있다는 사실을 인정하는 가정이다. 기회주의 가정 역시 신고전경제학이 전혀 고려하지 않았던, 그러나 "우리가 알고 있는 바 인간본성"의 중요한 부분을 구성하는, 한 측면을 이론구축의 출발점으로 삼으려는 거래비용 경제학의 의도를 반영한 것이다. 이는 "장기적 안목과 선의가 모든 사람들의 공통된 마음가짐은 아니라는" 평범한 사실을 인정하는 가정이다(Williamson, 1993: 92). 모든 사람들은 때때로 악의적으로 약속을 파기하고 속임수를 써서라도 자신의 단기적 이익만을 추구하고자 하는 유혹을 받는다. 거래의 일방이 계약의 내용을 지키는 것보다 속임수나 여타 부정한 방법으로 계약을 어기는 것이 자신에게 단기적으로 이익이 된다면 언제든지 그러한 계약파기를 서슴지 않을 인센티브를 갖게 된다는 의미이다. 따라서 개인이 기회주의적 성향에 노출되어 있다면, 개인간 계약은 필연적으로 계약을 자발적으로 준수할 사람이 그렇지 않을 사람에 의해 악용당하는 것을 막아줄 안전장치(*safeguards*)를 필요로 한다. 다시 말해, 거래 당사자들은 자신이 상대방의 기회주의적 성향의 희생자가 되지 않도록 보호해줄 장치를 갖추고자 하는 인센티브를 갖게 된다는 것이 기회주의 가정의 논리적 함의이다.

그러므로 앞서 살펴본 제한적 합리성과 기회주의라는 거래비용 경제학의 두 가지 기본가정들을 종합해 보면, 거래비용 경제학적 이론화의 초석이 되는 대전제는 다음과 같은 하나의 문장으로 요약될 수 있다.

"인간은 거래를 체결함에 있어 제한적 합리성이라는 조건하에서 자신의 이익을 극대화하고자 하고, 동시에 기회주의의 위험으로부터 거래를 보호하려 한다"(Williamson, 1993: 93).

2) 거래와 자산특수성

이론의 구조를 살핌에 있어 기본가정 못지 않게 주목해야 할 것은 이론의 분석단위(*unit of analysis*)이다. 윌리엄슨은 미국의 제도주의 경제학자인 커먼스(John R. Commons)의 주장을 이어받아, 거래(*transactions*)를 거래비용 경제학의 기본 분석단위로 삼는다. 거래란 "기술적으로 분리 가능한 접점"(*technologically separable interfaces*)을 가로지르는 재화나 서비스의 이동을 말한다(Williamson, 1981a: 552). 이는 다시 말하면 두 행위주체간의 재화 및 서비스의 이동을 말하는 것으로, 사회학에서 말하는 "양자간 교환"(*dyadic exchange*)과 크게 다르지 않은 개념이다. 커먼스는 경제조직화의 문제를 갈등(*conflict*), 상호성(*mutuality*), 질서(*order*) 이 세 가지 원리를 동시적으로 다루는 것이라고 규정하고, 거래가 이들 세 가지 원리의 최소한의 구현체이므로 거래를 분석의 기본단위로 삼을 것을 제안한다(Williamson, 1996b: 45).

다시 말해 경제사회를 조직화하는 데는 상호의존성, 질서, 갈등이라는 세 가지 원리가 어떻게 작동하는가에 대한 탐구가 필수적이라고 한다면, 이 세 가지 원리는 원자적 개인을 단위로 해서 발현되는 것이 아니라 최소한 두 개인간의 교환인 거래 속에서 비로소 구현되는 것이므로, 경제 조직화에 대한 탐구를 목적으로 하는 학문적 논의에 적합한 분석단위는 바로 원자적 개인이 아니라 그들 간의 "거래"가 되어야 한다는 것이다. 거래라는 분석단위는 원자적 개인의 선택행위를 분석단위로 하는 신고전경제학의 미시적 접근방식에 비해 "반(半)미시적인"(*semi-micro*) 분석단위라고 할 수 있다(Williamson, 1996b: 45). 바로 그러한 이유 때문에 거래를 분석단위로 하는 것은 특정 기준에 의거하여 분석단위들을 구분하고 그에 따라 여러 테스트 가능한 논리적 함의들을 이끌어내기가 더 용이하다는 이점을 지니고 있다.

그러나 커먼스는 여기서 한 발짝 더 나아가 만약 거래가 분석의 기본단위라면 거래를 구분해줄 차원들이 무엇인가라는 문제를 다루지 않았다. 무릇 이론이란 분석단위를 명확히 하고 분석단위들을 일정한 특성과 기준에 의거하여 차원화(*dimensionalize*)할 수 있어야 경험적으로 조작가능하고 반증가능한 예측을 이끌어낼 수 있다. 윌리엄슨은 분석단위로서의 거래를 다음과 같은 세 가지 차원에 의해 규정한다. 발생빈도(*frequency*), 불확실성(*uncertainty*), 자산특수성(*asset specificity*)이 그것이다(Williamson, 1993: 93~94; Milgram and Roberts, 1992: chs. 2, 9).

이 세 가지 차원들 중에서 거래비용 경제학의 이론구조에서 차지하는 비중이라는 측면에서 보나, 상식적 의미의 차원에서 보나, 상세한 설명이 필요한 것은 자산특수성이다.[2] 자산특수성이란 거래대상이 되는 자산[3]의 "관계-특유적"(*relation-specific*) 성격을 일컫는 개념으로서, 해당 자산이 기존의 거래관계 이외의 다른 곳에 사용될 때 상실하게 되는 가치가 어느 정도인가를 나타낸다. 자산이 제공하는 이익과 서비스가 특정 용처에 대해서만 가치를 지닐 때, 그 자산은 그 용처에 대해 "특유하다"(*specific to that use*)고 정의된다(Milgram and Roberts, 1992:

---

2) 윌리엄슨 자신도 세 가지 차원들 중에서 거래비용 경제학의 "반증가능한 가설" 도출을 위해 가장 결정적인 중요성을 갖는 것은 자산특수성이라고 주장한다(Williamson, 1996b: 59). 또한 불확실성이나 거래빈도에 대한 그의 설명을 보면, 빈도나 불확실성이 결국은 자산특수성에 영향을 미친다는 사실을 강조하고 있다(같은 곳). 예컨대, 불확실성(특히 행태적 불확실성)은 불완전 거래와 자산특수성이라는 조건이 겹쳐질 때 발생한다고 주장한다(Williamson, 1996b: 60). 결국 윌리엄슨은 거래의 차원들 중에서 반증가능한 예측의 도출을 위해 가장 결정적인 역할을 하는 것은 자산특수성이라고 간주한 것이다.

3) 여기서 말하는 자산(*asset*)이란, 그 소유주에게 미래에 일련의 이익과 효용을 가져다줄 모든 재화와 서비스를 지칭한다(Milgram and Roberts, 1992: 595).

307). 자산특수성은 한마디로 거래대상인 자산이 해당 거래관계가 아닌 다른 거래관계에서도 이전 거래관계에서의 가치를 얼마나 유지할 수 있는가를 나타내는 개념이다.

자산은 투자[4]를 필요로 한다. A와 B가 서로 α라는 자산을 거래하는 관계에 있다고 가정하자. A가 B에게 공급하는 α가 오직 B에게만 가치 있고 다른 용처에는 전혀 무용지물이라면, 이 경우 α를 만들기 위해 A가 해야 하는 투자는 A-B 거래관계를 떠나서는 아무 소용이 없는 투자라는 의미에서 "관계-특유적 투자"가 되고, α 역시 같은 의미에서 "관계-특유적 자산"이 된다. 자산특수성이란 자산이 얼마나 관계-특유적인가, 즉 그것을 생산하는 데 얼마나 관계-특유적인 투자가 요구되는가를 나타내는 개념이다. 따라서 특수성 제로(零)의 자산은 "그 생산적 가치의 손실 없이 다른 사용처에 재사용될 수 있는" 자산을 말하며 (Williamson, 1993: 94), 자산특수성이 높은 자산이란 "현재의 용처나 사용자가 아닌 다른 용처나 사용자에 의해 재사용될 수 없거나, 재사용되더라도 원래 사용처에서 지니고 있던 생산적 가치의 상당부분을 상실한 상태로 재사용될 수밖에 없는" 자산을 의미한다(Williamson, 1996b: 45).[5]

예컨대 제빵업자 갑은 제분업자 을로부터 빵을 만들 밀가루를 산다. 양자는 그 누구도 이 특별한 거래를 염두에 둔 투자를 하지 않는다. 제분업자는 탈곡기 분쇄기 등의 생산설비에 투자를 하겠지만 그것은 갑과의 거래관계만을 염두에 둔 투자가 아니라 밀가루를 원료로 빵을 만드는 수많은 다른 제빵업자들에게도 똑같이 가치를 발휘하는 투자이다. 마찬가지로 제빵업자도 점포와 오븐에 투자를 하겠지만 그것은 밀가루

---

4) 투자(*investment*)란 앞서 정의한 자산을 만들어내기 위해 필요한 자원의 지출을 일컫는다(Milgram and Roberts, 1992: 600).
5) 그래서 윌리엄슨은 다른 곳에서는 자산특수성이라는 용어 대신 "자산 재배치 가능성"(*asset redeployability*)라는 용어를 사용한다(Williamson, 1996b: 13, n.8).

를 을에게서 구매하든 다른 제분업자에게서 구매하든 아무 상관없이 가치를 발휘하는 투자이다. 이 경우, 제빵업자의 점포와 오븐에 대한 투자, 제분업자의 탈곡기 분쇄기에 대한 투자는 관계특유적 성격이 약한 투자이고 양자 사이에 거래되는 밀가루는 관계특유적 성격이 약한 자산이며, 따라서 갑과 을의 거래에서 교환되는 이 밀가루는 자산특수성이 낮다(Milgram and Roberts, 1992: 30~31).

A라는 자동차 회사는 자사의 신형 승용차 New Car에만 맞는 특수한 디자인의 헤드램프를 부품업체 B로부터 공급받으려 한다. B사는 New Car용 헤드램프를 만들기 위해서는 거기에 맞는 특수한 금형과 여타 생산설비를 새로 들여놓아야 한다. 이 경우 B사의 금형과 생산설비 도입은, A-B 사이의 납품계약이 파기되면 아무런 쓸모가 없어질 것이므로 관계-특유적 성격이 강한 투자라고 할 수 있다. 그리고 그 투자의 결과로 생산되는 New Car용 헤드램프는 타사의 승용차 모델에는 사용될 수 없으므로 역시 관계-특유적 성격이 강한 자산이다. 결국, A사와 B사 사이에 거래되는 New Car 전용 헤드램프는 자산특수성이 아주 높다.

마지막으로 주목해야 할 것은 자산특수성이 높은 항목을 거래할 때 특별한 문제가 발생한다는 사실이다. 특수적 자산을 거래하는 당사자들은 앞서 살펴본 관계-특유적 성격 그 자체 때문에 "쌍방 의존적"(*bilaterally dependent*)이 될 수밖에 없다(Williamson, 1993: 94). 즉, 공급자는 생산한 자산이 지금 이 구매자에게 말고는 아무런 가치도 없는 것이므로 다른 판매처를 찾기가 아주 어렵거나 불가능하고, 구매자는 구매자대로 자신이 필요로 하는 이 자산의 생산에 맞는 관계-특유적 투자를 갖추고 있는 다른 공급자를 구하기가 역시 어렵다. 그렇기 때문에 관계-특유적 성격이 강한 자산을 거래하는 쌍방은 각자 이 거래관계에 "묶여 있는" 처지가 된다. 그렇게 되면 양측은 상대방의 의존성을 이용하여 자신의 단기적 이익을 꾀하려는 기회주의적 유인을 갖게된다. 예컨대 New Car를 생산하는 A사는 더 싼 가격에 더 많은 물량을 공급하지 않으면 B사로부터 New Car용 헤드램프 구매거래를 취소하겠다고 위협할 수 있다. B사의 입장에서는 이미 New Car 전용 헤드램프를 위한 관계-특유적 투자를 해놓은 상태라 이러한 위협은 큰 위력을 갖는다. 반대로 B사의 입장에서도 New Car용 헤드램프 공급을 일방적으로 중단하겠다는 위협은 똑같은 이유로 A사로부터 많은 양보를 얻어낼 수 있는 파괴력을 갖는다. 이것이 이른바 "부당요구 문제"(hold-up problem)이다.

특수적 자산을 거래하는 경우 거래 당사자는 각자 다른 파트너를 찾기 어렵기 때문에 해당 거래관계에 묶여 있을 수밖에 없고, 따라서 거래 쌍방은 상대방의 이런 처지를 이용해 상대방에게 "부당요구"를 할 유인을 갖게 되는 것이다. 이런 경우, 부당요구 문제로부터 거래 당사자를 보호해줄 안전장치(safeguards)가 마련되지 않으면 거래 자체가 성사되기 어렵다. 관계-특유적 성격이 강한 자산을 거래하는 거래관계는 "이 자산을 만들기 위해 관계-특유적 투자를 해야만 하는 거래자를 거래의 일방적 중단이나 거래조건의 일방적 재조정의 위험으로부터 보호해줄" 계약상의 장치를 필요로 한다(Milgram and Roberts, 1992: 31).

4. 효율관할구조 선택모델

1) 관할구조와 관할비용

앞서 살펴본 바와 같은 특성을 갖는 각종 거래들은 제도적 진공(vacuum) 속에서 시행되는 것이 아니다. 각종 거래들은 그에 적합한 관할구조의 통제와 매개하에 체결되고 집행되고 감독된다. 그리고 거래가 특정 관할구조하에서 매개될 때 비용이 발생한다. 어떤 거래가 어떤 관할구조에 의해 매개될 때 얼마만큼의 비용이 발생하는가를 파악하는 것은 거래비용 경제학의 제도연구에서 결정적인 중요성을 갖는다. 이를 이해하기 위해서는 먼저 관할구조란 무엇인가라는 질문에 답을 내려야 한다.

거래비용 경제학의 분석단위인 거래에는 갈등(*conflict*), 상호성 (*mutuality*), 질서(*order*)라는 세 가지 요소가 포함되어 있음은 앞서 살펴본 바와 같다. 거래의 관할(*governance*)이란, 거래에서 발생할 "잠재적 갈등이 상호이득을 실현할 기회를 위협하거나 무산시킬 수도 있는 상황에서 질서를 달성케 해주는 수단이다"(Williamson, 1996b: 12, 강조는 원문). 즉, 관할이란 거래에 잠재된 갈등으로 인해 상호이득이 무산될 위기상황에서 질서를 확보하여 호혜적인 거래가 가능하도록 하는 조정행위를 일컫는다. 관할구조(*governance structure*)는 거래를 관할하는 제도화된 양식, 혹은 거래를 조직화하는 양식(*mode of organizing transactions*)이며, "하나 혹은 둘 이상의 관련 거래들의 온전성(*integrity*)을 결정짓는 제도적 틀"이다(Williamson, 1996b: 11). 다시 말해 관할구조란 하나의 거래 혹은 서로 관련되어 있는 여러 개의 거래들을 관할하여 온전한 거래를 유지하는 역할을 하는 제도적 규칙의 총체이다.

거래가 자산특수성이라는 차원에 의해 규정된 것처럼, 관할구조도 그것을 뒷받침하는 계약법의 종류와 성격, 환경적 변화에 대한 적응방식, 인센티브와 관리도구(*administrative instruments*)의 사용여부 라는 네 가지 차원에 의해 시장(*market*), 위계(*hierarchy*), 그리고 그 둘의 중간형태인 혼합형(*hybrid*)으로 구분된다(Williamson, 1996b: 96~98, 101 ff). 시장이라는 관할구조는 독자적이고 자율적인 거래주체들 간의 완전계약(*complete contracting*)을 판단준거로 하는 고전계약법(*classical contract law*)에 의해 지지되는 반면, 위계라는 관할구조는 계약법의 지지를 전혀 받지 않는다. 위계란 법에 의한 심판이 유보되는 영역으로서, 계약 당사자 일방이 상대방의 소유하에 들어가게 되어 그의 명령에 따르는 거래 매개양식을 말한다. 위계양식 하에서 거래 당사자간 분쟁이나 다툼이 생겼을 경우, 법원은 개입을 거부하고, 최종 판단은 위계상의 상급자가 내리는 명령에 의해 하달된다. 결국, "위계는 그 자체의 최고 궁극 법정"이 된다(Williamson, 1996b: 98).[6]

한편 혼합형 관할구조는 거래주체의 독자성과 자율성을 인정하면서 동시에 계약의 불완전성 또한 인정하는 신고전계약법(*neoclassical contract law*)에 의해 지지되는 관할구조로서, 계약 당사자들의 독자성과 자율성을 인정하면서도 분쟁에 있어 엄격한 법 적용을 통한 공식적 해결보다는 중재나 조정과 같은 보다 더 유연한 해결방식이 적용된다. 이는 계약이 불완전하여 공식적 법조항으로 모두 포괄될 수 없는 정황변수들(*contingencies*)이 많다는 인식이 반영된 것이다.

관할구조를 구분지어주는 두 번째 차원은 거래환경의 변화에 대한 적응방식이다. 시장은 거래환경의 변화에 따라 개별 거래주체들이 각자의 판단에 따라 독자적이고 자율적이고 자발적인 적응을 하도록 하는 것이며, 위계에서는 상급자의 판단에 따른 명령이나 강제에 복종하고 협력하는 방식의 적응이 이루어진다. 혼합형은 시장의 자율적·자생적 조정과 위계의 강제적·의도적 조정이 혼재되어 있는 관할구조이다. 한편 시장 관할구조 하에서는 개별 거래자들이 전적으로 자율적이고 독자적인 결정을 내리기 때문에 거래의 결과로 초래되는 모든 혜택이나 손실은 전적으로 개별 거래자 본인에게 돌아온다. 따라서 이런 경우 강력한 인센티브 메커니즘이 확립된다. 그러나 위계모드 하에서는 각 하위부서들이 거래의 혜택이나 손실을 서로 전가하는 것이 가능하고, 최고 경영층의 전략적 의사결정에 따라 혜택이나 손실의 분배가 달라질 수 있으므로 이러한 강력한 인센티브 메커니즘을 기대하기 어렵다. 한편 혼합형은 인센티브 강도에 있어 위계보다 강하고 시장보다 약한 정도를 보인다. 따라서 인센티브의 강도는 관할구조를 구분하는 세 번째 차원이 된다. 한편 관리적 통제는 관할구조를 구분하는 네 번째 차원이다. 위계 하에서는 줄어든 인센티브 강도만큼 상층부의 관리적 통제를

---

6) 이런 근거로 기업 경영자의 경영상의 의사결정이나 그로 인해 초래될 수도 있는 경영상의 실수에 대해 법정은 판단과 개입을 자제한다. 이로 인해 법의 지배가 아니라 "기업지배"(*corporate governance*)의 영역이 확립되는 것이다(Williamson, 1996b: 98).

162

〈표 6-1〉 관할구조의 차원별 특성

차 원	관할구조		
	시장	혼합형	위계
인센티브	++	+	0
관리적 통제	0	+	++
자발적·자생적 적응	++	+	0
타율적·의도적 적응	0	+	++
계약법의 구속	++	+	0

++: 강함, +: 보통, 0: 약함
출처: Williamson(1996b: 105)

강화하여 거래를 조율한다. 반면 시장 관할구조 하에서는 관리적 통제를 사용할 여지가 존재하지 않는다. 혼합형은 계약의 불완전성으로 인해 시장에 비해 관리적 통제의 사용이 더 강화된, 그러나 개별 거래주체의 자율성이 인정되기 때문에 위계 하에서보다는 관리적 통제의 필요성이 크게 낮은 관할구조이다. 이상의 논의는 〈표 6-1〉과 같이 요약될 수 있다.

이러한 특성을 지닌 관할구조들을 이용하여 각종 거래를 체결하고 집행하고 감독하는 데에는 당연히 비용이 수반된다. 이 비용을 거래비용 경제학에서는 "거래비용"(transaction costs) 혹은 "관할비용"(governance costs)이라 부른다.[7] 윌리엄슨 자신을 비롯하여, 여러 논평자들이 관할비용에 대해 나름의 정의들을 시도하였다(Williamson, 1981a; Hodgson,

---

7) 윌리엄슨은 최근 저작에서는 거래비용이라는 용어를 피하고 대신 관할비용 (governance costs)이라는 용어를 사용한다(1996b). 윌리엄슨 자신은 비록 명확히 밝히고 있지는 않지만, 이는 거래의 관할(governance)에 소요되는 비용을 지칭하는 의미로 사용될 경우 관할비용이라는 용어가 거래비용이라는 용어보다 오해의 소지가 적다고 판단했기 때문일 것으로 보인다. 본 논문에서도 이러한 취지를 따라 거래비용 대신 관할비용이라는 용어를 사용한다.

1988: ch. 8; Eggertson, 1990: ch. 1; North, 1990: ch. 4; Milgram and Roberts, 1992: ch. 2). 그 내용들을 일일이 여기서 거론할 필요는 없을 것으로 판단된다. 다만 관할비용이란, 말 그대로 하나 혹은 그 이상의 거래를 관할구조의 매개하에 수행하려 할 때 초래되는 비용의 총체를 말한다는 점을 지적하는 것으로 충분하다. 거래의 파트너를 찾고 거래의 조건을 협상하고 거래를 체결한 후 성실한 이행을 감독하고 계약의 위반이 있을 경우 이를 처벌하는 등의 모든 거래과정에는 비용이 수반된다. 이것이 바로 관할비용의 내용이며, 그것을 관할비용이라고 부르는 것은 거래의 전 과정이 진공 속에서 진행되는 것이 아니라 반드시 특정한 관할구조의 안내와 매개에 의해 진행되기 때문이다. 다시 말해 관할비용은 관할구조라는 제도적 틀에 의해 거래가 이루어질 때, 즉 관할구조에 의해 거래가 관할될 때, 발생하는 비용을 일컫는다.

그러나 관할구조에 의해 거래가 관할될 때 비용이 발생한다는 사실보다 더 중요한 것은 어떤 거래가 어떤 관할구조의 지배하에 놓이느냐에 따라 관할비용의 발생이 차등적으로 이루어진다는 점이다. 이제 거래비용 경제학의 임무는 어떤 거래가 어떤 관할구조의 관할을 받을 때 더 많은 (혹은 더 적은) 관할비용을 발생시키느냐는 문제를 규명하는 것이다. 다른 말로 하면, 어떤 거래를 어떤 관할구조와 "짝짓기"(matching) 해야 관할비용이 최소화되느냐의 문제이다(Williamson, 1993: 96).

2) 거래와 관할구조의 짝짓기

이러한 거래비용 경제학의 통찰은 어떻게 보면, 단순한 거래는 단순한 관할구조에 의해, 복잡한 거래는 복잡한 관할구조에 의해 집행되어야 한다는 상식에서 출발하는 것일 수도 있다. "단순한 거래를 복잡한 관할구조로 다루려 하면 당연히 불필요한 비용이 발생하고, 복잡한 구조를 단순한 관할구조로 다루려고 하면 당연히 긴장이 발생할 것이다"(Williamson, 1996b: 12). 그러나 거래비용 경제학의 거래-관할구조 짝

164

짓기는 이러한 단순 대(對) 복잡의 상식적 도식을 넘어선다. 거래비용 경제학은 어떤 관할구조와 어떤 거래가 짝지어질 때 얼마만큼의 비용이 발생할 수 있는지 밝히고, 그런 비용이 발생하는 원인을 설명하며, 어떤 거래를 어떤 관할구조를 통해 수행하는 것이 비용을 최소화할 것인가를 탐구한다. 이러한 탐구의 과정에서 가장 중요한 논리적 기준은 바로 앞서 살펴본 자산특수성이다.

다른 조건이 동일하다면, 거래되는 자산의 관계-특유적 성격이 강할수록 관할비용은 증가한다. 거래를 관할하는 관할구조가 시장형이든, 위계형이든, 혼합형이든 상관없이 그러하다. 어느 관할구조 하에서든지, 자산특수성의 증가는 거래 당사자간의 상호의존성을 높이고 "부당요구 문제"의 심각성을 증가시키기 때문에 이를 해결하기 위한 안전장치에 대한 협상이 필요하고, 여기에는 추가비용이 소요된다. 따라서 다른 조건이 동일하다면, 어느 관할구조하에서건 자산특수성이 낮은 자산에 대한 거래보다는 특수성이 높은 자산에 대한 거래가 더 많은 비용을 초래하게 마련이다.

그러나 중요한 것은 일정 수준의 자산특수성을 수반하는 거래를 어느 관할구조와 짝지을 때 가장 적은 비용이 발생하는가이다. 앞서 살펴보았던 제분업자와 제빵업자 간의 밀가루 거래로 되돌아가서, 다음과 같은 질문을 던져보자. 이 거래를 시장, 혼합형, 위계 세 가지 관할구조로 관할할 경우 어느 편이 관할비용이 가장 적게 들겠는가? 말할 나위도 없이 시장에 의한 관할일 것이다. 갑은 그때 그때의 환경변화에 따라 얼마든지 을과의 계약을 중지할 수 있고 적은 비용으로 다른 거래 파트너를 찾아 새로운 거래관계를 체결할 수 있다. 갑과 을의 밀가루 거래는 관계-특유적 투자를 전혀 필요로 하지 않으므로 갑과 을은 상호의존적이지 않고 "부당요구 문제"도 발생할 이유가 없다. 따라서 안전장치 마련을 위한 추가비용도 전혀 필요치 않다.

이런 거래를 혼합형 관할구조를 이용하여 관할하려 한다면, 거래 쌍방이 모두 장기계약을 체결할 인센티브를 갖지 않으므로 이를 상쇄하기 위해서는 상당한 비용의 지출이 필요하며, 설사 장기계약을 체결했다고 하더라도 장기계약으로 인한 유연성 상실로 환경변화에 민감하게 대처하지 못하기 때문에 발생하는 비용을 감수해야 하기 때문에, 시장에 의한 관할보다 더 많은 비용이 소요된다. 동일한 거래를 위계에 의해 관할하려 할 때는, 어느 일방이 상대방의 하급자가 되어 상대방의 명령에 복종하는 계약을 체결할 인센티브는 장기계약 체결에 대한 인센티브보다 훨씬 더 미미하다. 만의 하나 자신의 손해와 상대방의 저항과 반대에도 불구하고 많은 비용을 무릅쓰고 제빵업자가 제분업자를 인수합병했다고 하더라도, 환경에 대한 유연적 대처의 불가능으로 인해 생기는 비용과 더 커진 조직규모를 관리하는 데 소요되는 엄청난 관료제 비용을 추가로 부담해야 한다. 반면 "부당요구 문제"는 거래의 특성상 원래 발생하지 않게 되어있으므로 안전장치 마련에 소요되는 비용의 절감이라는 이점도 존재하지 않는다. 결국 제분업자 갑과 제빵업자 을 간의 밀가루 거래와 같은 자산특수성이 낮은 품목에 대한 거래는 시장에 의해 관할되는 것이 가장 비용이 적게 든다.

그러나 거래품목의 자산특수성이 커지면 시장에 의한 관할은 그 비용이 가파르게 상승한다. 그것은 자산특수성이 무시 못할 정도로 커지게 되면 그로 인해 생기는 상호의존성과 "부당요구 문제"를 해결하기 위해 단기적 계약을 체결할 때마다 번번이 안전장치에 대한 협상을 새로하고 변화된 조건을 반영하는 새로운 보호조치를 다시 합의해야 하기때문이다. 그러나 자산특수성이 커지면서 혼합형에 의한 관할도 비용이 상승하기는 하지만 시장만큼 가파르게 상승하지는 않는다. 장기계약의 형태를 통해 "부당요구 문제" 해결을 위한 안전장치 마련 비용을 시장보다 더 줄일 수 있기 때문이다. 따라서 거래품목의 자산특수성이 일정 크기에 도달하면 시장에 의한 관할보다 혼합형에 의한 관할이 비용이 더 적게 드는 국면에 접어들게 된다.

한편 자산특수성이 아주 높은 수준에 도달하게 되면 혼합형에 의한 관할도 그 비용이 만만치 않게 증가하게 된다. 혼합형이라는 관할구조는 앞서 살펴보았듯이 근본적으로 거래 당사자가 독자적이고 자율적인 실체로 남아있는 상태에서 거래를 관할하기 때문에, 독립적인 두 개체 간의 이해관계 대립으로 인해 어느 일방이 기회주의적 행동을 보일 인센티브가 더욱 강해지며(따라서 "부당요구 문제"가 더욱 심각해지고 그에 따르는 안전장치 협상절차도 더욱 복잡하고 까다로워지며), 만약 분쟁이 발생할 경우 제3자가 분쟁해결에 필요한 객관적 정보를 수집하고 그것을 바탕으로 양자가 수긍할 만한 분쟁해결책을 제시하는 데 상당한 어려움이 뒤따른다.

자산특수성이 큰 자산에 대한 거래로 옮겨갈수록 위계에 의한 거래의 관할이 초래하는 비용의 상승이 가장 완만한 것은 바로 이 때문이다. 거래의 일방이 상대방을 인수합병 등의 형태로 내부화하여 독자적이고 자율적인 계약파트너가 아니라 자신의 명령에 복종하는 하급자로 만듦으로써 "부당요구 문제" 해결을 위한 안전장치 마련에 따르는 비용이 거의 소멸되기 때문이다. 위계 관할구조 하에서는 쌍방이 동일 조직의 일원이 되므로 국지적 이익을 위해 기회주의적 행동을 보일 인센티브가 (쌍방이 독자적이고 자율적인 계약 파트너일 경우에 비해) 크게 줄어들며, 따라서 "부당요구 문제"의 심각성은 크게 감소하거나 소멸하고 그에 따른 안전장치 협상 비용도 크게 줄어들거나 없어진다. 분쟁이 발생했을 경우에도, 제3자인 법원이나 중재기관이 아니라 조직내부의 상급자가 명령에 의해 해결에 나선다. 이는 제3자가 개입할 경우에 비해 분쟁조정에 필요한 정보의 수집이나 판결 내용의 집행에 있어서 훨씬 더 적은 비용이 소요됨을 의미한다. 결국 자산특수성이 아주 높은 품목의 거래에 있어서는 위계가 세 관할구조 중에서 가장 적은 비용을 발생시킨다.

이상의 논의를 형식적으로 정식화하면 다음과 같다. 우선 자산특수성을 k라 하면, k는 $0 < k < 1$의 값을 갖는다.[8] 한편 $M(.)$, $X(.)$, $H($

---

8) 앞서 우리는 자산특수성을 "어떤 품목이 해당 거래관계 이외의 용처에 사용

.)를 각각 시장, 혼합형, 위계 관할구조를 사용하여 거래를 관할할 경우 초래되는 관할비용을 나타내는 함수라 한다면, 이 함수는 공히 자산특수성 k에 의해 정의되는 함수 $M(k)$, $X(k)$, $H(k)$이다. 이 세 함수는 다음과 같은 특성을 갖는다.

① $M(0) \langle X(0) \langle H(0)$

② $M(1) \rangle X(1) \rangle H(1)$

③ $\dfrac{dM}{dk} \rangle \dfrac{dX}{dk} \rangle \dfrac{dH}{dk} \rangle 0$

①식은 자산특수성이 없는 품목에 대한 거래는 시장에 의해 관할하는 것이 가장 비용이 적음을, ②식은 자신특수성이 최대인 품목에 대한 거래는 위계에 의해 관할하는 것이 가장 비용이 적음을 각각 나타낸다. 한편 ③은 k의 전 범위에 걸쳐 $M(k)$, $X(k)$, $H(k)$가 각각 단조증가(monotonic increasing) 함수임을, 그리고 모든 k에 대하여 $M(k)$의 증가율이 가장 높고 그 다음이 $X(k)$, $H(k)$ 순임을 보여준다. 이는 어떤 관할구조를 택하든 간에 자산특수성이 큰 거래일수록 관할비용이 증가하지만, 시장이 가장 비용증가가 가파르고 그 다음이 혼합형이며 위계에 의한 관할은 비용증가가 가장 완만함을 의미한다. 이들 함수의 특성으로부터 세 함수가 〈그림 6-1〉과 같이 교차하리라는 결론을 이끌어낼 수 있다.

될 때 상실하게 되는 생산적 가치의 정도"라고 정의한 바 있다. 따라서 자산특수성은 자산이 현재 용처에서 발휘하는 생산적 가치(value current, VC)와 여타 다른 용처에 사용될 때 상실되는 생산적 가치(value lost, VL) 사이의 비율(ratio)로 정의될 수 있다. 즉, $k = \dfrac{VL}{VC}$이다. 따라서 자산특수성의 최소값은 자산이 다른 거래관계에 사용되어도 가치의 손실이 전혀 없는 상태를 말하므로(VL = 0), 0이 될 것이고, 최대값은 다른 거래관계에 사용될 때 현 생산가치의 전부를 잃어버리게 되는 상태를 말하므로(VL = VC), 1이 될 것이다.

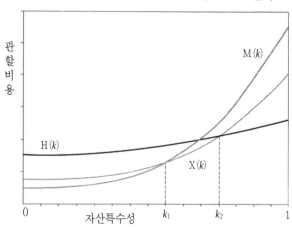

〈그림 6-1〉 관할비용 함수와 관할비용 최소화 선택

〈그림 6-1〉은 거래가 관할구조와 어떻게 짝을 지어야 관할비용이 가장 적게 발생하는지를 정확하게 보여준다. k_1보다 낮은 수준의 자산특수성을 갖는 품목에 대한 거래는 시장으로 관할하는 것이 가장 비용이 적다. 한편 k_1보다는 크고 k_2보다는 적은 자산특수성 품목은 혼합형으로 거래를 관할하는 것이 가장 비용이 적다. k_2보다 자산특수성이 더 큰 품목에 대해서는 위계에 의해 거래를 관할하는 것이 가장 비용이 적다. 이것이 바로 거래비용 경제학이 제시하는 거래와 관할구조간의 "짝짓기" 방식이다. 이 짝짓기 방식에 따를 때에 한해서, 각종 거래를 관할하는 데 소요되는 관할비용의 총합이 최소화된다. 이러한 일견 간단해 보이는 거래비용 경제학의 통찰은 사회제도의 존재와 변화에 관한 이론적 설명을 제공하는 데 풍부한 논리적 함의를 던져준다.

5. 거래비용이론의 제도 설명

관할구조를 인간의 거래행위를 관할하는 사회제도로 보고 인간의 여러 사회적 행위들을 일종의 교환 혹은 거래행위로 본다면, 관할구조와 거래 간의 논리적 관계에 관한 거래비용 경제학의 설명방식은 별다른 수정이나 변형 없이 사회제도의 존재와 변화를 설명하는 도구로 활용될 수 있다. 관할구조가 시장에서 위계로 바뀌게 되는 것은, 앞서 살펴본 거래비용 경제학의 설명논리에 따르면, 거래대상 품목의 자산특수성이 높아져서 시장에 의한 관할이 위계에 의한 관할보다 더 큰 비용을 초래하게 되었기 때문이다. 궁극적으로는 비용절감이라는 효율성에 대한 고려와 자산특수성이라는 거래품목의 기술적 특성의 변화가 시장에서 위계로의 관할구조의 변화, 즉 제도의 변화를 초래한 원인이다.

예컨대, 기업조직이라는 제도의 출현은 다음과 같이 설명된다. 개인 생산자가 다른 개인 생산자로부터 시장을 통해 원자재와 여타 필요한 투입물들을 구매하여 생산을 하는 것보다 원자재나 투입물들 중에서 자산특수성이 높은 것들은 외부의 독립적 생산자에게서 시장을 통해 구매하지 않고 그들을 종업원으로 고용하여 위계구조를 만들고 명령에 따라 생산에 임하게 하는 것이 비용이 더 적게 든다면, 그리고 비용절감적 선택을 하는 생산자들로 구성된 사회라면, 기업조직의 출현은 당연한 논리적 귀결이다. 그리고 기업조직의 범위는 해당 기업조직이 생산물을 생산하는 데 필요한 중간재 중에서 일정 수준 이상(시장보다 위계에 의해 거래하는 비용이 더 적게 들 정도의)의 자산특수성을 지닌 중간재가 몇 가지냐에 의해 결정된다. 이것이 바로 윌리엄슨이 기업의 존재와 기업의 경계(*boundaries*)를 설명하는 방식이다(Williamson, 1981a).

한편 윌리엄슨은 기업금융(*corporate finance*) 분야에서도 이러한 분석논리를 적용시켜, 기업의 대표적인 자금조달 방식의 하나인 주식발행 시장 제도를 다음과 같이 설명한다. 새로운 투자 프로젝트를 계획하고 필요한 자금을 모으려는 기업이 있다면(Williamson, 1993: 96~98), 우선 이 기업은 채권발행을 통해서 금융기관이나 투자자로부터 직접 자금을 빌리는 방식으로 자금을 조달할 수 있다. 거래비용 경제학의 용어를 빌자면, 이것은 기업이 구매자가 되어 투자 프로젝트 추진을 위한 자금을 투자자로부터 사는 것을 내용으로 하는 거래관계이며, 채권 판매를 통해 자금을 조달한다는 것은 시장 관할구조를 통해 이 거래를 관할한다는 것을 의미한다.

투자 프로젝트의 자산특수성이 약할 경우, 다시 말해 트럭, 일반기계 등과 같이 다른 용처로 쉽게 전환될 수 있는 자본에 대한 투자 프로젝트라면, 이것을 추진하는 데 소요되는 자금 역시 쉽게 회수되어 다른 곳에 사용될 수 있는 성격의 자금, 즉 관계특유성이 낮은 자금이 된다. 따라서 이런 성격의 투자자금 거래를 채권판매라는 시장형 관할구조로 관할하는 것은 그다지 위험부담이 크지 않고 따라서 큰 비용을 초래하지도 않는다. 투자 프로젝트가 실패하더라도, 트럭, 일반기계 등과 같이 자산특수성이 낮은 투자재들은 쉽게 현금화되고 따라서 투자자금을 돌려받기도 쉽기 때문이다.

그러나 투자 프로젝트가 특수기계, 까다로운 입지조건의 공장부지 등과 같이 다른 용처로 쉽게 전환되거나 현금화되기 힘든 자산에 대한 투자를 내용으로 하는 것이라면, 그것에 소요되는 자금 또한 쉽게 환수되지 않는 관계특유성이 강한 자금이 된다. 이런 성격의 투자자금 거래를 시장형(즉, 채권판매를 통한 차입금융 방식)으로 관할하게 되면, 상당한 위험이 따르게 되고 그에 따른 관할비용도 증가하게 된다. 투자프로젝트가 실패할 경우, 관계특유적 성격이 강한 투자재들은 현금화되기 어렵고 따라서 빌려준 투자자금에 대한 환수도 어려워진다. 그러나 관계특유적 성격이 강한 자금을 거래할 때, 자금을 빌려준 사람이 그 자금이 어떻게 사용되는지에 대해 영향력을 행사할 수 있는 권한을 부여받는다면, 그리고 만약 투자 프로젝트가 실패했을 경우 그러한 권한을 행사한 자신도 연대책임을 져서 투자자금의 회수를 포기하기로 한다면,

거래에 따른 위험부담과 비용발생이 크게 줄어들 것이다.

한마디로 자금을 빌려준 사람을 자금을 빌린 기업의 내부 구성원화하여 기업 위계구조에 편입시킴으로써 기업의 자금사용과 관련한 의사결정에 통제권을 행사할 수 있게 해주는(그리고 자금사용의 결과에 대해 기업 내부 구성원의 일부로서 공동의 책임을 지게 하는) 위계형 관할구조를 도입한다면, 관계-특유적 성격이 강한 투자자금의 거래에서 발생하는 위험과 비용이 크게 줄 수 있을 것이다. 바로 이 위계형 관할구조가 다름 아닌 주식발행시장 제도이다. 결국 주식발행시장 제도 역시 관계-특유적 성격이 강한 투자자금의 거래시 발생하는 위험부담과 비용증가를 완화시켜준다는 효율성 요인에 의해 설명된다.

6. 소결 : 비교제도론적 전망

이 외에도 거래비용 경제학은 수많은 제도들의 출현과 변화를 관할비용의 절감이라는 효율성 원리로부터 연역해냄으로써 제도를 이론적으로 설명하려고 애써왔다. 사실, 윌리엄슨의 거래비용 경제학에서 가장 중요한 요체는 이른바 "비교제도론적 전망"(*comparative institutional perspective*)이다(Joskow, 1993: 119). 그의 거래비용 경제학은 경제적 행위자들 간의 거래를 관장하는 데 사용되는 제도적 틀에는 여러 가지가 있을 수 있다는 것을 인정하는 데서 출발한다. 시장과 위계(혹은 조직)는 그 다양한 제도들을 대표하는 두 개의 이념형이다.

비교제도론적 전망이란 이러한 다양한 제도들 각각이 초래하는 관할비용의 상대적 크기에 대한 고려에 따라 이들 제도 중 어느 하나가 채택되고 유지되고 변화하고 폐지된다는 것을 핵심적 주장으로 담고 있다. 다시 말해 윌리엄슨의 비교제도론적 전망은 제도들이 초래하는 관할비용에 대한 비교를 통해 제도의 출현과 변화를 설명할 수 있다는 기본입장에 서 있다.

앞서 신고전주의 미시경제학의 이론화 방식에 대한 논의에서 살펴본 바와 같이, 여기서 말하는 '설명'이란 일련의 기본가정과 최초조건들로부터 피설명항인 제도를 연역해내는 것을 의미한다. 즉, 특정 제도의 출현과 변화(피설명항)는 그 제도가 관할하는 거래의 특성(거래품목의 자산특수성)과, 그 거래에 참여하는 개인의 제한적 합리성과 기회주의 성향, 그리고 비용을 극소화하고 이득을 극대화하고자 하는 경제화(*economizing*) 성향, 이 세 가지 최초조건들로부터 연역되어 나오는 논리적 결론이다. 이로써 윌리엄슨의 거래비용 경제학은 특정한 제도적 틀과 특정한 거래상의 특성을 인과적으로 연결짓는—그럼으로써 제도의 선택과 기획을 설명하고 예측할 수 있는—검증가능한 이론으로 나아가는 출발점을 제공해준다.

제7장

경제진화론

1. 서론 : 변동에 대한 새로운 사고와 접근

경제학이 변동의 테마를 다룰 수 있어야 한다는 인식은 경제학의 태동기부터 제기되어 왔다. 이러한 인식은 200년의 현대 경제학 역사 속에서 부침을 거듭하다 최근 들어 경제진화론(*evolutionary economics*)에 의해 체계적으로 논의되고 있다. 기업과 같은 경제조직이나 화폐와 같은 경제제도, 그리고 경제성장과 발전과 같은 보다 거시적인 경제변동의 현상들이 진화의 측면에서 설명될 수 있다는 주장이 설득력을 얻기 시작한 것이다.

경제학의 역사에서 진화론 시각의 등장은 어떤 의미에서 '코페르니쿠스적 전환'이라고 할 만 하다. 그것은 경제시스템을 외생적 변화에 단지 적응하기만 하는 것으로 파악하던 주류 경제학적 시각에서 벗어나 경제를 진화하는, 다시 말해 스스로의 논리에 의해 자기변환을 겪는 시스템으로 파악하기 시작한 것이다. 진화론의 입장은 경제시스템 내부에 균형을 파괴하고 교란시키는 동력이 내재되어 있다고 보는 것이다. 이를테면 현대 자본주의의 전개는 본질적으로 진화적 과정이며, 이러

174

한 진화적 과정을 가시적으로 드러내고 분석하는 것을 본연의 임무로 삼아야 한다는 주장이다. 슘페터의 표현을 빌자면, 경제진화론의 임무는 '자본주의가 어떻게 기존의 구조를 관리해 가는가'를 다루는 주류 경제학적 연구에서 벗어나 '자본주의가 어떻게 그 구조를 창조하고 파괴해 가는가'라는 보다 어려운 문제를 다루는 것이라고 할 수 있다(Andersen, 1994: ix).

오늘날 기업은 자본주의 경제의 유지와 변화를 담당하는 핵심 행위자이다. 따라서 경제진화론은 최근 들어 자본주의 경제의 핵심적 행위자인 기업에 대해서 주류 경제학의 접근과는 대조되는 독자적 이론화를 시도하고 있다. 이윤극대화와 시장균형 개념에 입각해서 기업에 접근하는 신고전경제학의 정태적(static) 기업이론 대신 경제진화론은 기업의 경제행위와 그 조직화를 진화적 과정의 일환으로 간주하는 동태적(dynamic) 기업이론을 구축하고자 하는 것이다.

경제사회학이 사회학 내의 분과학문으로서 독자적 자리를 굳혀가고 있는 지금, 진화론적 접근의 소개는 다음의 몇 가지 점에서 경제사회학의 주목을 받을 만하다. 기실 초기의 경제진화론적 관점들은 사회학의 전통적 주제들과 상당히 많은 공통점을 지니고 있다. 사회변동에 대한 관심과 환원주의에 대한 거부 등이 가장 전형적인 예가 될 수 있을 것이다. 따라서 경제진화론이 이러한 공통 관심사들을 어떻게 이론화하고 체계화하는가를 살펴보는 것은 경제사회학의 발전에 커다란 밑거름이 될 것이다. 둘째, 경제사회학 내에서도 신고전경제학에 대한 비판이 무성하게 제기되고 있는 지금의 상황에서 경제학 진영 내에서 신고전경제학의 한계를 지적하고 대안을 제시하는 이론적 조류를 찾아보는 것은 경제사회학의 비판의 무기를 더욱 날카롭게 해줄 것이다. 셋째, 변동에 대한 관심을 단순히 말과 수사(rhetoric)를 동원하여 표현하는 데 그치지 않고 컴퓨터 과학이나 인공지능이론, 체계동태론(system dynamics) 등의 분야에서 이룩해 놓은 업적들을 이용하여 모델화하고 그것을 체계적으로 검증하고자 한 현대 경제진화론의 노력은 경제사회학이 경제학에 대한 단순한 비판을 넘어서서 분석적 엄밀성을 갖춘 독자적인 이론으로 발전하는 데 중요한 초석이 될 것으로 보인다.

2. 경제진화론의 역사

오늘날의 기업진화론과 그 모체가 되는 경제진화론을 이해하기 위해서는 경제학의 역사를 되돌아보고 거기에서 변동이라는 테마에 접근하고자 시도했던 사람들의 생각을 더듬어 볼 필요가 있다. 경제변동과 동태학(*dynamics*)에 대한 관심은 멀리 애덤 스미스를 필두로 하는 고전시대로부터 현대 경제진화론의 아버지라고 할 수 있는 슘페터로 이어지는 면면한 흐름을 보이고 있다. 그 흐름의 중요한 대목에 맑스(Karl Marx), 마셜(Alfred Marshall), 오스트리아 학파의 두 핵심인물인 멩거(Carl Menger)와 하이에크(Friedrich von Hayek), 베블렌(Torstein Veblen), 슘페터(Joseph Schumpeter)가 위치하고 있음을 알 수 있다. 그러나 그 이전에 생물학과 자연과학의 울타리를 넘어 경제학을 비롯한 사회과학 분야에서도 변동과 진화에 관한 관심을 불러일으키게 만든 다윈(Charles Darwin)이라는 거목을 빠트릴 수는 없을 것이다.

1) 찰스 다윈

다윈은 생물종의 다양성을 해명하고 유기체의 기질이 시간이 지남에 따라 변화하게 되는 메커니즘을 설명하기 위해 자연선택이론을 구축했다. 자연은 특정한 유형에 따라 번식하고 발달하는 생물체로 채워져 있다. 개별 유기체의 자기증식 및 생존 능력은 스스로 먹이를 구하고 외부의 적이나 불리한 환경으로부터 자신을 보호하고 건강한 자손을 만들어내는 능력에 달려 있다. 유기체는 세대가 지날수록 기하급수적으로 늘어나며 결국 유기체들의 개별적 욕구가 환경의 부양능력에 압박을 가

176

하는 상황으로까지 이어진다. 이런 상황에 도달하면 개별 유기체들은 살아남기 위해 서로 경쟁해야만 한다. 한 종(species)의 개별 성원들이 갖고 있는 기질들(traits) 사이에는 상당한 난선적 변이가 존재한다. 종의 다른 구성원들에 비해 먹이를 구하거나 자신을 보호하거나 자손을 만들어냄에 있어 더 유리한 기질을 소유한 유기체는 그러한 기질을 갖지 못한 유기체에 비해 생존경쟁에서 살아남는 비율이 훨씬 더 크다. 이러한 유리한 기질들은 유전을 통해 자손과 다음 세대로 이전된다. 충분한 시간이 흐르면 가장 유리한 특성을 소유한 유기체들이 그렇지 못한 유기체들을 대체해버리거나 아니면 상이한 적응적 기질을 갖춘 유기체들이 균형을 이루어 공존하게 되는 경향이 나타날 것이다(Ramstad, 1994: 68~69; Hodgson, 1994: 21).

다시 말해 자연선택이라는 냉엄한 과정이 한 종의 개체군으로부터 환경의 근본적 도전을 극복하기에 가장 적합한(fit) 개별 유기체들을 골라내고, 궁극적으로는 대부분 적합성의 정도가 유사한 후손들로 이루어진 '적응된'(adapted) 종의 개체군을 만들어낸다. 환경이 중대한 변화를 보일 때면 언제든지, 한 종 내의 변이와 다양성은 자연선택의 메커니즘과 더불어 그 종을 구성하는 개별 유기체들의 기질을 환경의 변화에 의해 생겨난 '적소'(niche)가 요구하는 바에 보다 잘 부합하는 방향으로 바꾸어놓는다는 주장이다.

요컨대 다윈의 생물진화론은 다음과 같은 원칙들로 이루어져있다고 할 수 있다. 환경의 변화에 적응함으로써 진화하는 유기체가 존재한다. 이들 유기체의 개체군 내에서 기질의 변이를 야기하는 과정이 존재한다. 이 변이의 과정은 맹목적이거나 난선적일 수 있으며, 이 과정이 없이는 자연선택이 이루어질 수 없다. 각 유기체가 자신의 기질을 자손에게 이전시키는 자기증식과 유전의 메커니즘이 존재한다. 각 유기체 속에는 자기증식을 향한 맹목적(혹은 비합리적) 성향이 있어 충분한 시간이 흐르면 유사한 유기체들 가운데 생존경쟁이 불가피해진다. 유리하거나 적합한 기질을 가진 유기체가 선택되는 냉엄한 과정, 즉 자연선택의 과정이 존재한다.

2) 칼 맑스

자본주의 경제의 역동적 변화과정에 대한 과학적 법칙을 수립하고자
했다는 점에서 맑스는 경제학의 역사에서 진화론적 사고를 도입했던 중
요한 인물들 중 하나로 꼽힐 수 있을 것이다. 맑스가 다윈의 《종의 기
원》에 대해 인상적으로 생각했다는 것은 널리 알려진 바다. 그러나 계
급투쟁을 역사발전의 기본동력으로 보고 궁극적으로는 계급 없는 공산
주의 사회가 그 발전의 최종 귀착점이 된다고 본 맑스의 생각은 다양한
변이를 갖는 개체군과 거기에서의 자연선택과정을 강조하는 다윈의 진
화론적 사고와는 분명한 차이를 보인다. 전자의 변동관은 변동을 추동
하는 본질적 원인을 강조하고 그에 따라 변동의 궁극적이고 최종적인
종착역을 상정한다는 의미에서 본질주의적이고 목적론적인 데 반해,
다윈의 진화론은 무엇보다도 개체의 다양성을 중시할 뿐 진화의 최종
귀착점으로서 완벽한 사회를 상정하지 않는다. 다윈의 입장에 따른다
면 사회변동의 성격과 형태를 예측한다는 것은 불가능하다. 다윈의 진
화론에서 변화는 오직 우연한 변이에 의해 일어나는 예측 불가능한 현상
이며 미리 정해진 목적지를 향해 나아가는 단선적 과정이 결코 아니다.
결국 맑스는 변화와 역사에 대한 관심을 경제학에 도입했다는 점에
서 경제진화론의 맹아로 간주될 수 있지만, 맑스의 이러한 관심은 당시
지성계를 풍미했고 맑스 자신도 그 영향에 젖어 있었던 뉴턴 역학적 세
계관과 양립 불가능한 것이었다. 결국 맑스의 기본적인 문제는 그 자신
진화적 요소의 중요성을 인정했으면서도 실제 분석에 있어서는 뉴턴 물
리학의 원리에 호소했다는 점이다. 뉴턴의 우주론과 일맥상통하게, 맑
스는 사회가 변화를 거듭하다가 계급갈등이 없는 공산주의 사회형태에
서 균형에 도달할 것이라고 본 것이다(Hodgson, 1994: 11~13).

3) 알프레드 마셜

마셜이 자신의 저작에서 생물학적 유추를 반복적으로 사용했음은 널리 알려진 바다. 마셜은 시간, 불가역성, 점진적이고 지속적인 변화 등의 중요성을 처음으로 시사함으로써 물리학적·역학적 접근방식이 주를 이루던 경제학계에 생물학적 접근방식의 도입을 시사한 최초의 인물이었다. 마셜은 "경제학자들의 메카는 역학이 아니라 생물학"이라면서 고전역학적 추론의 한계를 직시하고 생물학적 유추를 자주 동원하여 경제진화에 대한 자신의 생각을 표현하려 하였다(Hodgson, 1994: 14). 특히 1890년 이후부터는 균형 개념에 입각한 정태학(statics)에 대한 실망을 더욱 더 노골적으로 표현했다. 또한 그는 주로 균형과 정태분석을 다루고 있는 《경제학 원리》(Principles of Economics) 이외에, 동태분석과 시간의 요소를 다루기 위한 또 다른 저작을 계획한 바 있다. 이 저작에서 그는 물리학보다는 생물학에서 보다 많은 통찰들을 빌어와 불가역적 변화와 유기체적 발전과정을 다루고자 했을 것이다.

그러나 그 당시로서는 생물학의 발달이 미미한 단계에 머물러 있었으며 진화 메커니즘도 충분히 이해되지 않은 채 남아 있었다. 이러한 이유 때문에 그는 신고전경제학의 균형이론적 전통 속에 머물러 있었으며, 생물학적 단상들을 체계적으로 자신의 경제학이론에 통합시키지 못했다(Langlois and Everett, 1994: 16; Hodgson, 1994: 14~15). 사실 마셜의 진화론적 통찰들은 후대에 이르러 경제동태론에 대한 학제간 연구를 촉발시키지 못하고 사장되고 만다. 피구(A. C. Pigou)를 비롯한 마셜 계승자들은 스승의 생물학적·진화론적 통찰들을 무시하고 그의 역학적 이론화만을 발전시켜 그를 신고전주의 경제학의 아버지로 만들어버렸다. 결국 마셜이 죽은 해인 1924년 이후로 경제학과 생물학과의 대화는 거의 중단되기에 이른다(Hodgson, 1994: 19).

4) 오스트리아 학파와 베블렌

　진화론에 대한 경제학 내에서의 관심이 다시 고개를 들기 시작한 것
은 미국 제도주의의 창시자 격인 베블렌과 오스트리아 학파에 의해서였
다. 우선 오스트리아 학파는 조화롭고 기능적인 사회제도들은 인간의
디자인에 의해서가 아니라 역사적 발전의 의도되지 않은 결과로 생긴
자연적 산물이라고 주장한다(Langlois and Everett, 1994: 14). 멩거는
인간(혹은 지배자)의 의도적 계획에 의해 생겨나는 제도를 실용적 제도
(*pragmatic institutions*)로, 그 누구의 의도에 의해서가 아니라 사람들 간
의 상호작용의 결과로 스스로 생겨난 제도를 유기적 제도(*organic insti-
tutions*)로 각각 구분하고, 중대한 대부분의 사회경제 제도들(국가, 화
폐, 시장, 언어, 법 등)은 대부분 사람들 간의 상호작용의 결과로 자생
적으로 생겨난 유기적 제도들이라고 주장한다. 멩거는 사회제도에 대
한 실용적 접근방식(즉, 제도의 디자이너를 상정하는 것)은 몰역사적인
것이라고 비판하면서, 자연사가가 자연이 남긴 기록을 검토해야 하는
것과 마찬가지로 사회현상을 탐구하는 사회이론가는 사회가 남긴 기록
인 역사에 주목해야 한다고 주장했다(Langlois and Everett, 1994: 15).
　한편 하이에크는 문화진화론(*theory of cultural evolution*)을 편다. 그는
주류 경제학이 보편적이고 영구불변하는 공준으로 간주하는 이성이나
합리성도 실은 인간 진화과정의 산물이라고 보면서 데카르트식 선험적
합리주의를 배격한다. 복잡한 체제, 규칙, 일상적 관례, 기술 등은 살아
남기 위해 경쟁하는 개인들 간의 상호작용으로부터 자연적 진화의 과정
을 통해 생겨난 것들임을 그는 강조한다. 그에 따르면 이런 진화적 과정
을 무시하고 인간이 주변의 세계를 자신의 의도대로 변화시킬 수 있다고
주장하는 것은 '치명적 오만'(*fatal conceit*)일 뿐이라는 것이다(Langlois
and Everett, 1994: 15).
　한편 베블렌은 "왜 경제학은 진화과학이 아닌가?"(Why is economics
not an evolutionary science?)라는 저작에서 경제현상에 대한 이해를 위

해 생물학적 통찰을 적극적으로 빌어올 것을 촉구한다. 마셜처럼 그도 경제학을 위한 이상적 메타포는 물리학이 아니라 생물학에서 발견된다고 주장한다. 그러나 그는 마셜과는 달리 동태학의 전주곡으로 정태학과 균형이론이 먼저 확립되어야 한다고 생각하지는 않았다. 그는 자신의 경제학을 '후기 다윈주의'(post-Darwinism)라고 규정하면서 경제학은 당시의 주류 신고전경제학이 그랬듯이 물리학의 정태적 균형 개념을 빌어올 것이 아니라 진화와 변동이라는 메타포를 적극적으로 수용해야 한다고 주장했다(Hodgson, 1994: 20). 따라서 그는 인간의 극대화 추구 본성이나 선호서열, 테크놀로지 등은 결코 안정되게 주어진 것이 아니라 그 자체 진화과정의 일부로서 누적적 변화를 겪는 것이라고 주장한다. 그리고 그에게 있어 경제학의 핵심적인 질문은 어떻게 경제가 "정태적 균형상태로 안정화되느냐"가 아니라 어떻게 경제가 끊임없이 "성장하고 변화하느냐"였다(Hodgson, 1994: 25).

한편 베블렌은 생물진화에서 유전자가 수행하는 역할을 사회경제적 진화에서는 제도(institutions)가 수행한다고 보았다. 그에게서 제도란 여러 사람들이 공통으로 가지고 있는 굳어진 습관(settled habits)이다. 사회경제적 진화는 이들 제도에 작용하는 선택과정이며 그 결과 환경에 가장 잘 적응한 제도가 살아남아 개인들의 유형화된 행동을 후대로 전수하게 된다. 이처럼 베블렌은 순수 호기심을 인간사회의 변이의 원천으로, 제도를 인간사회의 유전자로 파악함으로써, 생물학과의 유비를 통해 경제진화의 과정을 해명하려 하였다. 그러나 당시의 생물학의 미숙한 발달로 인해, 그리고 부분적으로는 베블렌 자신의 독특한 문체 때문에, 그의 이러한 학문적 노력은 체계화되거나 형식화되지 못하고 비유와 암시와 통찰로 머물러 있을 수밖에 없었다(Hodgson, 1994: 21).

5) 조지프 슘페터

경제학의 역사에서 앞서 살펴보았던 초기의 진화론적 단상들이 오늘날에 이르러 정교한 진화모델로 세련화되는 과정에서 핵심적 가교 역할을 한 사람은 바로 슘페터였다. 그의 이름이 경제진화론과 거의 동의어로 취급될 정도로 슘페터는 현대 경제진화론의 대부이자 선구자로 간주되는 인물이다. "우리가 자본주의를 다루는 것은 곧 진화적 과정을 다루는 것이다"라고 말할 정도로 슘페터의 진화론적 메타포의 수용은 상당한 영향력을 지니고 있다.

슘페터의 출발점은 신고전주의 미시경제학에 대한 방법론적 분석이었다. 이를 통해 그는 신고전주의 미시경제학이 철두철미하게 비진화적 성격을 갖고 있다는 것을 간파하고 이를 보완할 수 있는 진화론적 연구 프로그램을 제안한다(Andersen, 1994: 6). 그는 왈라스(Leon Walras)의 일반균형이론에 대한 논평에서, 일반균형이론이 시사하고 있는 핵심적 명제는 기업가의 이윤이 오직 정태적 균형의 요건이 만족되지 않는 상태에서만 발생한다는 것, 즉 완전경쟁과 균형 조건하에서는 기업가의 이윤이 영이라는 것이라고 주장한다. 따라서 마셜과 마찬가지로 슘페터에서도 경제 동태학의 출발점은 균형에 대한 정태학이었다고 할 수 있다. 그러나 그는 균형상태를 가정함으로써 분석을 시작하지만 이 균형이 불안정해지는 방식과 조건에 대한 분석에 더 많은 시간을 할애한다(Hodgson, 1994: 30). 무이윤의 균형상태가 교란되고 이윤에 의해 경제발전과 성장이 추동되는 것은 바로 기업가(entrepreneur)의 혁신에 의해서이다. 슘페터의 경제발전 이론은 기업가들에 의해 야기된 변이가 사회제도간의 자연선택이 일어나게 만드는 필수적 동인이라는 생각에 크게 의존하고 있다(Langlois and Everett, 1994: 17).

생물학자들이 진화적 진보(evolutionary progress, 생물종이 새로운 환경에 적응해가는 것)라고 기술했던 것을 슘페터는 '창조적 파괴의 과정'으로 이해했다. 생물학자들의 '적응'(adaptation) 개념은 외부 세계가 유기체에게 해결해야만 할 어떤 문제를 부여한다는 것과 자연선택에 의한 진화가 그 문제를 해결하는 과정이라는 것을 의미한다. 슘페터의 이론 체계에서는 '역동적 유연성'(dynamic flexibility), 다시 말해 새로운 상황에 신속히 적응할 수 있는 기업의 능력이 생물학에서의 적응 개념과 다소 유사한 역할을 담당한다(Ramstad, 1994: 82). 이처럼 왈라스의 일반 균형 체계를 출발점으로 하여 동태적 진화와 발전으로 관심을 옮겨감으로써 왈라스의 정태적 체계에 동태적 측면을 통합시키려고 한 것이 슘페터의 이론적 공헌이라고 할 수 있다(Hodgson, 1994: 31~32).

그러나 슘페터의 이러한 공헌에도 불구하고 경제진화론의 역사에서 슘페터의 역할은 이중적 성격을 갖는다. 주지하다시피 그는 경제진화를 자신의 저술의 핵심 테마로 채택하여 경제진화론의 서장을 열어 젖혔다고 할 수 있다. 그런 반면 그는 수학적 형식화를 경제학이론 구축의 유일한 방법으로 신봉하고 일반균형이론을 그 같은 이론화의 백미로 칭송했기 때문에, 자신의 진화론적 테마를 모델화할 방법을 찾지 못하고 결국은 수사적 은유들로 자신의 생각을 표현하는 데 그치고 만다. 당시로서는 동태적 과정을 모델화할 수학적 도구들이 발달해있지 못한 상태였으며, 슘페터 자신의 수학적 훈련도 괄목할 만한 것이 못되었던 나머지, 슘페터의 진화론적 테마는 엄밀한 체계적 형식화를 거치지 못한 채 당시와 후대의 경제학자들의 홀대를 받게 된다. 결국 슘페터의 이론은 정태론과 동태론을 결합시키려는 독창적이면서도 성공적이지 못했던 시도였다고 할 수 있다(Hodgson, 1994: 29). 진화론적 사고가 세련된 분석도구에 의해 형식적으로 모델화되기까지는 좀더 많은 시간이 필요했던 것이다.

슘페터 이후 그의 진화론적 사고를 계승하여, 컴퓨터 프로그래밍, 인공지능 이론, 체계동태론 등에서의 최신 연구업적을 이용함으로써 진화 메커니즘을 수학적 모델로 형식화하려는 노력들이 쏟아져 나오게 된다(Andersen, 1994: ch. 1; Hodgson, 1994: 34). 그 중에서도 넬슨과 윈터의 업적(Nelson and Winter, 1982)은 경제진화론을 형식 모델링의

측면에서 주류 경제학에 필적할 만한 탄탄한 반석 위에 올려놓았다고
할 수 있다.

3. 경제진화론의 구조

1) 인식론적 기본입장

경제진화론이 생물진화론으로부터 전수 받은 인식론적 교훈은 경험
적 현상이란 단순히 몇 개의 본질적 원인들이 초래한 직접적 결과로 간
주될 수 있는 성질의 것이 아니라는 것이다. 신고전경제학은 모든 경제
현상을 몇몇 본질들, 이를테면 주관적 선호, 테크놀로지, 보유 생산요
소의 직접적 결과로 보려는 이론화 경향을 드러내고 있다. 그러나 경제
진화론의 인식론은 이러한 본질주의적, 환원적, 인과관계 설정을 거부
한다.

경제진화론은 경제현상을 경제적, 정치적, 문화적, 자연적 과정들간
의 복잡하고 상호모순적인 상호작용의 의한 중층결정(*overdetermination*)
으로 파악한다(England, 1994b: 7). 이것이 경제진화론이 견지하는 인
식론의 기본입장이다. 중층결정은 오랫동안 철학사를 지배해오던 본질
주의적 인과론에 대한 반발로 제기된 것으로 인과관계에 대한 새로운
개념화이다. 중층결정 인과론은 한마디로 말해 단일한 진리를 거부하
고 진리가 여럿일 수 있음을 인정하는, 하나의 결정인자 대신 무수히
많은 결정인자들에 주목하는, 확실성을 거부하고 불확실성을 인정하
는, 필연성을 거부하고 상황의존성(*contingency*)을 인정하는, 질서를 거
부하고 무질서와 혼동을 인정하는, 균형을 거부하고 불균형과 변화를
인정하는 인식론적 발상전환이다. 따라서 중층결정에 입각한 사고는,
만물은 여타 모든 만물들로부터 비롯되는 끝없이 다양한 영향들에 의해
구성되는 복잡한 실체들로서 끝없이 다양한 방식과 방향으로 부동(浮

動) 하면서 끝없이 변화한다고 본다. 따라서 중층결정에 입각한 연구는 모든 삼라만상이 변화 속에 존재한다고 보고, '과정'을 분석의 대상으로 삼는다(Resnick and Wolff, 1994: 39~40). 무릇 어떤 실체라는 것은 여타의 모든 실체들로부터 유발되는 다양한 효과들의 복합적 결과로서 이해되어야 한다는 인과관계에 대한 새로운 개념화이다.

이러한 중층결정적 인과론에 입각해서 예컨대 개별 소비자의 경우, 개별 소비자는 자신의 소득과 선호에 입각해서 효용극대화를 추구하는 단순한 존재가 아니라, 자신의 환경을 구성하고 있는 무수한 여타 사람들과 대상물들에 의해 주어지는 질적으로 상이한 영향들이 복합적으로 작용하는 장이 된다. 이러한 복합적 효과들에 의해 개별 소비자는 독특하고 유일무이하고 복잡한 실체가 되며, 그만의 독특한 자연적·사회적 행동방식, 즉 그만의 진화경로가 생겨난다.

이러한 중층결정적 사고로 경제현상을 바라볼 때, 경제현상의 이론화는 더 이상 복잡한 것의 단순한 것으로의 환원이 아니라 진화의 복잡한 과정을 있는 그대로 파악하는 것이다. 즉, 개인과 집단과 구조와 제도를 발생시키기도 하고 그것들에 의해 발생되기도 하는 사회적 과정들 간의 끊임없는 모순과 변화의 상호작용 과정으로 진화를 이해하는 것이다(Resnick and Wolff, 1994: 55).

2) 방법론적 기본입장

경제진화론의 또 다른 핵심은 설명과 예측을 목표로 하지 않고 진화의 실제적 메커니즘을 밝히는 것을 이론의 목표로 한다는 것이다. 진화란 본디 불가역적이고 비반복적인 변화를 말하는 것인데, 전통적인 과학관은 규칙성, 반복성 등을 중시한다. 그것은 경제진화론이 예측과 설명을 목표로 하는 주류 경제학과는 달리 경제시스템이 진화해 나가는 실제 과정, 즉 진화의 메커니즘을 밝히는 것을 목표로 하고 있기 때문이다(Andersen, 1994: 14).

경제진화론은 신고전주의 주류 경제학의 방법론적 입장을 다음과 같이 비판한다. 주류 경제학의 이론구축 전략은 ① 복잡한 경제현상을 어떤 단순화된 이론적 모델로 표현하고, ② 균형상태에 대한 가정과 극대화행동 가정을 이용하여 예측을 연역해내고, ③ 그 경험적 정확성을 검증하는 순서로 되어 있다. 혹자는 이러한 방법론적 기본입장을 "신고전경제학적 실증주의"(neoclassical brand of positivism) 라 명명한다(England, 1994b: 4). 주류 경제학은 앞서 살펴본 중층결정적 사고와는 반대로 이론적 모델을 구축하여 복잡한 경제현상을 몇 가지 단순한 결정인자들(예컨대 극대화행동 가정)로부터 연역해내고, 그 모델의 예측이 경험적 현실과 부합하는가를 세련화된 통계기법을 통해 검증하는 것을 방법론적 전략으로 채택하고 있는 것이다. 이는 결국 복잡성을 단순성으로 환원하는 이론화 전략에 다름 아니다(Resnick and Wolff, 1994: 48~49).

경제진화론의 비판의 요지는 이러한 신고전경제학적 실증주의를 경제학 방법론으로 고수하는 것이, 비록 불가능하지는 않더라도, 극히 어렵다는 것이다. 예기치 못했던 새로운 사건들이 반복적으로 발생하여 경제시스템의 행태에 변화를 야기하며, 그로 인해 경제학적 예측이 번번이 빗나가기 때문이다. 이런 상황에서 신고전경제학적 실증주의를 고수하여 예측을 경제이론의 궁극적 목표로 계속해서 떠받든다면 역사적·경험적 반대증거들을 무시하거나 부인하는 수밖에 없다. 또 다른 길은, 찰스 다윈이 그랬던 것처럼, 역사를 직시하고 역사 속에서는 복잡한 사건들이 오직 일회적으로만 일어나 현격한 변화를 일으키고는 사라져 버리는 일이 비일비재하다는 사실을 인정하는 것이다. 그러기 위해서는 신고전주의 주류 경제학의 보편적 공준에 입각한 균형 방법론을 버리고 예측을 과학적 이론의 유일한 목표라고 보는 관점을 포기해야 한다. 대신 경제진화론은 역사에 남겨진 기록들을 면밀히 검토하여 일정한 변화의 유형을 발견하는 노력을 중시한다(England, 1994b: 5).

3) 연구 대상 : 진화적 변동

그렇다면 경제진화론자들이 주목하고자 하는 연구대상인 경제의 진화적 변동(*evolutionary change*)이란 정확히 어떤 변화를 말하는가의 질문을 던지지 않을 수 없다. 연구자들마다 약간씩의 차이가 있지만 대체로 다음과 같은 특징을 갖는 변동이 진화적 변동으로 간주된다(Radzicki and Sterman, 1994: 62~64). 첫째, 주어진 시스템 내부의 변화가 아니라 시스템 자체의 구조변화를 일컫는다. 시스템의 균형상태가 이미 상정된 가운데 외생변수들 중 하나의 변화가 시스템을 구성하는 내생변수들을 통해 시스템의 기존 균형상태에 어떤 변화를 초래할 것인가 라는 문제는 전자에 해당하고 시스템 자체의 구조가 어떤 메커니즘에 의해 다른 형태의 시스템 구조로 바뀌게 되는가 라는 것이 후자에 해당한다. 예컨대 자본주의라는 경제시스템을 다룬다고 할 때, 앞서 인용한 슘페터의 표현을 한번 더 빌자면, "자본주의가 어떻게 기존의 구조를 관리해 가는가"라는 것은 비진화적 경제변동에 해당하는 문제이고 "자본주의가 어떻게 그 구조를 창조하고 파괴해 가는가"라는 보다 어려운 문제는 진화적 경제변동의 문제에 해당한다고 할 수 있을 것이다(Andersen, 1994: ix).

둘째, 진화적 변동이란 시간 불가역성(*time irreversibility*)을 내포한다. 시간 불가역성이란 시간적 순서를 뒤집는 것이 불가능하다는, 다시 말해 일어난 사건들의 시간적 순서를 뒤바꾸는 것이 불가능하다는 것을 나타내는 개념이다. 우리가 현실에서 경험하는 시간은 불가역적인 시간이다. 그 누구도 한 번 일어난 사건의 시간적 경로를 뒤집어서 그 사건이 일어나지 않은 상태로 되돌릴 수 없다. 그러나 현대 주류 경제학의 성장모델들은 대부분 이러한 시간 개념을 포괄하고 있지 못하다. 왜냐하면 이 모델들의 시간경로는 모델의 파라미터(*parameter*)들의 부호를 바꿈으로써 쉽게 역전될 수 있기 때문이다. 결국 주류 경제학의 변동모델들은 실제 시간이 아니라 논리적 공간에서 상정되는 가상의 시간

개념에 의존하고 있는 것이다. 진화적 변동이란 이러한 '논리적 시간'
(*logical time*) 대신 일회적이고 불가역적인 '역사적 시간'(*historical time*)
속에서 일어나는 변화를 일컫는다. 결국 경제진화론이란 논리적 시간
이 아니라 역사적 시간에 대한 고려를 경제학이론 속에 포함시키려는
노력이라고 할 수 있다(England, 1994b: 3).

진화적 변동의 세 번째 특징은 변화의 방향성과 관련된 것이다. 이와
관련해 가장 먼저 지적되어야 할 것은, 진화적 변동은 최종적이고 궁극
적인 최적의 상태를 향한 변화가 결코 아니라는 점이다(England, 1994b:
5~6). 진화적 변동에는 종착점이 없다는 것이다.

4) 생물진화론과 개체군 사고

우선 경제진화론 분석논리의 핵심은 '개체군 사고'(*population thinking*)
에 있다. 이 사고방식은 유형론적 사고(*typological thinking*) 혹은 이른바
유형론적 본질주의(*typological essentialism*)와 대조를 이룬다(Andersen,
1994: 10; Hodgson, 1994: 16). 유형론적 사고는 기본적 유형과 그 구
체적 사례들 간의 차이를 피상적인 것으로 간주하여 무시한다. 플라톤
의 이데아론처럼, 유형론적 사고는 실체가 그것이 지니는 몇 가지 본질
적 특징의 측면에서 파악가능하다고 간주하며, 따라서 이념형에서 벗어
난 여러 변이들은 우연적 변종들이라고 무시된다. 그러나 개체군 사고
는 이와 다르다.

개체군 사고에서 무엇보다도 중시되는 것은 변이(*variation*)와 다양성
(*diversity*)이다. '전형적'(*typical*) 개체란 존재하지 않는다. 전체 개체군
은 언제나 어떤 특징의 분포(*distribution*)의 측면에서 기술된다. 그리고
이러한 개체군 수준의 특징들의 상호관계와 그 변화과정을 포착하려는
것이 개체군 사고의 핵심이다. 변이는 유형론적 사고에서는 범주화를
곤란하게 만드는 불청객이었지만 개체군 사고에서는 지대한 관심의 대
상이 된다. 그 이유는 진화를 진행시키는 원동력이 바로 시스템 내부의

188

다양성이기 때문이다. 전체 개체군의 '전형적' 특징들은 단지 추상화의 결과일 뿐이고, 실제로 더욱 중시되는 것은 개체군 내 개체들 간의 변이이다. 논리적 명료함이나 단순화를 위해서 이 변이를 무시하다 보면 경험적으로 관찰 가능한 점진적 진화를 다룰 수 없게 된다.

한편 경제진화론의 분석논리를 특징짓는 또 하나의 축은 생물학과의 유비이다. 경제학이 생물학에서 영감을 받아야 한다는 지적은 앞서 살펴본 바와 같이 오래전부터 지금까지 지속적으로 있었다. 특히 현대 경제진화론은 단순한 유비의 수준을 넘어서서 생물진화론의 모델들을 보다 적극적으로 활용하여 경제현상을 해명하고자 노력하기 시작했다. 생물진화론은 개별 유기체들 간의 변이를 초래하는 메커니즘이 무엇인지, 그 변이를 자손에게 이전시키는 유전 메커니즘이 무엇인지, 각 유기체들 간의 생존경쟁이 유발되는 메커니즘이 무엇인지, 특정 기질을 갖춘 유기체는 살아남게 만들고 다른 기질의 유기체는 도태시키는 선택의 메커니즘이 무엇인지를 해명함으로써 생물종의 다양성과 진화를 파악하고자 한다.

이와 마찬가지로 경제진화론도 경제현상의 다양성과 변화방향을 파악하기 위해 경제영역에서의 변이 초래 메커니즘, 경제영역에서의 유전 메커니즘, 경제영역에서의 생존경쟁 유발 메커니즘, 경제영역에서의 자연선택 메커니즘을 각각 밝혀내고자 한다(Hutter, 1994; Ramstad, 1994: 75~77). 이전의 신고전주의 주류 경제학이 경제의 균형을 해명하기 위해 고전 물리학이나 뉴턴 역학에서 분석논리를 차용해 왔다면, 현대 경제진화론은 경제의 변동과 발전을 해명하기 위해 생물진화론에서 분석논리를 차용하고있는 것이다.

5) 제한적 합리성 가정

모집단적 사고와 생물진화론과의 유비를 분석논리로 채택하는 경제진화론은 경제행위자를 보는 시각에서부터 주류 경제학과 차별성을 보인다. 모든 경제행위자들이 완벽한 정보를 갖추고 합리적으로 행위한다고 가정하는 것은 이들이 모두 동질적인 하나의 '유형'을 나타낸다고 보는 것과 마찬가지이며, 여기에는 진화가 끼어들 여지가 없다. 그러나 경제행위자들의 행동특성이 저마다 각양각색이라고 본다면, 즉 이들의 행동특성의 변이를 인정하고 나면, 진화적 과정을 고려할 여지가 열리게 되는 것이다(Andersen, 1994: 10). 이는 자연스럽게 경제진화론의 기본가정인 제한적 합리성(bounded rationality) 가정과 연결된다. 행위자들의 행동특성에 변이가 존재하는 것은 이들의 의사결정과정이 행위자 각각의 능력상의 제약이나 정보의 불완전성 때문에 각양각색의 결과를 낳기 때문이다. 이는 신고전경제학과는 달리 경제진화론은 경제행위자가 제한적으로만 합리적(boundedly rational)이라는 가정을 채택하고 있다는 말이다.

제한적 합리성 개념은 사이먼(Herbert Simon)에 의해 처음 정식화되어, 극대화 명제를 핵으로 하는 기존의 신고전경제학적 합리성 개념을 대체할 보다 더 현실적인 경제행위 모델을 구축하기 위한 발판으로 자리잡고 있다. 제한적 합리성이란 체계 구성단위들이 각 의사결정 시점마다 모든 정보들을 완벽히 처리하여 최적의 의사결정을 내리는 것이 아니라 가용한 정보의 테두리 내에서 타당하다고 판단되는 정보들을 실마리로 이용하여 국소적으로만 최적인(locally optimal) 의사결정을 내린다는 것을 일컫는 개념이다(Andersen, 1994). 그것은 바로 현실의 경제행위자는 신고전경제학에서 상정하는 것과는 달리 인지능력과 정보처리 능력이 제한되어 있고 입수할 수 있는 정보의 양과 질도 극히 제한되어있기 때문이다(Simon, 1978). 따라서 이러한 행위자는 의사결정을 할 때 자신이 추구하는 바를 극대화시켜줄 대안을 완벽한 계산에 입각하여 선택하는 것이 아니라 대강의 규칙(rule of thumb)을 이용하는 습관적이고 상투적인 선택을 한다(Hodgson, 1988: 84).

경제진화론의 제한적 합리성 가정은 휴리스틱(heuristic) 개념이나 숙련(skill) 개념을 통해서도 파악될 수 있다. 휴리스틱 개념은 어떤 복잡한 문제에 대해 포괄적으로 최적인 해결책을 찾는 것이 불가능한 상황에서 포괄적으로 최적이지는 않더라도 '만족할 만큼만' 최적인, 다시 말해 국소적으로 최적인 해결책을 찾기 위해 편리하게 사용되는 고정된 규칙을 일컫는 개념이다(Andersen, 1994: 97).

한편 숙련 개념도 이와 유사한 것으로서, 경제진화론에서 숙련이란 행위자가 주어진 맥락 속에서 일련의 행위들을 원활하고 조화롭게 수행하여 목적에 부합하는 효과적 결과를 낳게 만들 수 있는 능력을 의미한다(Nelson and Winter, 1982: ch. 4). 숙련은 다음과 같은 공통적 속성을 지닌다. 첫째, 숙련은 컴퓨터 프로그램의 흐름도처럼 단계적이다. 즉, 각각의 숙련단계는 전 단계의 완결에 의해 촉발되고 다음 단계의 숙련을 유발하는 원인이 된다. 둘째, 숙련의 배후에 있는 지식은 숙련을 발휘하는 당사자가 자신의 숙련 행위의 상세한 부분에 대해 의식하지 못하고 그것을 정확하게 설명할 수 없다는 점에서 암묵적(*tacit*)이다. 셋째, 숙련은 수많은 일련의 선택행위들을 수반하지만, 이때의 선택은 대부분 무의식적이고 기계적으로 이루어진다.

신고전경제학의 극대화행동 가정이 숙고되고 계산된 선택을 상정하는 것과는 달리 휴리스틱과 숙련 개념에 입각한 경제진화론의 제한적 합리성 가정은 이처럼 과거의 경험에 의존한 계산되지 않은 규칙-준수 행위를 상정한다. 따라서 경제진화론이 개별 행위자에 대한 모델에서 하고자 하는 바는 극대화행동 가정으로부터 논리적 연산을 통해 행위자의 의사결정 결과를 연역해내는 것이 아니라, 행위자의 특정한 숙련이나 휴리스틱이 학습되는 과정, 새로운 숙련과 휴리스틱이 생겨나고 소멸해가는 과정에 초점을 맞추는 것이다.

6) 형식 모델의 구축

진화론적 사고를 경제학에 도입해야 한다는 학자들의 주장이 최근까지 체계화되지 못하고 주변의 경제학자들을 설득시키지 못했던 것은 부분적으로 진화적 과정을 형식 모델화할 분석도구가 부재했기 때문이라고 할 수 있다(Andersen, 1994). 현대 경제학은 계량적·수학적 테크닉들을 숭상하고 있다. 그러나 현대 경제학이 경제변동을 모델화하기 위해 금과옥조처럼 사용하는 테크닉인 미분방정식과 동태적 최적화(*dynamic optimization*) 기법들은 진화적 과정을 모델화하기에는 적합하지 못하다. 더구나 초기의 경제진화론자들은 당시의 수학적 도구들이 진화과정을 나타내기에는 불충분했기 때문에, 혹은 그들 자신의 수학적 훈련이 미흡했기 때문에, 진화과정을 수학적으로 모델화하는 데 회의적인 입장을 가지고 있었다(Radzicki and Sterman, 1994: 62).

따라서 경제학자들은 경제진화의 복잡한 과정을 분석대상에서 제외시키고 형식적·수학적 엄밀성을 고집하든지, 아니면 엄밀성을 포기하고 복잡한 진화과정을 말과 수사로써 현실 그대로 묘사하는 데 충실하든지, 둘 중 하나를 선택할 수밖에 없었다. 그러나 최근 들어 복잡성 체계의 진화적 변화과정을 모델화할 수 있는 테크닉들이 개발되기 시작했다. 체계동태 모델(*system dynamics model*)과 컴퓨터 시뮬레이션을 통해 이제는 전화적 과정을 보다 충실히 나타내는 형식 모델을 구축하고 그것의 진화경로를 가상공간에 재생시킴으로써 실제 경제현상의 진화 메커니즘을 밝힐 수 있게 된 것이다(England, 1994b: 5).

진화모델의 첫 번째 특징은 피드백(*feedback*) 개념이다. 피드백이란, 체계의 구성단위가 내린 의사결정이 역으로 그 체계의 상태를 변화시키고 그럼으로써 다음 의사결정에 영향을 미칠 새로운 정보를 발생시키게 될 때, 존재한다고 할 수 있다. 체계의 역동성은 그 체계의 피드백 구조에 의해, 즉 여러 피드백 루프들의 상호작용을 통해 발생한다. 경제진화론에서 채용하는 모델들은 한 체계를 구성하는 여러 피드백 루프들의 상호작용을 명료화하고 구조화하는 것을 핵심 내용으로 한다(Radzicki and Sterman, 1994: 67).

다음으로 진화모델은 시스템의 균형을 상정하지 않는다. 진화모델은 경제시스템이 언제나 균형에 이른다는 것을, 혹은 단 한번이라도 균형에 이를 수 있다는 것을 가정하지 않는다. 그리고 하나의 균형점에서 다른 하나의 균형점으로의 이행이 쉽고 원활하게 이루어진다는 것도 가정하지 않는다. 체계의 역동성을 모델화하려면 체계의 안정성이 가정되어서는 안 된다. 오히려 체계의 안정성, 적응경로, 충격에 대한 반응, 균형의 성격 등은 체계의 피드백 구조에 대한 가정들에 입각하여 설명되어야 할 피설명항들이다. 다시 말해 체계 구성단위들의 의사결정 과정과 체계를 구성하는 피드백 루프들을 밝히는 모델에 의해 체계의 균형 여부 및 그 변화의 향배가 설명되어야 한다는 것이다. 이처럼 진화모델의 두 번째 특징은 그것이 불균형 모델(*disequilibrium models*) 이라는 데 있다(Radzicki and Sterman, 1994: 70).

진화모델의 세 번째 특징은 전통모델과는 다른 합리성 개념에 입각해 있다는 것이다. 바로 앞서 살펴본 제한적 합리성 개념이 그것이다. 사이먼을 비롯한 다수의 연구자들이 내놓은 제한적 합리성 이론과 수학적 모델들은 진화모델의 구축과 테스트에 없어서는 안 될 구성요소이다. 제한적 합리성 가정에 입각한 모델을 구축함에 있어, 사이먼 자신을 비롯한 여러 현대 경제진화론자들은 인공지능(*artificial intelligence*) 이론 분야의 성과물들을 활용하고 있다. 인공지능 이론이란 포괄적으로 최적인 해결책을 찾는 것이 불가능한 복잡한 문제상황을 다루는 이론이다. 즉 인공지능 이론이란, 포괄적으로 최적인 해결책을 찾는 것이 불가능한 상황에서 통찰력이나 직관, 학습 등을 통해 문제를 해결하는 것이 인간의 지능이듯이, 컴퓨터 프로그래밍을 통해 이와 동일한 인지적 과정을 시뮬레이트(*simulate*)해서 실제 상황에서의 인간의 판단과 그에 입각한 행동을 그대로 재현해내는 것을 목적으로 하는 이론을 말한다.

경제진화론이 인공지능 이론의 도움을 받아 제시하는 제한적 합리성 모델은 다음과 같다. 우선 인간은 의사결정을 할 때 완벽한 예견 능력이 아니라 과거의 기억에 의존한다. 둘째, 인간은 의사결정의 배경이 되는 실재(*reality*)의 상당한 부분을 '주어진'(*given*) 것으로 간주하고 자신의 의사결정의 기초로 받아들인다. 셋째, 선택의 결과가 불만족스러

운 것이 되었을 때에야 비로소 의사결정 당사자는 이 '주어진' 것을 의
문시하고 다른 대안을 찾는다.

4. 기업진화론

기업진화론은 경제진화론의 핵심 명제들에 입각하여 기업을 바라보
려는 시도다. 기업진화론은 기업을 진화의 당사자로 보고, 개별 기업들
간의 변이가 존재하는 이유는 무엇이며, 개별 기업들이 생존경쟁에 직
면할 정도로까지 자기증식을 거듭하도록 만드는 기제는 무엇이며, 환
경에 적합한 성질이란 어떤 것이며, 그러한 성질을 가진 기업이 선택되
도록 만드는 메커니즘은 무엇이며, 선택된 기업의 성질은 어떻게 하여
후대에 유전되는가 등의 질문들에 대답을 구하려 한다.

1) 신고전경제학의 기업이론과 경제진화론의 기업이론

신고전경제학의 기업이론(theory of the firm)을 지탱하는 두 기둥은 이
윤극대화 가정과 균형 개념이다. 간단히 말하자면 이윤극대화 가정은
개별 기업의 생산량 결정을 미분을 통해 연역해낼 수 있게 만들어주는
수학적 장치이다. 그러나 신고전경제학은 이윤극대화 가정으로부터 개
별 기업의 생산결정을 연역해내는 과정에서 또 다른 가정을 도입한다.
그것은 곧 개별 기업이 이윤극대화 결정에 필요한 모든 정보를 완벽하
게 갖추고 있다는 가정이다. 개별 기업이 이윤을 극대화하는 생산결정
을 내리자면 가용한 테크놀로지, 시장 수요, 생산요소 시장의 동향에
관한 정보들을 모두 갖추고 완벽한 계산에 입각해서 이들 정보를 정확
히 처리하여 최적의 의사결정을 내려야 한다. 이러한 가정들에 의해 개
별 기업의 이윤 극대화적 생산결정이 연역되어 나오면, 그 다음 단계는
개별 기업들 저마다의 이윤 극대화적 생산결정이 서로 상충되지 않고

194

병립가능한 상태, 즉 균형상태가 어떤 것인지를 밝히는 것이다. 이처럼 신고전경제학의 기업이론은 개별 기업들의 이윤극대화 행위가 서로 상충되지 않고 균형상태에 머무를 수 있는 논리적 조건을 밝히는 것을 주된 목적으로 한다. 신고전경제학의 일반균형이론은 개별 기업들이 저마다 취한 이윤극대화 행위의 논리적 귀결이 바로 전체 경제의 일반균형이라는 사실을 보여주는 이론이라고 해도 과언이 아니다.

이에 반해 경제진화론의 기업이론은 개별 기업들의 의사결정 과정이 신고전경제학이 가정하듯 자명하고 획일적인 것이 아니라 불확실성과 시행착오로 점철된 진화적 과정이라고 파악한다(Nelson, 1994c). 즉 개별 기업은 무엇이 객관적으로 자신의 이윤을 극대화해주는 생산결정인가를 계산한 후 여러 대안적 생산방식들 중에서 객관적으로 자신의 이윤을 극대화해줄 생산방식을 선택하는 것이 아니라, 불확실성과 불완전 정보의 상황하에서 어떤 생산결정을 내릴 것인가를 시행착오를 통해 학습해가는 과정을 겪는다.

개별 기업에 대한 이처럼 판이한 개념화로부터 출발하는 기업진화론은 따라서 기업들이 미리 정해진 이윤극대화 규칙에 따라 균형상태로 나아간다는 식의 신고전경제학의 결정론적 이론화를 배격하고, 개별 기업들간의 난선적 변이를 낳는 요인이 무엇인지, 이 난선적 변이들 중에서 일부가 선택되고 일부가 도태되게 만드는 체계적 메커니즘이 무엇인지를 밝히고자 한다.

따라서 경쟁이라는 압력을 거치면 기업들 중에서 합리적 이윤극대화를 추구하지 않는 기업은 도태되고 결국에는 이윤극대화에 성공한 기업들만 남는 장기적 균형상태가 도래한다고 보는 신고전경제학의 기업이론은, 비록 진화론의 이미지를 풍기는 언어를 사용하고 있지만, 경제진화론이 추구하는 기업이론과는 거리가 멀다. 오히려 개별 기업이 실제로 어떤 메커니즘에 의해 의사결정 규칙을 학습하고 그것이 어떻게 기업의 진화경로에 영향을 미치며 어떻게 후대로까지 유전되는가를 밝히는 것이, 그리고 이러한 과정에서 난선적 요인과 체계적 요인이 각각 어떻게 작용하는가를 밝히는 것이, 기업진화론의 핵심이라고 할 수 있다(Nelson, 1994a).

2) 기업진화론의 계보

경제진화론이 경제학의 역사에서 그 나름의 계보를 확보하고 있듯이 기업에 대한 진화론적 접근에도 오늘날의 이론적·경험적 연구성과의 밑거름이 된 선행연구의 계보가 존재한다. 우선 그 첫 번째로 앨치언 (A. Alchian)과 프리드먼(M. Friedman)을 들 수 있다(Ramstad, 1994: 75~77). 이들은 비록 신고전경제학의 핵심인 이윤극대화 가정을 옹호하기 위한 것이라고는 하지만, 기업진화론이 본격적으로 대두되기 이전에 생물진화론의 자연선택 개념을 적극 이용하여 기업간 경쟁과정을 해명하고자 했다는 점에서 의의를 갖는다. 그러나 이들은 기업들의 과잉증식으로 인한 기업간 생존경쟁이 일어나게 되는 메커니즘을 밝히거나 기업의 특정 기질이 유전되는 메커니즘을 밝히는 데는 실패했다.

생물진화론에서 특정 유형의 기질이나 행태를 유기체 속에 프로그램시켜 그 유기체의 후손들이 동일한 역량을 갖게 하고 유사한 환경 하에서 자신들의 부모와 유사한 행동방식을 보이도록 만드는 것은 다름 아니라 유전자이다. 그렇다면 기업진화론에서 이 유전자에 해당되는 것은 무엇인가? 기업을 블랙박스로 보고 기업의 내부 메커니즘에 대해서는 전혀 고려하고 있지 않는 신고전경제학의 기업이론은 이 문제에 답할 수 없다. 그러므로 기업의 내부 조직화를 도외시하는 신고전경제학의 기업관을 그대로 고수하는 가운데 이윤극대화 기업이 자연선택과정에서 살아남는다는 식의 주장으로 신고전경제학의 기업이론을 옹호하려는 앨치언과 프리드먼의 시도는 심각한 문제점을 노정한다고 할 수 있다. 따라서 기업이라는 대상을 신고전경제학과는 다른 시각으로 보는 입장이 확립되지 않으면 근대 기업의 진화과정을 자연선택이론으로 설명하려는 노력은 무산될 수밖에 없다.

이런 맥락에서 신고전경제학과는 다른 기업 개념화에 입각해 기업에 대한 진화이론을 구축하려고 시도한 사람들로, 우리는 코스(R. Coase)에서 윌리엄슨(O. Williamson)에 이르는 거래비용 경제학적 접근과 사이어트와 마치(Cyert and March, 1963)를 필두로 하는 행태주의적 접근(the behavioral school)을 꼽을 수 있다. 이들 두 계보의 공통점은 신고전경제학의 극대화 명제 대신 사이먼의 제한적 합리성을 적극 수용하여 기업을 바라본다는 데 있다.

거래비용 접근은 기업이란 제한적 합리성에 입각하여 의사결정을 하며, 이로 인해 거래비용이 발생하고, 이 거래비용을 줄이는 방향으로 기업의 구조가 진화해간다고 주장한다(Williamson, 1981). 그러나 거래비용 접근은 제한된 합리성을 토대로 조직구조를 설명하지만 시간이 소요되는 학습(learning)과 적응(adaptation)의 역할에 대해서는 고려하지 않고 있다. 거래비용이 궁극적으로 정보의 수집과 처리에 뒤따르는 비용이라고 한다면, 기업이나 개인이 거래 파트너들 간의 복잡한 관계에 따르는 제반 사항들에 적응하고 그것들을 학습하게 됨에 따라 거래비용은 시간이 흐를수록 감소하는 경향을 보일 수도 있다. 또한 거래비용에는 주어진 계약의 내용을 정확히 파악하고 그 이행을 감독하는 데 소요되는 정태적 거래비용(static transaction costs) 뿐만이 아니라 계약 내용의 변경이나 새로운 테크놀로지의 등장으로 인한 지식의 변화를 외부 공급자들에게 이해·숙지시키고 경우에 따라 계약 내용의 변경을 협상·조정하는 데 소요되는 비용인 동태적 거래비용(dynamic transaction costs)도 포함된다. 기업에 대한 거래비용 경제학적 접근은 고려에 넣지 못했다(Langlois and Everett, 1994: 28~30).

한편 사이어트와 마치의 행태주의적 접근은 사이먼의 제한적 합리성 모델을 기업에 적용시켜 단일 기업 내에서의 의사결정 과정에 대한 시뮬레이션 모델을 만들어 냈다. 이들은 기업을 이윤 극대화를 추구하는 단위가 아니라 미리 정해진 규칙을 따르는 조직이라고 본다. 이들에 따르면 기업은 상당 정도의 조직상의 여분(organizational slack)을 보유하

고 있어서 주어진 규칙을 바꾸지 않더라도 환경으로부터의 웬만한 충격
은 흡수할 수 있는 것으로 본다. 오직 기업의 실적이 용인 가능한 수준
에 못 미치게 될 때에만 새로운 대안적 규칙을 찾는 탐색이 수행된다.
나아가 이들은 사이먼의 모델에 입각하여 대규모 소매상에서의 가격결
정을 시뮬레이트하고 그것과 실제 가격결정을 비교하여 양자가 유사함
을 보임으로써 사이먼의 모델이 현실의 기업조직에 적용될 수 있음을
입증해 보였다. 그러나 이들의 연구는 단일 기업 내의 의사결정 과정만
을 다룸으로써 개체의 발전과정에 초점을 두는 진화이론에 머무를 뿐,
산업부문 전체의 진화과정을 다루지 않음으로써 개체군 수준을 포괄하
는 진화이론으로 나아가지는 못했다. 단일 개별 기업의 상세한 의사결
정 과정에만 초점을 맞추다 보면 산업이라는 개체군 수준에서의 변화와
그 변화를 추동하는 경쟁과정에 대해서는 등한시하게 된다(Andersen,
1994: 100~101).

　이러한 선행 연구들의 성과를 집대성하여 기업진화론을 형식적으로
세련화시키고 기업의 진화과정을 모델화할 언어를 개발하여 현대 기업
진화론의 기초를 다진 것이 바로 넬슨과 윈터의 1982년 저작이다.

5. 넬슨과 윈터의 기업진화론

1) 개괄

　기본적으로 넬슨과 윈터가 하고자 했던 것은 신고전경제학의 기업이
론에 대응하여, 경제과정과 경제변동을 중시하는 슘페터식 경제진화론
과 궤를 같이하는, 그리고 그것을 더욱 정교히 하는 기업이론을 정초하
는 것이었다(Nelson, 1994c: 233). 이러한 목표 하에 넬슨과 윈터는 다
음과 같은 기본 전제를 출발점으로 삼아 독자적인 기업진화론을 구축한
다(Nelson, 1994b: 153~154). 인간이나 조직의 인지적 능력은 이들이

처한 환경의 복잡성과 비교해 볼 때 아주 제한적인 것이다. 다시 말해 세상과 환경은 개별 기업이 완벽히 파악하기에 불가능할 정도로 복잡다단하며 따라서 신고전경제학의 기업이론에서 상정되듯 모든 기업들이 전일적으로 완벽한 정보에 의한 이윤극대화 선택을 한다는 것은 불가능하다는 것이다. 따라서 개별 기업들이 '최적의' 행동을 찾아내어 그것을 채택할 수 있다고 가정하는 것은 적절치 못하다.

이와는 달리 기업이라는 조직은 학습하는(learning) 존재이다. 그리고 학습을 상대적으로 잘하는 조직은 번창하게 만들고 그렇지 못한 조직은 쇠퇴하게 만드는 일종의 선택적 힘이 존재한다. 이러한 일련의 전제들이 암시하는 것은 개인이나 기업의 행동을 이해하고 예측하기 위해서는 기업의 학습과정과 환경선택 과정을 다루는 동태적 모델이 필요하다는 것이다.

이러한 기본전제 위에서 넬슨과 윈터는 기업에 대한 새로운 개념화에 착수한다. 이들에게 기업은 신고전파 기업이론에서처럼 생산함수로 간주되는 것이 아니라 과거의 선택결과를 평가하고 저장할 수 있는 능력을 갖춘 '조직'으로 간주된다(Langlois and Everett, 1994: 21). 이들의 기업 개념화에서 핵심 역할을 하는 것은 루틴과 탐색 개념이다. 자연선택 이론에서 필수적인 것은 과거에 선택된 것이 관성을 갖는다는 사실이다. 이는 다시 환경에 대한 반응이 유기체 내부에 코드화되고 보존되고 저장되어야 한다는 것을 의미한다. 기업이 이윤극대화만을 전일적으로 추구하는 블랙박스가 아니라 과거의 선택결과를 평가하고 저장하는 조직으로 파악된다면, 기업 내부에도 과거 선택의 결과와 그에 대한 평가가 코드화되어 보존되고 저장되어있어야 한다. 넬슨과 윈터는 기업 내부에 존재하는 이 코드화된 정보들을 루틴(routines)이라고 규정한다.

기업이 보여주는 행동들은 그 속에서 일하는 사람들에 의해 수행되는 활동을 프로그램하는 루틴들 속에 미리 각인되어 있던 것들이다. 넬슨과 윈터는 기업의 루틴은 생물 유기체의 유전자와 유사한 것이라고 선언한다. 다시 말해 루틴은 한 기업 내에서 조정요소로 작용하여 변화무쌍한 환경 속에서 기업이 스스로를 지속적으로 복제할 수 있게 해준다(Langlois and Everett, 1994: 22).

이들은 나아가 기업이 시장환경의 변화에 따라 새로운 루틴을 찾아가는 과정에 초점을 맞춘다. 이 새로운 루틴을 모색해가는 과정이 곧 탐색(search)이다. 이윤추구 과정에서 기업은 새로운 테크놀로지와 새로운 루틴을 지속적으로 탐색하며, 탐색의 결과로 도입된 보다 나은 루틴들은 환경(즉, 시장)에 의해 선택되고, 그렇게 선택된 루틴들은 기업 안팎으로 전파되고, 이러한 루틴을 채택한 기업들이 보다 많은 이윤을 얻게 되고, 결국은 살아남는 기업과 도태되는 기업이 생겨 기업 생존의 차등성이 생겨난다는 것이다. 다시 말해 탐색은 혁신과 모방(innovation and imitation)을 낳는다. 넬슨과 윈터는 이 혁신과 모방이 곧 생물진화론에서의 돌연변이(mutation)에 해당한다고 본다.

결국 시장환경 하에서는, 탐색활동의 결과로 보다 많은 이윤을 확보하는 기업이 성장할 것이고 그렇지 못한 기업은 쇠퇴하거나 소멸할 것이다. 따라서 넬슨과 윈터는 기업들 간의 경쟁 부적합한, 이를테면 이윤 수준이 낮은 기업을 종의 개체군(산업)으로부터 무자비하게 뿌리 뽑아 버리는 그야말로 생물진화론에서의 자연선택에 해당한다고 주장한다(Ramstad, 1994: 79). 넬슨과 윈터는 기업을 루틴의 안내를 받는 가운데 끊임없이 새로운 루틴을 탐색해가는 유기체로 재개념화 함으로써 생물진화론과의 유비를 기초로 하는 기업진화론을 정초하고자 했던 것이다.

2) 기본개념 : 루틴과 탐색

루틴은 숙련 개념을 개인의 수준에서 조직의 수준으로 끌어올린 것이다. 개인이 어떤 일을 효과적으로 수행하는 방식을 숙련의 형태로 체득하고 있듯이, 조직도 어떤 일을 하는 일련의 방식과 무엇을 할 것인가를 결정하는 방식을 확립된 규칙의 형태로 갖추고 있다. 이것이 바로 루틴이다. 이는 다시 말해 조직 수준에서의 휴리스틱이며, 기업의 규칙적이고 예측가능한 모든 행동패턴을 지칭하는 개념이다.

보다 구체적으로, 제품을 생산하는 기술적 절차, 직원을 고용하고 해고하는 절차, 재고수준 설정과 생산수준 통제, 투자정책, 기술개발, 광고전략 등, 기업의 모든 규칙적이고 반복적이고 예측 가능한 행동유형들이 바로 루틴에 해당한다. 루틴은 조직이 직접 그 루틴을 실행함으로써 그 조직에 기억된다. 이는 개인이 숙련을 발휘함으로써 그 숙련을 기억하게 되는 것과 마찬가지이다. 경영자가 바뀌고 생산물과 생산과정이 변해도 루틴은 지속된다. 이로 인해 기업의 "정체성"이 유지되는 것이다. 다시 말해 루틴은 기업의 지속성을 유지하는 의사소통 기제이다.

루틴은 생물진화론에서 유전자가 수행하는 역할을 한다. 루틴은 기업이라는 유기체의 유전자로서 개체의 지속적 특성과 가능한 행동을 결정하며 그 특성과 행동방식을 다음 세대로 유전한다. 다시 말해 루틴은 기업의 자가증식을 위한 지침과 정보를 저장하고 있는 유전자 프로그램이다. 이것은 각종 난선적 변이의 과정을 겪으면서 기업 내부에서 복제된다. 이것이 특정 조직형태라는 일시적 표현형으로 표출된다. 그렇게 되면 기업들의 개체군 내에는 이러한 표현형의 확률분포가 생기고, 이 확률분포의 성장과 생존은 환경의 힘에 의해 좌우된다(Hutter, 1994: 54~55; Nelson and Winter, 1982: ch. 5).

그렇다고 하여 루틴은 기업의 특성을 그대로 재생산하고 다음 세대로 유전하는 역할만 하며, 기업의 특성 변화와 혁신의 가능성은 배제되는 것은 결코 아니다. 기업의 변이와 혁신이 어떻게 이루어지는가는 바로 탐색 개념과 연결되어있다.

탐색이란 기존의 루틴을 평가하고 수정하고 새로운 것으로 대체하는 것과 관련된 기업의 모든 활동들을 일컫는 개념이다. 이 탐색활동 역시 기업 내에서 루틴화된다. 즉, 탐색도 기업의 루틴 중 하나인 것이다. 기업조직은 환경으로부터 여러 자원들을 공급받는다. 그러나 이 자원은 서로 이질적이다. 환경으로부터 기업이 조달 받는 자원의 이질성이

너무도 커서 그 기업의 기존 루틴으로 다룰 수 없는 정도가 되면, 일차
적으로 기업은 기존의 루틴이 다루기 용이하도록 새로운 자원을 찾아보
거나 자원에 대한 감독을 강화하거나 자원을 수정하거나 함으로써 자원
의 동질성을 회복하려고 할 수 있다. 그러나 이 모든 조치들이 여의치
않을 경우 기업은 이질화된 자원을 보다 잘 다룰 수 있도록 기존의 루
틴을 변화시켜야만 한다. 이렇게 하여 루틴에 변화가 초래된다. 또한
생산확장을 목적으로 하나의 조직과 동일한 조직을 복제할 때에도 루틴
의 변이가 초래될 가능성이 있다. 생산단위의 복제는 많은 시간과 비용
이 소요되는 결코 완벽하지 못한 과정이기 때문에 이 과정을 통해 모
(母) 생산단위의 루틴이 정확하게 그대로 자(子) 생산단위로 옮아갈 수는
없는 것이다.

　한편 환경이 불리하게 변화하여 기존의 생산규모를 줄여야 하는 경
우를 생각해보면, 기존의 루틴은 성공적이지 못한 것이었음에 틀림없
다. 이런 상황에 처한 기업은 새로운 상황에 보다 성공적인 대응을 할
수 있는 새로운 루틴을 찾아 나서지 않을 수 없다. 탐색은 스스로 보다
나은 루틴을 찾아내는 혁신과 성공한 주변 기업들의 루틴을 그대로 본
떠서 도입하는 모방으로 나뉜다. 이리하여 탐색은 기업이라는 개체가
지닌 루틴이라는 유전자에 임의적이고 우연적으로 돌연변이를 일으키
는 요인이 된다.

3) 시뮬레이션 모델의 소개

　넬슨과 윈터의 기업진화에 관한 모델은 사이먼과 여타 행태주의자의
제한적 합리성 모델, 네오 슘페터리안들의 혁신 및 기술변동에 관한 논
의, 프리드먼 이후부터 빈번히 논의되어 오던 자연선택 과정에 대한 이
론화, 이 삼자를 종합한 것이라고 할 수 있다(Andersen, 1994: 100~
103). 이들의 모델은 t 시점에서의 기업의 상태를 지정하고 각 기업들이
주어진 규칙과 루틴들의 영향하에서 어떠한 탐색의 과정을 거쳐 새로운

규칙과 루틴들을 찾아가는가를 시뮬레이트함으로써 실제 기업들의 상
태변수들이 진화해가는 경로를 포착하는 것을 목표로 한다. 이를 각 단
계별로 살펴보면 다음과 같다.

1. 각 기업들의 최소한의 환경적 조건, 이를테면 투입산출 조건이라든
   가 새로운 규칙을 위한 탐색의 과정이 이루어지는 공간을 정의한다.
2. t 시점에서의 산업의 상태를 정의한다. 여기서 산업의 상태란 그 산
   업을 구성하는 개별 기업들의 상태, 이를테면 각 기업의 자본스톡이
   나 정보전달상의 특성, 행동규칙과 루틴들을 모두 합한 것이다.
3. 1과 2를 이용해 t+1 시점에서의 기업의 특성들을 계산한다.
4. 이런 식으로 매 시점마다의 상태들을 계산하여 기업과 산업의 특성
   이 진화하는 과정을 포착한다.

이 모델의 계산구조를 정리하면 〈그림 7-1〉과 같다. 이 모델의 최초
상태는 물론 t-1 시점에서 유래된 것이며, 이 모델의 최종 결과는 다시
t+1 시점의 최초 상태가 된다. 최초의 산업상태는 그 산업을 구성하는
각 기업들의 물리적 자본스톡과 자본 생산성으로 이루어져 있다. 결국
넬슨과 윈터의 모델은 현 시점에서의 산업상태가 주어졌을 때 다음 시
점에는 어떤 산업상태가 발견되는가를 묘사하기 위한 모델이다. 우선
그림의 박스 A를 보면, 이 박스는 현 시점에서의 산업상태에 의해 초
래되는 각 기업들의 산출량과 총이윤을 계산하는 시뮬레이션이다. 여
기서 중요한 것은 각 기업의 산출이 신고전경제학적 모델에서처럼 이윤
극대화 선택에 의해 계산되는 것이 아니라 단순히 각 기업들의 가동률
규칙(*capacity utilization rules*)이라는 루틴에 의해 결정된다는 점이다.
이렇게 계산된 각 기업의 산출량과 시장가격과 각 기업의 자본 감가상
각, 가변생산비용, 탐색비용 등을 고려하면 기업의 순이윤을 계산할 수
있다.

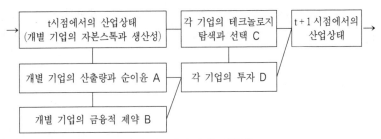

〈그림 7-1〉 넬슨-윈터 모델의 계산구조

출처: Andersen(1994: 104)의 〈그림 4.1〉을 재구성

이 모델의 박스 C는 새로운 생산 테크놀로지가 탐색되고 생산성이 변화하는 과정을 보여주고 있다. 기업들은 언제나 보다 나은 생산 테크놀로지를 위한 탐색에 참여한다고 간주된다. 따라서 기업들은 자본 생산성의 측면에서 정의되는 생산 루틴들의 공간을 탐색한다. 이 탐색의 종류는 혁신적 탐색과 모방적 탐색으로 이루어진다. 결국 이 부분은 탐색의 과정을 통해 어떤 테크놀로지가 선택되고 그로 인해 생산성에 어떤 변화가 야기되는가에 대한 시뮬레이션이라고 할 수 있다. 이 새로이 선택된 테크놀로지와 그에 따른 변화된 생산성은 다시 t+1 시점의 산업상태가 되어 또 다른 시뮬레이션 과정으로 돌입한다.

다음은 A에서 나온 순이윤과 각 기업이 처한 금융상의 제약(B)을 토대로 각 기업들의 투자결정에 관한 시뮬레이션이 이루어진다(박스 D). 이 과정에서도 기업의 투자결정은 신고전경제학의 극대화 모델이 아니라 루틴 개념에 입각한 제한적 합리성 모델에 의해 계산됨은 말할 나위도 없다. 그 결과로 생긴 변화된 자본스톡은 다시 t+1 시점의 산업상태를 구성하는 한 요소가 되어 또 다른 시뮬레이션 과정에 투입된다. 이런 식으로 반복적 계산이 이루어지면 시간의 경과에 따른 산업상태의 진화경로가 밝혀지게 될 것이다. 이 시뮬레이션 결과를 놓고 현실의 변화 경로와 얼마나 유사한가를 비교함으로써 넬슨-윈터 모델의 경험적 검증이 완료된다.

넬슨과 윈터는 자신의 진화 모델들을 가지고 시뮬레이션을 실행했을 때 기업조직론이나 경험적 기업이론에서 실제로 보고된 것과 같은 유형의 데이터가 재현되는가를 확인하고자 했다. 보다 구체적으로 넬슨과 윈터는 신고전주의 성장이론의 초점인 거시경제 시계열 자료를 그대로 시뮬레이트할 수 있는지를 살펴보고자 했으며, 산업부문 수준의 경험적 연구들이 보고한 기업간 생산성의 차등적 분포를 시뮬레이트해낼 수 있는가를 살펴보고자 했으며, 산업조직론에서 분석된 바 있는 것과 유사한 기업 규모의 분포를 시뮬레이트할 수 있는가를 살펴보고자 했다. 그 결과 이들은 자신들의 모델 속에 포함된 몇몇 파라미터들을 적절히 조정하면 이 모든 실제 세계의 현상들이 시뮬레이션을 통해 재현될 수 있음을 입증해 보였다. 이로써 이들은 자신들의 동태모델이 실제로 일어나고 있는 진화적 과정의 중대한 요소들을 제대로 포착하고 있는 모델임을 보여준 것이다(Nelson, 1994b: 155).

6. 소결 : 진화론의 메시지

경제학이론의 역사에는 기계적 유비(역학적 유비, *mechanical analogies*)와 생물학적 유비(*biological analogies*) 간의 긴장이 면면히 이어져 왔다. 그것은 경제학적 변수들의 공시적 작동원리와 그것의 장기적 변화 둘 다를 설명하고자 하는 상충되는 이론적 관심 때문이었다. 그러나 경제학은 생물학적 모델을 경제영역에 적용하는 데 따르는 분석적 어려움 때문에 물리학적·기계적 모델에 크게 의존하게 되었고 그 결과로 경제세계의 균형에 관한 정태학(*statics*)이론이 부각되고 경제의 장기적 변동에 관한 동태학(*dynamics*) 같은 이론은 등한시되는 방향으로 발달해갔다. 경제진화론과 기업진화론은 지금까지 주류 경제학이 등한시했던 바로 이 부분, 즉 생물학에서의 이론적 발달을 모델로 하여 경제세계의 변동과 발전을 이론화하려는 노력의 산물이다.

경제진화론과 기업진화론이 다음의 두 가지 점에서 경제사회학의 정초에 중요한 메시지를 전달해준다. 첫 번째 메시지는 역사를 심각하게 고려하자는 것이다. 경제학이 고유한 과학적 위상과 실용적 가치를 지니는 학문이 되려면, 경제를 마찰 없는 궤도를 미끄러지듯 움직이고 있는 것인 양 모델화하는 것으로는 충분치 못하다. 경제학은 시간의 미스터리에 맞서 씨름해야만 한다. 다시 말해 현실의 시간 속에서 불가역적 변화를 통해 알 수 없는 미래를 향해 움직이고 있는 경제를, 무시간적 논리적 공간 속에서 달성된 균형점들 사이를 아무런 방해 없이 원활하게 옮겨 다니는 가상적 입자들로 이루어진 체계로 환원시키지 말고, 있는 그대로 파악하려고 노력해야 한다는 것이다.

경제진화론의 또 다른 메시지는 진화란 궁극적 종착점을 향해 나아가는 과정이 아니라는 것이다. 경제진화론은 결정론에 입각한 모든 종류의 낙관주의와 비관주의를 거부한다. 진화론은 무엇이든 존재하는 것은 최적의 것이라고 주장하지 않는다. 가장 효율적이고 가장 적합한 것이 살아남게 되어있다는 지나친 낙관주의나 사회를 인간의 이성이 디자인한 대로 바꿀 수 있다는 또 다른 유형의 지나친 낙관주의와는 달리, 진화론은 회의주의와 통한다. 경제진화론이 제시하는 메시지의 핵심은 경제와 사회는 언제나 불완전한 미완의 건축물일 수밖에 없다는 것과, 변화는 인간이 의도한 대로 이루어지는 것이 아니라 시행착오와 의도되지 않은 결과들로 점철된 진화과정에 의해 점진적으로 이루어진다는 것과, 변화의 결과보다는 변화의 과정에 초점을 맞추어야 한다는 것이다.

제 8 장

네트워크이론

1. 서론 : 이론사적 의의

"넓은 의미에서 모든 사회학자들은 다 구조론자들이다"란 말이 나올
정도로 사회구조에 대한 관심은 오랜 사회학적 전통을 지니고 있다. 블
라우는 사회학 이론의 전통 가운데, 사회구조(*social structures*)에 대해
관심을 기울였다는 점에서 이른바 구조론(*structuralism*)이라고 불릴 수
있는 이론들의 계보를 다음 4가지로 꼽은 바 있다(Blau, 1982). 맑스주
의, 파슨스의 구조기능주의, 레비스트로스의 구조주의, 그리고 여기서
다루고자 하는 네트워크분석이 그것이다. 이처럼 네트워크분석은 사회
학의 고유 주제인 사회구조에 대한 관심을 계승하는 이론적 전망들 중
하나이면서, 기존의 이론적 전망들과는 다른 방식으로 사회구조에 접
근하고자 한다는 점에서 차별성을 갖는다.
  네트워크 분석의 주창자들은 사회학자들이 지금까지 사회구조를 분
석대상으로 삼으면서도 정작 실제 연구에 있어서는 사회구조를 직접적
방식으로 측정하지 못했다고 비판하면서, "지금까지 존재했던 사회구조
에 대한 범주적 묘사들은 명백한 이론적 근거를 결여하고 있으며, 네트

워크 개념만이 사회구조에 대한 이론을 구축하는 유일한 방법을 제공해 줄 수 있을 것"이라고까지 주장한다(White et al., 1976: 732). 사회관계 의 체계를 일컫는 네트워크분석은 사회적 관계의 실제적 양상을 객관적 으로 포착하고자 하는 일종의 구조주의적 시각을 견지한다(Wellman, 1988).

이들에 따르면 기존의 접근방식들은 사회구조를 직접 추적해내고 그 원인과 결과를 구명하는 대신, 개별 분석단위의 특정 속성들 간의 공분 산(co-variation)을 통해 모종의 사회구조가 존재한다는 것을 간접적으로 보여줄 뿐이다. 예컨대 개인들을 성, 연령, 사회경제적 지위 등과 같은 속성들에 따라 분류한 것에 근거하여 사회계급이라는 구조가 존재함을 추론하는 식이다. 사회구조를 이런 식으로 다루는 기존의 사회학적 전 통과는 달리 네트워크분석이 표방하는 사회구조 분석은 사회구조를 "직 접적이고도 구체적으로" 다룬다(Wellman and Berkowitz, 1988: 3). 즉, 네트워크분석은 행위자들이 고유하게 지니고 있는 속성이나 특성이 아 니라, 개별 행위자들 간의 특정한 관계의 유형(pattern of relations)이 사 회구조를 구성한다고 본다.

사회구조와 관련된 개념들은 특정한 개인이 아닌 추상적 개인들의 집합체를 나타내는 총화적(aggregate) 개념인 경우가 대부분이다. 그런 데 지금까지의 사회학은 개개인의 고립적 속성들이 모여 계급 혹은 지 위를 형성한다고 보는 "속성에 의한 총화"(aggregation by attributes)"만 을 고집하고 "관계에 의한 총화"(aggregation by relations)에 소홀했다는 것이 네트워크분석의 비판이다. 따라서 네트워크분석은 예컨대 이러 저러한 속성들을 지닌 개인들이 모여 계급구조를 이루는 것이 아니라 개인들 사이의 특정한 유형의 관계들이 모여 계급구조를 이룬다고 보는 것이다.

이 같은 네트워크분석의 저변에는 인간행동에 대한 다음과 같은 통 찰이 자리잡고 있다고 할 수 있다. 즉, 모든 개별 행위자들은 사회적 행동을 함에 있어 다른 행위자들과 맺고 있는 관계의 망을 통해 그들의

행동으로부터 영향을 받기도 하고 그들의 행동에 영향을 주기도 한다는
것이다. 한마디로 네트워크분석은 행위자를 사회적 진공상태 속에 고립
되어 있는 원자적 존재로 보지 않고, 타 행위자와의 관계라는 사회적 맥
락(*social contexts*)의 구속을 받는(*embedded*) 존재로 파악한다(Granovetter,
1985).[1] 이런 의미에서 네트워크분석은 앞서 살펴본 폴라니의 실질론
적 전통을 충실히 계승하고 있는 분석전략이라고도 할 수 있다.

 네트워크가 함축하는 분석적 의미는 다음의 몇 가지로 정리된다(박길
성·김선업, 2003: 122). 무엇보다도 네트워크가 개인과 사회를 연결하
는 기초적 고리라는 점이다. 개인과 사회를 연결시키는 연결망을 통해
한편으로는 개인을 사회에 연결시키고 다른 한편으로는 사회가 개인에
연결됨으로써 상호영향을 준다는 점에서 양자 간 관련성을 보다 입체적
으로 이해할 수 있다. 다음으로는 개인적 연결망을 통해 유지되고 형성
되는 과정은 사회의 실제적 과정이라는 점이다. 개인들 간의 상호작용
이 하나의 연결망을 형성하고 연결망은 보다 거시적인 사회구조와 연결
된다는 의미에서 연결망을 통해 이루어지는 과정은 개인의 상호작용과
거시적인 구조 사이의 중개적 과정으로서 의의가 있다. 그리고 연결망
은 기본적인 사회적 관계를 유지함으로써 기존의 사회관계를 재생산하
지만 그것을 변화시키기도 한다. 개인의 합리적 선택이나 혹은 집단적
연대를 통한 개인들의 행위는 연결망을 형성함으로써 사회적 과정을 변
화시킨다는 것이다.

 경제학이나 심리학에서는 개인의 행동을 분석할 때 그가 처한 사회
적 맥락을 중요한 고려 대상으로 삼지 않는다. 이와는 대조적으로 네트
워크분석은 행위자의 속성(*attributes*)과 그가 맺고 있는 관계(*relations*)

---

 1) 피구속성 개념의 자세한 소개는 제5장을 참조할 것. 구조적 피구속성은 행
  위의 존재구속성을 과도하게 강조하는 과잉사회화(*oversocialization*)의 입장
  과 행위의 자율성에 치중하는 과소사회화(*undersocialization*)의 입장을 절충
  하여 행위의 이중성을 균형 있게 포함하려는 개념의 하나로 이해되기도 한
  다(Granovetter, 1985: 481~510 참조).

를 명확히 구분한다. 속성이란 대상의 본래적인 특성, 즉 대상이 사람이라면 연령, 성, 직업 등을, 대상이 물건이라면 크기, 무게, 색상 등을, 대상이 국가라면 국민소득, 인구, 실업률 등을 지칭하는 것이다. 이에 반해 관계란 고립된 대상의 본래적 성질이 아니라 둘 이상의 대상이 서로 관련을 맺음으로 해서 생겨나는 발현적(emergent) 속성이다.

  사회구조란 다름 아니라 행위자들 사이에 맺어져 있는 특정한 관계의 유형이라고 한다면, 관계와 무관한 개별적 속성들을 측정하고 그것들 간의 상관관계나 통계적 차이를 검증하는 대신, 이 특정한 관계의 유형을 직접 측정하고 그것이 어떻게 개인의 행위를 안내하고 강제하는가를 살펴보는 것이 사회구조를 파악하는 더 주효한 방법이라고 네트워크분석은 주장한다. 그러므로 네트워크분석은 행위자들 사이에 맺어져 있는 관계를 직접 측정하고 유형화하는 테크닉을 활용하여 사회구조를 직접적으로 묘사·측정하고, 그것을 바탕으로 개인 행위와 사회구조 간의 상호작용 메커니즘(혹은 구조와 행위의 연계 메커니즘)을 파악하려고 한다(Knoke and Kuklinski, 1982; 김용학, 1996).

2. 네트워크이론의 기본개념과 분석 전략

1) 네트워크 구조

  네트워크는 일정한 그룹의 실체들(entities) 사이에 형성되어 있는 관계들의 망(網)이라고 정의된다(Knoke and Kuklinski, 1982; Burt, 1980a). 이것은 각각의 실체들을 나타내는 점과 그들 사이의 관계를 나타내는 선으로 표현된다. 각 관계의 주체인 점들은 연구주제에 따라 사람이 될 수도, 조직이 될 수도, 사건이 될 수도, 국가가 될 수도 있다. 네트워크의 종류는 그것을 구성하는 각 점들 사이에 오고가는 실체적 대상— 즉 관계의 내용(contents of relations) —이 무엇이냐에 따라 결정된다. 정서적 지원을 내용으로 하는 네트워크와 경제적 지원을 내용으로 하는 네트워크는 서로 명백히 다른 별개의 네트워크이다(물론 어느 정도 중첩될 수는 있다).

네트워크를 이렇게 정의해놓고 나면, 네트워크에는 오직 현재 맺어져있는 관계들만 포함되는 것 같은 인상을 남기게 된다. 그러나 네트워크분석에서는 현재 맺어져 있는 관계뿐만이 아니라 현재 결여되어 있는 관계도 중요하다(White et al., 1976). 네트워크를 구성하는 한 점 a가 어느 어느 점들과는 연결되어 있으면서 어느 어느 점들과는 연결되어 있지 않는가를 동시적으로 고려해야 한다. 이와 같이 한 네트워크가 그것을 구성하는 점들 사이에 "현재 맺어져 있는 관계"와 "현재 결여되어 있는 관계"로 분화되어 있는 것을 '네트워크 구조'(network structure)라고 한다(White et al., 1976: 731~732). 네트워크 구조는 모든 점들이 서로 아무런 관계도 맺지 않는 완벽히 원자화된 구조에서 모든 점들이 여타의 모든 점들과 연관을 맺고 있는 완벽히 포만된 구조에 이르기까지 다양할 수 있다. 네트워크분석의 다양한 분석기법들은 대부분 이 네트워크 구조를 포착하고 측정하기 위한 것들이다.

2) 밀도와 중앙성

네트워크의 구조적 특성을 파악하기 위한 지표 중 가장 널리 사용되는 것으로 우리는 밀도와 중앙성 지표를 들 수 있다. 네트워크 밀도(density)는 네트워크 내의 각 점들이 얼마나 강한 관계들로 맺어져 있는가를 측정하는 지표이다. 이 지표는 n개의 점들로 이루어진 네트워크 내에서 있을 수 있는 모든 관계의 수와 실제로 맺어져 있는 관계의 수 간의 비율로 정의된다. 따라서 밀도가 1인 네트워크는 그 구성원들 사이에 있을 수 있는 모든 관계가 다 구현된 가장 밀도가 높은 네트워크가 될 것이고 밀도가 0인 네트워크는 구성원 간 관계가 하나도 형성되지 않은 완벽히 원자화된 구조를 갖는 네트워크가 될 것이다(Scott,

1991: 72 ff).

물론 이 지표는 네트워크 전체의 구조적 특성을 보여주기 위한 목적뿐 아니라 네트워크 내의 한 점의 밀도를 보여주기 위해서도 활용될 수 있다. 이 경우에는 해당되는 점을 제외하고, 그 점과 직접 연결되는 다른 점들 간 관계의 수만을 고려하여 밀도가 계산된다. 이 경우를 네트워크 전체의 밀도와 구분하여 "자기중심적 밀도"(*ego-centric density*)라고 한다(Scott, 1991: 76). 네트워크 밀도 혹은 자기중심적 네트워크 밀도는 예컨대 지역공동체 구조에 관한 연구에서 활용될 수 있다. 지역공동체 주민들의 개인적 네트워크의 밀도를 계산함으로써 지역 공동체 구성원간 유대(*solidarity*)의 강도를 규명하려 한 연구(Wellman, 1982)가 그 좋은 예이다.

네트워크의 구조적 특성을 보여주는 또 다른 지표는 중앙성(*centrality*)이다. 밀도의 경우와 마찬가지로 중앙성에도 네트워크의 개별 구성원이 전체 네트워크에서 얼마나 중심적인 위치를 차지하는가를 보여주는 점 중앙성(*point centrality*)과 네트워크 전체가 얼마나 중앙집중화되어 있는가를 보여주는 네트워크 중앙성(*network centrality*), 두 종류의 지표가 있다. 점 중앙성은 해당 점이 네트워크를 구성하는 모든 관계들에 연루된 정도를 보여준다. 따라서 중앙성이 낮은 점은 네트워크 내에서 소외되고 고립되어 있음을 의미하며 중앙성이 높은 점은 네트워크 내에서 "스타(star)"처럼 모든 관계의 중심에 있음을 의미한다(Scott, 1991: 85). 일부 교환이론가들은 중앙성이 높은 구성원이 네트워크 내에서 권력을 갖게 된다고 주장하기도 했다(Cook, 1990).

한편 네트워크 중앙성은 네트워크를 구성하는 관계 전체가 얼마나 집중화되어 있는가를 측정하는 지표로서, 밀도 지표가 네트워크 전반의 응집도를 보여주는 것이라면 네트워크 중앙성은 이 응집이 네트워크 내의 특정한 한 점을 중심으로 이루어지는 정도를 보여주는 지표이다. 구체적으로 네트워크 중앙성은 네트워크를 구성하는 각 점 중앙성들 중에서 가장 높은 점 중앙성과 여타 점 중앙성들과의 차이를 모두 합한 것의 상대적 비중을 계산함으로써 구해진다. 중앙성이 0인 네트워크는 모든 점들이 여타 모든 점들과 직접적으로 연결되어 있는 완벽히 포만된 구조의 네트워크이며 중앙성이 1인 네트워크는 모든 점들이 핵을 이루는 하나의 점을 통해서만 다른 점들과 연결되는 "방사형"(혹은 바퀴형) 구조의 네트워크이다(Scott, 1991: 92~93).

3) 구조적 동등성, 위치

밀도나 중앙성은 네트워크 전체 혹은 개별 구성원들의 구조적 특성을 보여주지만, 하나의 네트워크가 하위집단으로 분화 혹은 분절된 구조를 보이고 있을 때 이를 포착할 수 있는 지표들은 아니다. 네트워크의 분화 혹은 분절을 보여주는 데 핵심적인 개념은 구조적 동등성(structural equivalence)과 위치(position or status) 개념이다. 한 네트워크 내의 두 개 이상의 점들이 다른 점들과 동일한(혹은 유사한) 관계를 맺고 있을 때, 이 점들은 서로 구조적으로 동등하다(structurally equivalent). 다시 말해 네트워크 내의 두 점 a와 b가 다른 점들과 동일한 관계를 맺고 있을 때(예컨대 a는 c, d, f, e와 관계를 맺고 있고 g, h와는 관계를 맺고 있지 않으며, b도 c, d, f, e와 관계를 맺고 있고 g, h와는 관계를 맺고 있지 않을 경우), 두 점 a와 b는 구조적으로 동등하다.

n개의 점으로 이루어진 네트워크를 n차원 공간으로 간주하면, 이 네트워크를 구성하는 각 점들은 n차원 공간상의 점들로, 이들 간의 구조적 동등성은 각 점들 사이의 유클리드 거리(euclidean distance)로 각각 정의될 수 있다. 따라서 n개의 점들로 이루어진 네트워크 k에서 두 점 i와 j 사이의 관계의 값(관계를 맺고 있을 경우에는 1, 그렇지 않은 경우에는 0의 값을 가짐)을 z_{ij}라 하면, i와 j 간의 유클리드 거리 d_{ij}는 다음과 같다.

$$d_{ij} = d_{ji} = \sum_{q=1}^{n} [(z_{iq} - z_{jq})^2 + (z_{qi} - z_{qj})^2]^{1/2} \quad i \neq j$$

214

두 점이 다른 여타 점들과 맺고 있는 관계의 유형이 동일하다면 모든 q에 대해 $z_{iq} = z_{jq}$ 이고 $z_{qi} = z_{qj}$ 일 것이므로, 이 두 점 사이의 유클리드 거리는 0이 될 것이다. 따라서 네트워크 상에서 유클리드 거리가 0이 되는 점들은 서로 "구조적으로 동등"하다.

그리고 이러한 구조적으로 동등한 점들은 그 네트워크 내에서 하나의 동일한 위치(position) — 혹은 지위(status) — 를 차지한다고 정의된다.[2] 따라서 위치란 한 네트워크 내에서 구조적으로 동등하다고 간주되는 여러 점들이 모여 이루어진 하나의 하위집합이다. 한 위치에 속하는 점들은 서로 (다른 점들과 맺고 있는 관계의 측면에서) 동질적이라고 할 수 있다. 하나의 네트워크 내에 이런 위치들이 여러 개 존재한다면, 이 네트워크는 관계의 측면에서 서로 이질적인 여러 하위집합들로 분절 혹은 분화되어 있다고 간주될 수 있다.

3. 네트워크분석을 이용한 시장이론의 구축

시장을 소비자와 생산자 사이에 재화나 서비스를 팔고 사는 관계로 이루어진 하나의 네트워크로 본다면, 구조적 동등성을 비롯한 네트워크분석의 도구들이 얼마나 유용하게 활용될 수 있을지는 명백해진다. 여기서는 네트워크분석 패러다임이 제공해주는 도구들을 활용하여 시장을 새로운 시각으로 접근하려 했던 개별적 연구들(Burt, 1980b, 1982, 1983, 1988; White, 1981a, 1981b, 1988; Leifer, 1985; Leifer and White,

---

2) 실제 경험연구에서는 두 점 사이의 유클리드 거리가 정확히 0이 되는 경우는 있을 수 없으므로, 유클리드 거리가 임의로 정한 값 α를 넘어서면 구조적으로 동등하다고 간주한다(Burt, 1980a; Knoke and Kuklinski, 1982). 따라서 실제 연구에서 구조적 동등성 기준에 의해 동일 위치를 공유한다고 간주되는 점들은 서로 간의 유클리드 거리가 완벽히 0이 되는 점들이 아니라 여타 점들(이 위치에 속하지 않는)에 비해 거리가 상대적으로 가까운 (그래서 더 유사한) 점들이라고 할 수 있다.

1987)을 종합하여, 네트워크분석을 이용한 시장이론의 구축가능성을 모색한다.

1) 개별 시장에 대한 네트워크분석 모델

네트워크분석의 시각에서 보면, 시장은 구매자와 판매자 사이에 재화나 서비스가 교환되는 관계의 망, 즉 하나의 네트워크이다. 개별 시장에 대한 네트워크분석 모델이란 다름 아니라 이 네트워크의 구조적 특성을 네트워크분석 기법들을 활용하여 파악하는 것을 내용으로 한다 (Burt, 1980b, 1982, 1983, 1988). 우선 k라는 재화를 생산하는 네 생산자 A, B, C, D가 있다고 가정하자. 네 생산자들은 동일한 생산물을 만들고 있기 때문에 사용하는 생산 테크놀로지가 동일하며 따라서 동일한 생산요소를 필요로 한다. 이 생산요소는 네 공급자 I, J, K, L에 의해 이들에게 공급된다. 이렇게 생산된 재화 k는 네 소비자 E, F, G, H에게 각각 팔린다. 그렇다면 이들 열두 행위자들 사이의 재화와 생산요소 거래관계는 하나의 네트워크를 이루게 되는데, 이때 네 생산자 A, B, C, D 각각이 소비자나 공급자와 맺고 있는 관계의 측면에서 어떻게 분류될 수 있는가를 포착하는 것이 개별 시장에 대한 네트워크분석 모델의 요체이다.

만약 각 공급자들이 제공하는 생산요소가 질적으로 동일하여 네 생산자 모두 어느 공급자로부터 생산요소를 구매하든지 상관하지 않고 그 결과 네 생산자 모두 평균적으로 동일한 양의 생산요소를 각 공급자로부터 구매하게 되었다면, 그리고 각 생산자가 만들어낸 재화 k 역시 질적으로 완벽하게 동일하여 소비자들이 어느 생산자로부터 이를 구매하든지 상관하지 않고 그 결과 각 소비자가 네 생산자들로부터 평균적으로 각각 동일한 양의 k를 구매하게 되었다면, 각 생산자 A, B, C, D는 동일한 소비자들과 동일한 관계를 맺음과 동시에 동일한 공급자들과도 동일한 관계를 맺고 있으므로 이들 사이의 유클리드 거리는 영(zero)

이 될 것이며, 이들 네 생산자는 타 행위자들(공급자나 소비자)과 맺은 관계의 측면에서 서로 유사한—즉, 구조적으로 동등한—행위자들이라고 할 수 있다. 이 경우 각 생산자들은 이들과 관계 맺고 있는 타 행위자들의 입장에서는 서로 완벽하게 대체가능하며(substitutable), 이들로 구성된 시장은 신고전경제학의 완전경쟁시장에 해당하는 구조적 특성을 보인다고 할 수 있다.

그러나 생산자들 일부가 어떤 이유 때문에(예컨대 각 공급자들이 제공하는 생산요소 사이에 질적인 차이가 있다든지, 한 공급자와 각별히 가까운 사이라든지 등) 특정 공급자의 생산요소만을 구매한다거나, 혹은 소비자들이 비슷한 이유 때문에 어느 특정한 생산자의 k만을 구매한다면, 이 경우 네 생산자들은 공급자나 소비자와 맺는 관계의 측면에서 결코 구조적으로 동등하지 않으며 일부 구조적으로 동등한 그룹과 그렇지 않은 잔여그룹으로 분절 혹은 분화될 것이다. 이렇게 구조적으로 동등한 일부 생산자와 그렇지 못한 생산자들로 분화된 시장은 신고전경제학의 완전경쟁시장과는 그 구조적 특성이 판이하다고 하겠다.

네트워크분석이 개별 시장에 접근하는 방식은 ① 시장을 판매자와 구매자 간의 네트워크로 보고, ② 시장을 구성하는 각 행위자들 사이의 거래관계를 나타내는 자료를 통하여 행위자들 간의 구조적 동등성을 측정하고, ③ 그것에 입각하여 이 시장이 서로 대체가능한 행위자들로 이루어진 동질적 구조인지, 아니면 구조적으로 동등한 일부 행위자들의 하위집단들로 분화된 분절적 구조인지를 포착하는 것으로 요약될 수 있다. 이렇게 포착된 시장이라는 네트워크의 구조적 특성은 시장의 미시적 행위자인 개별 소비자와 생산자가 자신의 효용·이윤 극대화를 추구함에 있어 고려해야만 하는 사회적 맥락(social contexts)의 일부가 된다. 그러면 이제 시장의 미시적 행위자인 소비자와 생산자가 시장이라는 구조가 부과하는 이런 제약 속에서 어떻게 행위하는가를 설명하기 위한 네트워크분석 모델을 살펴볼 차례이다.

2) 개별 소비자에 대한 네트워크분석 모델

시장의 미시적 행위자인 소비자나 생산자는 구매나 판매 행위를 통해서 자신의 이윤 혹은 효용을 극대화하고자 한다는 것이 신고전경제학적 시장이론의 기본가정이다. 그러나 네트워크분석의 기본입장에 비추어 볼 때, 이 행위자들 사이에 맺어져 있는 구매·판매 관계의 유형이나 특성은 이 관계에 연루되어 있는 개별 행위자의 효용·이윤 극대화 행위에 무시할 수 없는 영향을 미친다. 그렇다면 신고전경제학과 대비되는 네트워크분석의 기본가정은 시장에서의 개별 행위자는 타 행위자와 맺고 있는 기존관계의 유형이라는 구조적 영향하에서 자신의 효용이나 이윤을 극대화하고자 하는 것이라고 정식화될 수 있다(Burt, 1982: ch. 1). 그렇다면 네트워크분석의 전통에서는 이러한 기본가정으로부터 어떤 소비자 행동모델과 생산자 행동모델이 도출될 수 있는가?

우선 소비자 행동모델[3]의 출발점은 한 행위자에게 가해진 객관적 자극의 수준(t)과 그 자극에 대한 행위자의 주관적 지각(u) 사이에는 일정한 함수관계가 성립한다는 것이다. 시장에 참여하는 소비자의 경우, 그가 보유한 재화의 양은 t에 해당하고 그것으로부터 얻는 주관적 만족(즉, 효용)은 u에 해당하므로, 위의 함수는 그대로 이 개별 소비자의 효용함수가 된다. 그러나 고립된 원자적 행위자로서 소비자의 주관적 효용은 위의 함수에 의해 표현될 수 있지만 시장이라는 사회구조적 맥락 속에 처해 있는 소비자의 경우는 사정이 다르다. 타 소비자들과의 관계가 주는 영향하에서는 이 소비자가 재화의 소비를 통해 얻는 효용은 타 소비자의 존재에 대한 지각에 의해 크게 영향을 받는다. 개별 소비자 j가 효용을 주관적으로 지각하는 과정에 타 소비자들과의 관계에 관한 지각이 미치는 영향을 B_j라고 하면, B_j에서 핵심적 위치를 차지하

---

3) 이후의 소비자 행동모델에 관한 논의는 기존의 원자론적(*atomistic*) 행위론과 규범론적(*normative*) 행위론의 단점을 극복하고자 한 Burt의 연구(1982)에 크게 의존하고 있다.

고 있는 것은 '구조적 근접성 계수'(structural proximity coefficient) l_{ij} 이다 (Burt, 1982: 176~179). l_{ij} 는 한 행위자 j 가 다른 행위자 i 를 (여타 행위자들과 비교할 때) 자신과 얼마나 유사하다고 인지하는가를 나타내는 계수이다. 앞서 살펴보았듯이, 네트워크분석에서 두 행위자가 유사하다는 것은 두 행위자가 구조적으로 동등하다는 것을 의미한다. 소비자 j 가 여타 소비자들과의 관계의 맥락 속에서 소비자 i 를 자신과 얼마나 유사하다고 인지하느냐에 따라 효용함수 상의 B_j 의 형태가 결정되며, 그에 따라 이 소비자의 효용함수의 구체적 형태가 결정된다.

신고전경제학의 소비자 행동모델은 개별 소비자의 효용함수가 오직 소비하는 재화의 양에 의해서만 정의된다고 간주함으로써 타 소비자의 존재 및 그들과의 관계에 대한 인지가 해당 소비자의 주관적 효용에 미치는 영향을 무시했다고 할 수 있다. 반면 네트워크분석의 소비자 행동모델은 행위자와 그들 사이의 관계에 대한 인지가 이 관계의 구속을 받는(embedded) 개별 행위자의 주관적 효용에 영향을 미치게 되는 메커니즘을 효용함수 속에 편입시키고 있다. 다시 말하자면, 네트워크분석의 소비자 행동모델은 개별 소비자를 원자적이고 고립된 존재가 아니라 타 소비자들과 맺고 있는 관계들의 망이라는 사회적 맥락 속에서 파악하고 있는 것이다. 4)

3) 개별 생산자에 대한 네트워크분석 모델

소비자 이외에 시장의 또 다른 미시적 행위자는 생산자이다. 네트워크분석은 개별 생산자가 이윤을 극대화하고자 하는 것으로 간주하되,

---

4) 지금까지는 네트워크분석의 소비자 행동모델이 개별 소비자의 효용함수를 이끌어내는 과정에서 어떻게 타 소비자들과의 관계라는 요인을 고려하는지에 관한 논의였다. 그 이후의 과정, 즉 효용함수로부터 개별 소비자의 효용극대화 선택을 이끌어내는 과정은 신고전경제학의 소비자 행동모델과 동일하다(Burt, 1982: 180ff).

이윤극대화 결정의 준거가 되는 것은 신고전경제학에서처럼 주어진 가격의 배후에 있는 수요·공급 상황이 아니라 타 생산자가 이전 시기에 내렸던 생산결정의 결과라고 파악한다.[5] 즉, 개별 생산자는 자신이 처한 시장(생산요소 시장 및 생산물 시장)의 수요·공급 상황이 아니라 타 생산자의 과거 행위유형에 대한 '관찰'을 근거로 이윤극대화를 추구한다는 것이다(White, 1980a). 여기서 관찰 가능한 타 생산자의 과거 행위유형이란 다름 아니라 타 생산자들이 지난 생산기간에 생산한 양(y)과 그 양을 판매하여 얻은 수입(W)이다.

한편 네트워크분석의 생산자 모델은 개별 생산자 각각이 생산하는 재화가 동질적이지 않다는 점에 주목한다. 그래서 집합적 행위자로서 소비자들은 재화를 구매할 때 재화의 가격뿐만 아니라 질 또한 고려하는 것으로 간주된다. 따라서 각 생산자들은 자신이 생산한 재화의 질적 수준이 허용하는 한도 내에서 자신의 제품에 대해 타 생산자와는 다른 가격을 매길 수 있다. 그러므로 네트워크분석의 생산자 모델에서는 생산자의 의사결정 문제가 다음과 같이 정식화된다(Leifer and White, 1987) — 어떠한 품질의 재화를 얼마만큼 생산하여 얼마만큼의 가격으로 판매하여야 자신의 이윤이 극대화될 것이냐? 이 의사결정을 내리기 위해 사용할 수 있는 유일한 준거는 시장에서의 수요·공급 상황이 아니라, 이전 생산시기에 자신을 포함한 여타 생산자들이 얼마만큼의 재화를 생산해서 얼마만큼의 수입을 올렸나를 보여주는 시장스케줄(*market schedule*)과 의사결정 주체인 개별 생산자의 비용함수이다.

이런 의사결정 배경 하에서 개별 생산자가 이윤극대화를 추구하는 과정은 다음과 같다. 개별 생산자는 현 시점에서 자신의 이윤을 극대화시켜 주리라고 기대되는 생산량·수입 쌍(*pair*)을 찾는 것이 목표이다. 현재 이 생산자는 자신이 일정한 품질의 재화를 생산하는 데 얼마만큼

---

5) 이후의 생산자 모델에 관한 논의는 White(1981a, 1981b, 1988), Leifer (1985), Leifer and White(1987)에 의존하였다.

의 비용이 소요되는가에 대한 정보, 즉 자신의 비용함수에 대한 정보를 가지고 있다. 그러나 이 생산자는 자신이 만들어낸 재화에 대해 장차 형성될 시장수요, 그리고 이것과 시장공급과의 상호작용을 통해 형성될 시장가격에 대한 정보는 갖고 있지 않다. 따라서 이 생산자는 자신의 생산비용 함수를 시장가격에 대한 완벽정보를 통해 도출되는 자신의 수입함수와 비교하여 그 차가 극대화되는 지점을 찾는 대신(이것은 신고전경제학적 이윤극대화 모델의 내용이다), 자신이 실제로 입수할 수 있는 시장스케줄에 관한 정보(즉, 이전 생산시기에 자신을 포함한 타 생산자가 얼마만큼을 생산·판매하여 얼마만큼의 수입을 올렸는가에 관한 정보)에 비추어 이 시장스케줄 상의 각 지점들 중에서 자신의 현 비용함수와 가장 큰 차이를 보이는 점(생산량·수입 쌍)을 찾아낸다.

예컨대, t-1 시점에 X라는 재화를 만들어내는 생산자가 9명 있었고 이들 각각은 저마다의 고유한 품질을 지닌 재화 $X_j(j=1, \cdots, 9)$를 일정량 생산·판매하여 일정량의 수입을 올렸다고 하자. 그러면 이들 생산자는 각각 수입과 판매량을 축으로 하는 XY 평면상에 점으로 표현될 수 있다. 이것이 개별 생산자 j가 t 시점에서 직면하고 있는 시장스케줄이 된다. 동일한 좌표 위에 j의 t 시점에서의 비용함수 $C_j(y)$를 덧붙인 것이 〈그림 8-1〉과 같다고 하면, 이것이 바로 개별 생산자 j가 t 시점에서 이윤극대화 결정을 내리는 준거가 된다. j는 자신의 비용곡선과 시장스케줄 상의 각 점들(판매량, 수입 쌍)을 비교하여 그 차가 가장 큰 점을 선택한다. 〈그림 8-1〉에서는 (y_j, W_j)가 다른 쌍들에 비해 비용곡선 $C_j(y)$과의 차이가 가장 큰 쌍이다. 그러므로 이 생산자 j는 재화 X_j를 y_j 만큼 생산하고 개당 가격 W_j/y_j으로 판매하는 것이 현재 가용한 시장스케줄 정보와 자신의 비용조건하에서 최대의 이윤을 기대할 수 있는 선택이다(여기서 기대되는 최대 이윤의 크기는 당연히 $W_j-C_j(y_j)$일 것이다).[6]

---

6) 이 과정을 형식적으로 표현하면 다음과 같다. t-1 시점의 각 생산자의 생산

〈그림 8-1〉 생산자 j의 이윤극대화 선택

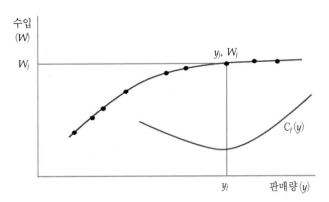

여기서 개별 생산자들의 이윤극대화 결정을 안내하는 준거가 되는 시장스케줄과 비용함수는 다름 아니라 이 시장에 참여하고 있는 각 생산자들이 소비자 및 공급자들과 맺었던 구매·판매관계의 결과라는 점에 주목할 필요가 있다. 각 생산자의 비용함수 $C_j(y)$는 이들이 어떤 공급자에게서 얼마만큼의 생산요소를 얼마에 구입하였는가에 의해 결정되며, 각 생산자들의 시장스케줄, 즉 판매량·수입 쌍$(y_j,\ W_j)$은 이들이 만든 재화를 어떤 소비자에게 얼마에 얼마만큼 팔았는지에 의해 결정된다. 다시 말해 시장스케줄과 비용함수는 각 생산자들이 구매·판매관계로 얽혀있는 시장이라는 네트워크가 갖는 구조적 특성에 의해 결정된다.

개별 생산자가 이윤극대화 결정을 내릴 때 시장스케줄과 자신의 비용함수를 준거로 삼는다는 말은 생산자의 이윤극대화 행위가 시장이라

량과 수입 사이의 관계, 즉 시장스케줄을 함수 $f(y)$로 정의하면, t 시점에서 개별 생산자 j의 이윤극대화 생산결정은 $f(y)$와 j의 비용함수 $C_j(y)$ 사이의 차가 극대화되는 y의 값을 구하는 문제로 귀착된다. 이 문제는 $f(y)$의 기울기와 $C_j(y)$의 기울기가 일치하도록 하는 y, 즉 $\dfrac{df(y)}{dy} = \dfrac{dC_j(y)}{dy}$ 를 만족시키는 y를 구하는 것으로써 해결된다.

는 네트워크를 함께 구성하고 있는 타 생산자의 행동에 대한 인식에 의해 좌우된다는 의미이며, 나아가 각 생산자들은 시장이라는 네트워크의 구조적 특성을 사회적 맥락 혹은 제약으로 안고서 이윤극대화 선택을 한다는 의미이다. 이것은 시장에 대한 완벽한 정보를 갖춘 개별 생산자가 자신만의 독특한 비용조건에 의해 계산되는 한계비용(*marginal costs*)과 자신의 재화에 대해 형성된 시장가격이 같아지도록 생산결정을 내린다고 파악함으로써 개별 생산자가 타 생산자와는 무관하게 고립된 상황에서 독자적으로 이윤극대화를 추구한다고 보았던 신고전주의 경제학의 입장과 명백한 대조를 이룬다.

결국 네트워크분석의 소비자 모델과 생산자 모델은 시장을 구성하는 미시적 행위자들을 파악함에 있어 이들이 처한 시장이라는 구조적 맥락 —자신을 포함한 모든 시장 행위자들 사이에 맺어져 있는 관계망의 유형—이 각 개별 행위자들에게 미치는 영향을 포착하는 데 착목했다는 점에서, 원자화된 고립적 행위자만을 미시모델의 중심에 두는 신고전경제학의 소비자·생산자 모델과는 차별성을 갖는다고 할 수 있다.

4) 구조적 자율성과 시장체계에 대한 네트워크분석 모델

앞서 살펴본 논의들이 시장이라는 구조적 제약하에서 시장의 미시적 행위자들이 어떻게 효용·이윤 극대화 행위를 하는지에 관한 네트워크분석 모델이었다면, 지금부터는 개별 행위자들이 시장이라는 구조적 제약을 줄이거나 회피하는 방식에 대해 네트워크분석은 어떻게 접근하고 있는지를 살펴보고자 한다. 앞서 살펴본 논의들은 구조가 행위에 미치는 영향과 그 영향하에서 취해지는 행위가 구조를 낳게 되는 방식에 관한 것이었던 반면, 지금부터 살펴볼 구조적 자율성(*structural autonomy*) 모델은 일군의 미시적 행위자들이 구조의 제약을 줄이거나 회피하고자 함으로써 구조 자체의 특성에 변화를 야기하게 되는 방식을 포착하고자 하는 것이다. [7]

우선 구조적 자율성 모델을 살펴보기 전에 개별 시장에 대한 네트워크분석 모델이 어떻게 전체 시장체계(system of markets)로까지 확장될 수 있는가를 먼저 살펴보자. 개별 시장을 하나의 네트워크로 보고 그것의 구조적 특성을 포착하는 것이 개별 시장 모델이었다면, 시장체계 모델은 전체 경제를 하나의 네트워크로 보고 그 구조적 특성을 파악하는 것이라고 할 수 있다. 일국의 경제는 전체 국민들이 구매자나 판매자로 참여하는 모든 재화 및 서비스 시장들이 상호작용 혹은 상호의존 관계에 의해 얽혀있는 하나의 시장체계이다. 이렇게 경제를 시장들(혹은 산업부문들)의 네트워크로 보면, 특정한 재화 혹은 서비스 X를 생산하는 모든 생산자들은 공급자 및 소비자와의 관계의 유형이 대동소이하므로 타 생산자들에 비해 구조적으로 동등한 행위자들이라고 할 수 있을 것이며,[8] 이들은 하나의 동일한 위치(position)를 공통으로 점유한다고 할 수 있다. 이들이 공유하는 이 위치가 바로 X시장 혹은 X산업인 것이다. 그렇다면 전체 경제라는 네트워크는 수많은 개별 시장들을 하위 집단으로 하는 분화된 구조를 갖는 것으로 파악할 수 있을 것이다. 이처럼 네트워크분석의 시장체계 모델은 경제라는 네트워크를 구성하는 하위집단으로서의 각 위치들(즉 시장 혹은 산업부문들) 사이의 관계가 어떤 특징적 유형을 보이는지를 파악하는 것을 목표로 한다.

구조적 자율성 모델은 경제라는 네트워크를 구성하는 한 하위집단인 개별 시장이 전체 네트워크가 부과하는 구조적 제약을 어떻게 줄이거나 회피하는지를, 그리고 그 과정에서 어떻게 전체 네트워크의 구조적 특성 자체에 변화를 야기하는지를 살펴보기 위한 분석도구이다. 전체 경제라는 네트워크 내에서 개별 시장 j가 누리게 되는 구조적 자율성은 이 시장이 직면하고 있는 다음과 같은 두 가지 구조적 제약(structural

---

7) 이후의 논의는 Burt(1982, 1983, 1988)를 참조.
8) 구조적 동등성이란 앞서 살펴본 바와 같이 상대적인 개념이므로, 네트워크 경계를 개별 시장으로 잡으면 구조적으로 상이한 행위자라 할지라도 전체 경제를 네트워크로 간주할 때에는 구조적으로 동등하다고 간주될 수 있다.

224

constraints)에 의해 결정된다. 9) j 내부 행위자들 사이의 관계에 의해 부과되는 제약과 이 시장 외부와의 관계에 의해 부과되는 제약이 그것이다. 개별 시장 j의 구조적 자율성 A_j는 이 두 제약이 적을수록 커진다. 다음은 A_j를 종속변수로 하고 위의 두 가지 제약을 독립변수로 하는 회귀방정식이다.

$$A_j = b_0 + b_1 O_j + b_2 C_j + b_3 X + u$$

여기서 O_j는 시장 j 내부의 집중도를 나타내는 변수이다. 구조적 자율성 모델에 따르면 개별 시장 내부의 집중도가 높을수록 이 시장의 외부에서 오는 구조적 제약은 적어지고 따라서 시장의 구조적 자율성은 높아진다(즉, 회귀계수 b_1이 양수이다). 한편 C_j는 j가 여타 시장들 i와의 관계에 의존하고 있는 정도와 i 자체의 시장 집중도를 나타내는 변수이다. 여기서 j의 i 의존도는 j가 굳이 i와의 관계를 통하지 않고서도 필요한 자원을 제공받을 수 있는 수단이 많으냐, 적으냐로 정의된다. j가 i와의 관계에 의존하는 정도가 낮고 i 내부의 시장 집중도가 낮을수록 C_j의 값은 커지며, 따라서 A_j도 커진다(즉, b_2도 양수이다). 10) 마지막으로 X는 앞의 두 변수들 사이의 상호작용 항이며, O_j와 C_j 사이에는 양의 상호작용 효과가 있는 것으로 간주된다(즉, b_3도 양수이다).

---

9) 여기서 주목할 것은 구조적 자율성 모델은 행위자 개개인에 관한 모델이 아니라는 점이다. 이 모델은 네트워크 내에서 하나의 위치를 공동으로 차지하고 있는 "구조적으로 동등한 행위자들 전체가 집합적으로 누릴 수 있는 자율성"에 관한, 즉 한 행위자 집단이 다른 집단에 비해 얼마나 많은 자율성을 누리는가에 관한 모델이다(Burt, 1982: 266). 행위자 개인의 구조적 자율성에 관한 모델로는 한 행위자가 타 행위자들과 맺고 있는 관계들 속에 내포된 '구조혈'(structural holes)에 의해 그 행위자의 구조적 자율성을 포착하려는 Burt의 연구(1992)를 참조할 것.
10) C_j의 구체적 계산과정에 대해서는 Burt(1982: 268~271; 1983: ch. 2; 1988: 370~371) 참조.

이 구조적 자율성 모델에 따르면, 다음과 같은 조건하에서 개별 시장 j는 가장 심한 구조적 제약하에 있다고, 즉 구조적 자율성이 가장 낮다고 할 수 있다. j가 자체의 시장 집중도는 낮으면서(즉, j는 경쟁적 시장이면서) 독점적이거나 과점적인(즉 집중도가 높은) 단 하나의 타 시장과만 관계를 맺고 있는 경우가 그것이다. 이처럼 구조적 제약이 심하여 자율성을 못 누리고 있는 개별 시장은 그것을 구성하는 각 행위자들에게 구조적 자율성을 높이고자 하는 유인을 제공한다.

개별 시장의 구조적 자율성이 높아지려면 이 시장 내부의 집중도가 증가하거나, 집중도가 낮은 여러 개의 타 시장들과 관계를 맺거나, 두 조건이 동시에 만족되거나 하여야 한다. 이 조건들은 구조적 자율성이 낮은 개별 시장의 구성원의 입장에서 보면 자율성에 위협이 되는 요인들을 자신의 경계 내부로 포섭(*coopt*)하는 것에 해당한다. 시장의 구성원인 개별 생산자가 다른 생산자를 포섭할 수 있는 장치(*cooptation devices*)는 다음 세 가지이다(Burt, 1982: 137~143). 타 생산자를 직접 소유해버리거나(*ownership ties*), 타 생산자의 이사를 자신의 이사진으로 앉히거나(*direct interlock ties*), 타 생산자와 포섭관계에 있는 금융기관의 이사를 자신의 이사진으로 삼는 것(*indirect interlock ties*)이 그것이다.

구조적 자율성이 낮은 시장의 구성원들은 개별적으로 구조적 자율성을 높이려는 유인을 갖게 되고, 그 결과 각 개별 생산자들은 위의 세 가지 방법들 중 하나(혹은 그 이상)를 동원하여 타 생산자들과 새로운 관계를 맺음으로써 구조적 제약의 근원을 포섭하려 할 것이다. 만약 시장 j의 낮은 구조적 자율성이 O_j가 지나치게 낮은 데서 기인한다면(O_j와 C_j 중 어느 것이 j의 구조적 자율성에 더 큰 영향을 미치는가는 표준화 회귀계수의 비교를 통해 판별가능하다), 위에서 살펴본 세 가지 포섭관계들이 j 내부에서 많이 발견될 것이다. 시장 j의 낮은 구조적 자율성이 C_j가 지나치게 낮은 데 기인한다면, 여타 시장들 중에서 j에 가장 큰 구조적 제약을 가하는 시장[11]에 속하는 생산자들과 j에 속하는 생산자들 사이에 많은 포섭관계들이 발생할 것이다.

만약 개별시장 *j*의 구성원들이 이러한 포섭관계들을 새로이 맺음으로써 *j*의 구조적 자율성이 증대했다면 그때의 *j*가 처한 관계의 유형은 이전의 그것과 판이할 것이다. *j*의 개별 구성원들의 포섭관계 형성에 의해 전에 없던 관계가 새로 생겨나거나 있던 관계가 소멸해버렸기 때문이다. 다시 말하면 *j*의 성원들이 자신에게 부과된 구조적 제약을 줄이거나 회피하고자 취했던 대응들의 집합적 결과에 의해 *j*가 처한 사회적 맥락(즉, 이 개별시장이 타 개별시장들과 맺고 있던 관계의 유형)에 구조적 변동이 야기되었으며, 경제라는 전체 네트워크의 구조가 변화하게 되었다. 12)

---

11) *j*에 가장 큰 구조적 제약을 가하는 시장이란 여타 시장 *i* 중에서 *j*가 가장 크게 의존하고 있으면서 동시에 내부 집중도가 가장 높은 시장을 말한다. 이것을 찾아내는 구체적 과정은 Burt(1982: chs. 7, 8) 참조.

12) 버트(Burt, 1982, 1983)는 1967년 미국 산업연관표 상의 제조업 부문 자료를 가지고 분석한 결과, 자신의 이 구조적 자율성 모델에 대한 경험적 지지를 얻어냈다. 그는 각 산업부문들을 구조적으로 동등한 개별 생산자들이 공동으로 차지하고 있는 위치들로 간주하고 각 산업부문들 사이의 거래관계를 나타내는 산업연관표 자료를 이용하여 경험분석을 실시한 결과, 한 시장의 이윤수준은 이 시장이 처한 구조적 제약에 의해 영향을 받는다는 것을 발견했다. 즉, 개별 시장의 이윤수준을 이 시장의 구조적 자율성을 나타내는 지표로 간주하여 본문의 회귀분석을 실시한 결과 각 회귀계수의 부호가 가설과 일치하였던 것이다. 또한 각 시장 간의 포섭관계도 구조적 자율성 모델이 예측한 바와 일치하였다(즉, 포섭관계는 한 시장과 거기에 가장 큰 구조적 제약을 가하는 타 시장들 사이에서 가장 빈번하게 발견되었다) (Burt, 1982: chs. 7, 8). 그는 또한 1970년대 자료들을 동원하여 동일한 경험적 지지를 얻었다(1988).

4. 네트워크분석을 통한 투표행위 설명

앞서 언급하였듯이 사회학적 접근의 기본 출발은 구체적이고 현실적인 사람들의 관계 속에서 사회를 설명하려는 것이다. 특히 일상생활 속에서 다른 사람들과의 접촉이나 만남을 통해서 형성되고 유지되는 사회적 관계를 중시한다. 그것은 개인의 의사결정은 누구와 관계를 맺고 있으며 어떤 관계를 맺고 있느냐에 따라 상당 부분 결정되기 때문인 것이다. 그러나 전통적인 사회학적 접근은 한 개인의 의사결정, 예컨대 투표행위를 개인이 지니고 있는 다양한 인구학적 속성(지역, 연령, 성별)의 함수로만 설정하고 있을 뿐, 타자와의 관계가 투표행위를 설명하는 기제로서 매우 중요하다는 점은 간과하고 있다. 바로 여기에서 네트워크분석의 문제설정이 제기되는 것이다. 네트워크분석의 기본전제는 투표자의 사회인구학적(*socio-demographic*) 요인에 의한 사회 집단적 기초가 사회적 접촉에 의해 강화되거나 변형된다는 것이다. 그리고 연결의 개념으로 표면화되는 사회적 접촉이 투표행위를 구명하는 더 많은 설명력을 지닌다는 것이다.

투표정치의 경우 정당이나 후보자뿐만 아니라 투표행위자들이 맺고 있는 외적 사회관계 혹은 소집단 커뮤니케이션망(*small group communication network*)이 사회연결망의 의미로서 투표행위에 동원된다는 점을 중시하여야 할 것이다. 특히 한국의 사회적 환경(*social setting*)을 고려할 때 이 부분이 차지하는 비중은 대단히 크다 할 수 있다. 사회적 연결망과 소집단 관계는 한국인의 삶에서 매우 중요한 것임에 틀림없다. 실제로 사회적 연결망을 통한 투표상황은 이미 한국사회 선거형태의 특징적 양상으로 굳어져 있으며, 이러한 투표행위는 좀처럼 변화할 조짐을 보이고 있지 않다. 근대화되어 감에 따라 정당을 중심으로 한 정책과 쟁점 중심의 투표행위로 변모한다는 소위 산업화론의 명제에 근거한 사회발전 과정을 기대하기 어려운 듯이 보인다. 네트워크분석은 이러한 사회적

228

맥락 속에서 개인 간 접촉의 유형과 한 개인이 연루되어 있는 공식, 비공식집단 내부의 영향력 소통을 논의의 핵심으로 설정하면서 이들 소통의 흐름을 살펴보고자 하는 접근방식이다.

사회연결망은 선거과정과 연관되어 다음의 세 가지 의미를 지닌다. 하나는 후견인-피후견인(*patron-client*) 관계로서의 연결망이며, 다른 하나는 영향력 있거나 또는 존경받는 사람에 의한 사회적 영향력의 개념으로서의 연결망이다. 두 번째 부문인 영향력으로서의 연결망은 직접적 접촉을 상정할 필요가 없는 경우가 대부분이라는 점에서 연결망으로 볼 수 있느냐 하는 의문이 제기될 수 있지만, 투표과정에서 사회연결망적인 역할을 하고 있는 것으로 보아야 할 것이다. 이상의 두 가지는 수직적 영향력의 행사로서의 연결망이다. 마지막으로, 후견인-피후견인 관계와 영향력 있는 사람의 경우와는 달리 수직적・위계적 요소를 내포하지 않는 일반적 사회관계로서의 연결망이다. 실제로 일반 사회에 널리 퍼져 있는 사회적 연결망은 아마도 이와 같은 수평적 영향력으로서의 의미일 것이다. 이와 같은 연결망은 유권자들의 지지를 동원하는 개인간・조직간 의사소통 과정으로써 개인적 의무감, 존경심, 그리고 사회관계에서 일어나는 여타의 유관한 감정들을 불러일으킴으로써 투표결정에 영향을 미치는 일반적 기제의 하나로 이해될 수 있다.

이와 같은 사회연결망의 다양한 속성은 연줄의 정치적 효과가 발생하는 맥락을 구분하는 데도 유용하다. 먼저 후견인-피후견인 관계로서의 연결망은 이미 관계 자체가 정치적 내용을 포함하기 때문에 연결의 정치적 효과도 후견인의 직접적 수혜나 수혜의무에 대한 피후견인의 정치적 충성의 형태와 같이 보다 직접적으로 표출되는 것이 일반적이다. 정치집단이나 규모가 크지 않은 공통체내에서 발견되는 지도자와 추종자들 간의 관계는 후견인-피후견인 연줄의 정치적 효과가 나타나는 대표적 사례가 될 것이다. 영향력으로서의 연결망의 정치적 효과는 일정의 여론주도자 효과(*opinion-leader-effects*)의 맥락에서 설명될 수 있다. 투표자를 결정하는 문제에 직면해 평소에 정치에 별다른 관심이 없거나 지식이 부족한 유권자들이 의도적이건 비의도적이건 간에 사회연결망 내에 있는 신뢰할 만한 타자에 귀를 기울여 그들의 의견에 따를 가능성 이 커지며, 이때 신뢰할 만한 타자는 정치적 식견이 높거나 정치적 지식이 풍부한 사람이라기보다는 평소에 여러 측면에서 영향력을 행사해 왔던 연결망 내의 사람에 한정된다. 이러한 효과는 후보자와 선거쟁점에 대한 토론이 빈번해지고, 후보자를 선택해야 하는 결정에 직면한 상황에서 주로 나타나기 때문에 대체로 단기적이며, 선거시 후보자의 경쟁 정도나 후보자에 대한 정보의 신뢰성 등과 같은 외적 요인에 따라 연결망의 정치적 효과가 좌우되는 경향이 크다.

일반적 사회관계로서의 연결망은 일상적인 사회적 환경이 정치적으로 전이됨으로써 그 효과가 관측되는 것이라고 볼 때 앞서의 두 가지 관계에 비해서 '구조적 피구속성'(structural embeddedness)의 수준이 높은 상호작용 체계이다. 성원들이 공통적인 특성을 공유할 뿐 아니라, 집단 내의 사회적 상호작용을 통해 성원들이 그들의 공통점을 인식하기 때문에 연결망이 정치적 속성을 내포하는가와 거의 관계없이 상호작용의 체계적 특성에 따른 정치적 효과를 추론해 볼 수 있다. 정치적 행위의 사회관계적 기초를 확인하려는 사회학적 연구들이 일반적 관계로서의 연결에 더 많은 관심을 보이는 이유도 이와 같이 정치적 행위의 사회적 기반을 보다 분명히 드러내 주기 때문이다. 예컨대 선거시 동원을 위한 동원망이 따로 형성되기보다는 선거 이전에 이미 비정치적으로 조직되어 있는 일상적 관계에 의존하는 경우가 대부분인 것만 보아도 비정치적인 일상적 관계망이 정치적 동원의 사회적 토대로 작용한다는 사실을 확인할 수 있다.

일상적 사회관계가 정치적 행위에 어떻게 영향을 미치는가에 대해 인지협화(認知脇化)나 집단의 규범적 동조압력과 같은 사회심리적 기제가 주로 지적되어 왔다. 불협화(cognitive dissonance)의 상황을 극복하고 인지협화를 지향함으로써 발생하는 습득효과(assimilation effect)는 사람들이 주위 사람들의 태도를 습득하는 경향이 있다는 일반적 사실을 개념화한 것으로 이로부터 특정 정치적 태도에 대한 학습을 추론해 볼 수 있다. 이 경우에 자신을 둘러 싼 이들의 정치적 견해가 자신이 이전에 학습한 정치적 내용이나 정당소속감과 다르더라도 그들과 일치하는 쪽으로 자신의 태도를 변화시킨다는 점을 부각한다. 즉, 소집단적이고 비공식적인 맥락에서 성원에게 조화와 친밀감의 분위기를 유지토록 하는 태도일치(attitude conformity)의 압력이 정치적 신념의 경우에도 예외 없이 행사되는 것이다(Janis, 1982). 대학환경이 정치적 태도에 미치는 영향에 대한 뉴컴(Newcomb)의 고전적 연구(Newcomb, 1957)를 위시하여 구체적인 정책평가에 이르기까지 연결망의 파트너가 정치적 태도의 모든 영역에 의미 있는 영향력을 행사하고 있음을 실증하는 적지 않은 경험적 연구결과들이 정치적 행위나 태도에 미치는 상호작용의 영향력을 실증해 보인 바 있다(Weatherford, 1982).

그렇다고 정치적 효과가 정치적 커뮤니케이션이 이루어지는 관계에만 국한되는 것은 아니다. 집단에 둘러싸인 사람은 집단과 스스로를 동일시하기 마련인데 정치도 다른 사회적 문제와 마찬가지로 집단적 관점에서 다루어 질 때에는 주위 사람과 설사 정치적 문제를 토의하지 않는다 해도 준거집단의 사회적 압력에 의해 정치적 효과가 발생할 수 있기 때문이다(Huckfeldt, 1986: 20~24). 이웃, 작업장 등에서의 반복적이고 비공식적인 접촉이 특정 준거집단을 형성하듯이, 다양한 사회적 맥락은 개인들 간의 상호작용을 구조화하고 나아가 정치적 인지에 영향을 미치는 사회적 충성심을 형성하는 준거집단으로 작용한다. 즉 특정한 사회적 맥락 내에서 이루어지는 상호작용은 정치적 성격이 아니라 하더라도 정치적 사건을 해석하거나 자신들의 집단에 이익이 되는 정당에 대한 정체감을 추구하는 데 필요한 사회적 신념이나 인지를 구조화하는 준거가 됨으로써 결국 정치적 행위에 영향을 미치게 된다.

상호작용을 통해 무엇이 교환되고 흐르는가 하는 관계의 내용뿐만 아니라 관계의 형식적 특성도 행위나 태도에 미치는 효과의 차이를 가져오는 요인이다. 통합성(integration), 강도(strength), 밀도(density) 등은 연결망의 특성을 기술하는(describe) 연결망의 체계적 특성(Burt, 1980)임과 동시에, 더 나아가 행위나 태도를 설명하기 위한 대표적 속성이다. 성긴(sparse) 연결망과 촘촘한(dense) 연결망, 강한(strong) 연결망과 약한 연결망(weak ties) 등은 적응이나 행위양식을 설명하기 위해 도입되는 가장 전형적인 연결망의 유형이다. 예컨대 하층에서는 통합성이 높은 연결망이 적응의 이점이 있으며(Bott, 1955), 강한 연결망은 새로운 행위양식의 수용을 지체시킨다고(Coleman, 1957) 설명한다. 또한 그라노베터(Granovetter, 1973)는 정의적인 행위나 집단응집에는 강한 연결이 유용하지만, 도구적 행위나 새로운 자원의 획득에는 오히려 약한 연결이 이점이 있다는 가설을 제시하기도 하지만, 일반적으로 관계의 통합성이나 접촉강도는 태도수용이나 영향력의 압력을 크게 하는 요인이라고 볼 때 통합성, 강도, 밀도 등이 높은 관계에서의 상호작용의 효과가 더욱 크게 나타나는 것으로 보아야 할 것이다.

이자관계(dyad)의 경우에13) 관계의 맹목성, 접촉도(frequencies), 중첩성(multiplexity), 친밀도 등이 이와 같은 속성을 나타내는 대표적인 지표들로 분석되어 왔다. 관계의 명목성이란 가족, 친우, 동료, 이웃 등과 같이 관계의 특성을 규정하는 것으로, 사회관계의 명목성은 연결망의 가장 기본적인 특성으로 연결망의 효과를 탐색하기 위한 '발견적 장치'(heuristic device)로서의 의의를 지닌다고 할 수 있다. 가족관계, 친우관계, 작업장 내 관계들이 정치행위에 얼마만큼의 영향력을 미치는

―――――――――
13) 이자관계를 넘어서는 다자적 관계인 경우에는 연결망의 체계적 특성을 판별하는 문제는 보다 구체적인 이론적·방법론적 전제가 필요한데 행위자들의 관련성이나 근접성을 어떻게 보는가에 따라서 관계적 접근(relational approach)과 위치적 접근(positional approach)으로 크게 구분된다. 관계적 접근은 행위자들 간의 관계의 강도를 통해서 행위자들 간의 관련성을 밝히는 데 비해 위치적 접근에서는 체계 내에서의 행위자들의 위치를 규정하는 관계의 유형을 기술하는 것을 기본 목적으로 한다. 관계적 접근에서는 군집 모델(clique model)이, 위치적 접근에서는 구조적 동등성 모델(structural equivalence model)이 각각 대표적인 분석모델이다(Burt, 1982: 제 2장 참조).

가를 알아봄으로써 정치행위의 준거집단의 성격을 가늠해 볼 수 있기 때문이다.

접촉빈도, 중첩성 및 친밀도는 관계의 강도를 나타내는 지표들로서 서로 간에 접촉이 빈번하다는 것은 상대방의 태도를 해석할 기회를 많이 가진다는 것을 의미하기 때문에 상대방으로부터 영향을 받을 가능성이 그만큼 클 것이다. 또한 중첩도는 특정한 사람과의 관계가 다양한 활동이나 역할에 동시에 관련되어 있는 정도를 말하는데, 관계가 중첩적일수록 태도동일시의 압력이 강하게 행사된다고 볼 수 있다. 예를 들어 정치적 문제는 친구와, 교육문제는 이웃과 토의하는 경우에 비해, 특정인과 모든 관계를 상의한다면 그로부터 받는 영향력이 더 클 수밖에 없다. 또한 친한 관계는 서로 간에 주고받는 정보나 지식에 대한 신뢰도를 증가시켜 친밀한 관계일수록 상대방의 정보나 지식에 대한 수용도가 커지게 됨을 지적한다.

요컨대 접촉이 빈번하고 여러 활동에 동시에 참여하며 친밀도가 높은 상대방으로부터 영향을 받을 가능성이 커진다는 것이다. 교회 출석의 빈도나 결사체의 참여정도(Liepelt, 1971; Putnam, 1966), 친구에 대한 신뢰감의 차이들이 정당선호에 미치는 효과에 관한 분석은 이자관계의 속성과 정치적 행위와의 관계를 경험적으로 확인해 주고 있는 대표적 주제들이다. 한편에서는 이들 속성들 가운데 상대적으로 더 의미 있는 요인을 밝히려는 시도도 있었는데, 친우관계의 접촉빈도와 친밀도의 효과를 평가한 웨더포드는 접촉빈도의 영향력은 거의 없는 데 비해, 지속기간과 친밀도는 매우 중요한 영향을 미친다고 지적하고, 동조와 상대방에 대한 수용성을 증진하는 결정적 요인은 메시지의 반복보다 교환에 있어서의 신뢰임을 주장한다(Huckfeldt, 1986).

결론적으로 투표행위에 대한 연결망 접근은 정치적 관계는 물론 일상적 관계를 포함하여 정치적 행위의 미시적 토대를 확인함은 물론 나아가 연결망의 내용과 형식에 따라서 정치적 효과를 차별화함으로써 정치적 효과의 구체적 기제를 구체화했다는 점에서 의의가 있다.

5. 소결 : 구조와 행위의 통합

이상으로 우리는 1970년대 들어 경제사회학 분야에서 획기적인 분석 패러다임으로 각광받으며 등장한 네트워크분석이 어떤 논리구조를 가지고 있으며 어떻게 활용될 수 있는가를 살펴보았다. 네트워크분석 기법을 이용한 기존 연구들을 재구성하여 신고전경제학 진영의 분석 전유물이라고 할 수 있는 시장에 대해 어떤 대안적 이론화와 네트워크분석을 통한 투표행위의 설명을 살펴봄으로써 네트워크분석의 논리구조와 그 응용 가능성에 대한 이해를 제시하였다.

시장에 대한 대안적 이론화의 모색을 위한 네트워크분석은 경제사회학의 핵심 쟁점들과 관련하여 다음과 같은 시사점들을 던져준다. 우선 네트워크분석은 신고전경제학의 경우보다 훨씬 더 현실적인 가정들에 입각하여 시장이론을 구성하고 있다는 것을 첫 번째 시사점으로 생각해 볼 수 있다. 네트워크분석은 신고전경제학의 비현실적 가정들을 대부분 명시적으로든 묵시적으로든 거부하고 있다. 개별 소비자의 선호체계가 이미 주어져 있고 안정적이라는 가정은 그가 처한 구조적 맥락을 고려함으로써 수정되었으며, 시장스케줄을 이윤극대화의 준거로 삼는 생산자 모델은 개별 행위자의 정보가 완벽하다는 신고전경제학의 가정을 거부한다. 또한 모든 생산자가 만들어낸 재화는 질적으로 동일하다는 가정과 개별 행위자는 자신의 행위로 전체 시장의 구조에 변화를 야기할 수 없다는 가정 역시 질적으로 차등이 있는 재화를 생산할 가능성을 열어 놓고 있는 생산자 모델과 개별 행위자들이 집합적으로 구조의 제약을 회피하거나 줄이고자 함으로써 구조에 변화를 야기할 수 있다고 보는 구조적 자율성 모델에 의해 거부되고 있다.

두 번째 시사점은 신고전경제학의 기본가정이 비현실적이라는 것은 경제사회학 진영에서 공통적으로 지적되는 사항이지만, 네트워크분석은 가정의 비현실성을 지적하는 것에서 한 발짝 더 나아가 보다 더 현실적인 가정에 입각하여 구조모델과 행위모델의 통합을 이룬 대안적 이론화를 시도하고 있다는 사실이다. 네트워크분석의 개별 시장 모델은 각 행위자들의 미시적 행위인 교환거래를 통해 형성된 관계의 망을 시장이라고 보기 때문에 시장이라는 구조와 그것을 구성하는 개별 행위자들의 미시적 행위는 자연스럽게 연결된다. 또한 개별 소비자 및 생산자 모델은 이러한 구조로서의 시장이 가하는 제약이 개별 행위자들의 극대화 행위에 어떤 영향을 미치는가를 포착하고 있다. 최종적으로 구조적 자율성 모델은 개별 행위자-개별 시장-전체 시장체계 사이의 상호작용과 그 과정에서 개별 행위자들이 집합적으로 자신이 처한 개별 시장의 구조적 자율성을 신장시키고 그럼으로써 시장체계 전체의 구조변화를 야기하는 과정을 포착하고 있다. 따라서 네트워크분석의 시장이론은 전통 경제사회학적 시장 논의들과 비교해볼 때, 구조모델과 행위모델의 통합을 이룬 보다 더 정밀한 시장이론을 개진하고 있다고 판단된다.

　　구조모델과 행위모델의 통합이라는 측면에서 볼 때 네트워크분석은 신고전경제학의 시장이론과도 차별성을 갖는다. 신고전경제학에서 시장이라는 구조는 고립되고 원자화된 개별 행위자 각각이 타인과의 관계에 관한 고려 없이 자신만의 독특한 조건 속에서 극대화 행위를 한 집합적 결과이다. 이에 반해 네트워크분석은 개별 행위자는 고립된 존재가 아니라 사회적 맥락의 구속을 받는 존재이기 때문에 의사결정을 할 때 타 행위자와의 관계를 고려할 수밖에 없으며, 그렇게 행위를 한 결과로 생겨난 관계의 특정한 유형이 다시 새로운 사회적 맥락이 되어 개별 행위자들을 제약한다고 판단함으로써, 신고전경제학이 간과했던 타 행위자와의 관계라는 변수를 구조모델과 행위모델을 잇는 핵심적 가교로 삼고 있다.

　　또한 신고전경제학의 완전경쟁 모델에서는 개별 행위자들이 집합적으로 구조가 주는 제약을 줄이거나 회피할 가능성이나 구조적 제약에 대한 이들의 이러한 대응이 역으로 구조에 변화를 초래할 가능성이 기본가정에 의해 원천적으로 봉쇄되어 있지만, 네트워크분석에서는 이

가능성이 구조적 자율성 모델을 통해 적극적으로 이론화되고 있다. 이는 네트워크분석의 시장이론이 신고전경제학의 그것에 비해 행위와 구조 사이의 상호작용을 보다 더 풍부하게 파악하고 있음을 시사한다.

제9장

제도적 동형화론

1. 서론 : 제도적 동형화론의 사회학적 배경

제도적 동형화론은 디마지오와 파월의 1983년 논문(DiMaggio and Powell, 1983)에서 처음 정식화되어 그 이후 이른바 신제도주의 조직론(neoinstitutional theory of organizations)이라는 연구흐름을 주도한 선구적 이론이 되었다. 제도적 동형화론은 조직의 합리적 선택과 계산된 적응을 강조하는 신고전경제학적 이론경향들에 반기를 들면서, 여러 조직들 사이의 제도화된 규칙이나 의미·인지틀의 공유로 인한 상호모방 및 그 결과로 나타나는 동질성의 증대에 초점을 맞춘다.

사회학 내에서는 제도를 개인의 행동을 강제하고 안내하는 객관화된 상징(혹은 신념)체계로 파악하려는 연구전통이 오래전부터 존재했다. 그러나 사회학에서 제도에 대한 관심은 국가, 헌법질서, 정치체제, 언어, 친족, 종교 등과 같은 거시적 수준에 대한 분석이 주류를 이루었고, 개인과 이런 거시적 제도 사이를 매개하는 중간적 제도(messo institutions)로서 조직(organizations)에 대한 관심은 뒷전으로 밀려나 있었다. 그러나 머튼(Robert K. Merton)의 관료조직 내에서의 과잉순응에

238

대한 연구(1957)를 기점으로 하여 사회학의 제도연구 전통은 조직론과
결합하게 된다. 머튼은 조직 내 개인의 행동은 조직목표에 대한 합리적
추구에 의해 파악될 수 있는 것이 아니라, 조직규칙에 대한 순응이 그
자체로 하나의 가치로 내면화됨에 따라 내면화된 조직가치에 순응하는
것으로 파악되어야 함을 주장했다. 이러한 생각은 그의 영향을 크게 받
은 셀츠닉(Philip Selznick)에 의해 계승되었다. 그는 조직의 기술적 효
율성이 아니라 조직가치의 내면화와 제도화가 조직의 유지를 설명하는
데 더 중요한 변수라고 주장했다(Scott, 2001: ch. 2).

신제도주의 조직이론의 또 다른 지적 자원은 사회학 내에서의 사회
심리학적 인지이론과 현상학적 사회이론과 문화연구의 전통, 그리고
민속방법론이다. 인지이론의 초점은 인간의 인지·지각 능력과 합리적
계산 능력을 강조하는 것에서 객관적 인지능력의 한계와 주관적 인지
틀의 중요성을 강조하는 방향으로 바뀌었다. 비록 인간의 인지는 여러
가지 결점을 안고 있어서 객관적이고 최적인 결론에 도달하지 못하지
만, 그럼에도 불구하고 "능동적으로 주어진 환경과 구조를 해석하고 의
미를 부여하는" 주체적 과정이라는 것이다(Scott, 2001: 38). 한편 1970
년대 후반의 현상학적 사회이론과 문화연구 진영에서는 사람들의 전반
적 생활방식 전체를 포괄하는 광의의 문화 개념에서 벗어나서 문화의
"의미론적 기능"(semiotic functions)에 초점을 맞추게 된다(Scott, 2001:
39). 따라서 문화란 사회적으로 확립된 의미구조이며, 주어진 상황에
대한 공통된 해석과 정의, 행동 전략을 내리게 만드는 의미부여의 원천
이다. 이런 의미로서의 문화는 더 이상 내면화된 주관적 신념체계나 가
치체계가 아니라 외부적이고 객관적인 실체를 갖는 관찰가능한 상징이
자 코드(codes)이다.

한편 현상학적 사회이론의 한 하위분야인 민속방법론(ethnomethod-
ology) 연구전통에서는 일반적 사회성원들에 의해 만들어지고 통용되는
"상식적 지식"(common-sense knowledge)에 주목한다. 예컨대 어떤 조직
에서 일하는 구성원들이 자신들이 직면한 상황을 어떻게 "이해"(make

sense)하고 그 상황에 대처하기 위한 나름의 규칙과 절차를 어떻게 만들어내는지를 파악하는 것이 민속방법론의 핵심적 작업이다(Scott, 2001 : 41). 민속방법론은 인간행동을 이해함에 있어 규범과 가치를 중요시하는 파슨스류의 접근방식과는 달리 인식주체의 의미부여와 해석을 중시하고 있으며, 합리적 계산을 가정하는 신고전경제학의 의사결정 모델과는 달리 조직에서의 일상적이고 기계적인 규칙준수 행동에 주목하고 있다. 즉, 민속방법론의 시각에서 조직 구성원은 내면화된 규범과 가치를 따르는 수동적 존재가 아니라 능동적으로 자신에게 주어진 상황을 정의하고 그 정의를 공유하고 그것을 바탕으로 상호 간에 통용되는 나름의 규칙과 루틴(*routines*)을 만들어낼 수 있는 능동적 존재이다. 그러나 민속방법론의 조직 구성원은 신고전경제학이 상정하는 것처럼 그때그때의 선택상황에서 최적의 합리적 선택을 하는 것이 아니라, 공유된 상황정의 하에서 만들어진 절차와 규칙이 통용될 수 있는 유사한 상황에서는 합리적 선택이 아니라 기성의 규칙과 절차에 반성 없이 순응하는 기계적 규칙준수 행위를 한다.

2. 제도적 동형화론의 연구 테마

앞서 살펴본 바와 같은 사회학 내부의 여러 지적 자원들을 모태로 하여 싹트기 시작한 제도적 동형화론은 다음과 같은 광범위한 연구주제들을 아우르면서 하나의 독자적인 진영을 형성하게 된다. 현상학적 논증을 조직연구에 도입한 선구자는 실버만(David Silverman)이었다. 그는 인간의 행위는 그가 실재를 사회적으로 구성하는 방식에 의해 제약을 받는다고 전제하면서, 이것은 개인에게만 적용되는 것이 아니라 조직과 같은 사회제도에도 적용된다고 주장한다. 따라서 조직은 최적의 투입-산출관계를 가져오는 기술적 효율성의 화신이 아니며, 환경도 단순히 자원의 공급처나 산출물의 제공처로서 이 조직과 관련을 맺는 것이 아니다. 조직은 조직 구성원들이 사회적으로 구성한 실재이며, 환경 역시 조직 구성원들의 실재구성을 위한 "의미의 원천"으로서 존재한다(Scott, 2001: 42).

한편 조직을 기술적 효율성의 결과가 아니라 문화적 정당화의 산물로 파악하고, 한 사회의 제도적 환경이 조직형태의 변화에 어떤 영향을 미치는지를 탐구한 마이어와 로완의 연구(Meyer and Rowan, 1977)와, 대학교재 출판계가 초기의 다양성에서 어떻게 현재와 같은 두 가지 지배적 형태로 동질화되었는지를 살펴본 코저와 그 동료들의 연구(Coser et al., 1982), 법률교육 분야가 몇몇 개의 경쟁적 모델들이 공존하던 것에서 두 개의 지배적 접근방식으로 정리된 과정을 천착한 로스먼의 연구(Rothman, 1980), 병원 조직장의 형성과 발달 과정에서 모방의 증거들을 제시하고자 한 스타의 연구(Starr, 1980) 등도 제도적 동형화론의 주요 선행연구들로 소개될 수 있다.

또한 행정서비스 개혁 프로그램이 개별 도시들 사이에 어떻게 확산되는가를 연구한 톨버트와 주커의 연구(Tolbert & Zucker, 1983)는, 행정서비스 개혁을 지지하는 강력한 문화적 규범이 확립되고 나면 개별 도시들은 각자가 처한 독특한 상황과 필요에 대한 합리적 고려와는 상관없이 행정서비스 개혁 프로그램을 의무적으로 채택하게 된다는 것을 입증했다. 또한 대기업들 사이의 M-form 조직의 확산을 연구한 플릭스틴의 연구(Fligstein, 1985)는 전시기에 M-form을 채택한 기업의 숫자가 많은 영역에 속한 기업은 다음 시기에 M-form을 선택할 확률이 높다는 것을 발견했다. 결국 동일한 환경에 처한 기업들은 자신과 유사한 처지에 있는 타 기업의 선택을 지켜보고, 개별 기업이 속한 객관적 처지에 대한 전략적 고려와는 무관하게, 그것을 닮아가게 된다는 것이다. 한편 콜(Cole, 1989)은 퀄리티 서클(*quality circle*)과 같은 기업 내 혁신적 소그룹 활동이 어떻게 채택되고 유지되는가를 국가별로 비교분석하면서, 이런 혁신적 제도가 도입되고 유지되는 데는 그것을 정당화하고 후원하는 규범적 합의의 확립이 중요함을 주장했다.

이제 우리는 제도적 동형화론의 역사적 선행 연구전통들과 최근에 제도적 동형화론의 이름표를 달고 진행되고 있는 연구주제들을 일별해 보았다. 이러한 배경지식을 가지고 이제는 본격적으로 제도적 동형화론의 기본구조와 핵심적 분석틀을 디마지오와 파월의 논문을 중심으로 살펴보기로 한다.

3. 조직장과 동형화

1) 조직장

제도적 동형화론은 조직의 구조 및 행태는 기업을 둘러싸고 있는 조직환경(신제도주의 조직론의 용어로는 조직장)의 규범적 성격에 의해 설명될 수 있다는 기본입장을 견지한다. 이러한 제도적 동형화론의 설명 전략을 이해하기 위해서는 조직장(*organizational fields*)과 정당성(*legitimacy*) 혹은 정당화(*legitimation*)에 대한 개념적 이해가 필요하다.

우선 조직장이란 "총체적으로 하나의 확연한 제도적 삶의 영역을 구성하는 모든 조직들"(DiMaggio and Powell, 1983: 148), 예컨대 특정 조직과 그 조직에 주요 투입물을 판매하는 공급업체, 이 조직의 산출물을 사는 구매업체, 소비자, 규제당국, 유사 재화 및 서비스를 생산하는 여타 업체 등으로 구성된 조직 집합을 말한다. 그러나 조직장은 이런 조직들의 단순 합이 아니라 문화·인지적, 규범적 틀이라는 요소가 추가되는 정도만큼 존재할 수 있다(Scott, 2001: 84). 따라서 조직장은 존재하거나 존재하지 않은 이가적(*binary*) 개념이 아니라, 특정한 조건의 충족 정도에 따라 정도의 차이를 보이는 연속형 변수이다.

여기서 말하는 "특정한 조건"이란 구성 조직들 간의 상호작용, 서열의 구조화, 정보부하로 인한 불확실성, 공통의 인식 등이다. 다시 말해 조직장은 일군의 조직들이 서로 상호작용을 많이 하고, 그들 사이에 뚜렷한 지배와 연합의 구조가 존재하며, 정보부하가 커서 불확실성과 모호성이 팽배하고, 공통 관심사에 대한 인식이 강한 정도만큼 존재한다 (DiMaggio and Powell, 1983: 148). 결국 조직장은 조직들의 일종의 공동체로서 불확실성의 상황하에서 여러 구성 조직들 사이에 빈번한 상호작용으로 인하여 공통의 의미체계와 공유되는 규범적 틀이 존재하며 구성 조직들 사이에 상-하 혹은 중심-주변의 서열이 분명하게 정해져 있는 상황으로 정의될 수 있다.[1]

한편 조직장 형성에 결정적 역할을 하는 세 가지 힘은 "경쟁(competition), 국가(the state), 전문가 집단(the professions)"이다(DiMaggio and Powell, 1983: 148ff). 경쟁은 동일 산업부문에 속한 조직들 간의 장 형성을 주도한다. 그것은 신고전경제학이 설명하는 경제논리와 합리성에 의해 이루어진다. 한편 조직은 주어진 환경 속에서 살아남고 번성하려면 물질적 자원이나 정보의 합리적 활용뿐만 아니라 사회의 용인과 인정 및 신뢰를 필요로 한다. 이것이 바로 정당성이란 개념이 의미하는 바이다. 정당성이란 "모종의 사회적으로 구성된 규범, 가치, 신념, 정의(definitions)의 체계 내에서 어떤 개체의 행동이 바람직하다거나 적절하다거나 타당하다는 일반화된 인식 혹은 가정"을 말한다(Scott, 2001: 59). 국가와 전문가 집단은 각각이 가지고 있는 고유의 상징적 권위를 이용하여 특정 제도나 관념이나 혁신을 정당화함으로써 일군의 조직들이 장을 형성하는 데 결정적으로 기여한다.

한편 조직장이 한번 형성되고 나면 조직장 내부의 구성 조직들 사이에는 서로 유사해지게 만드는 힘이 작용하여 이들은 그 특성이나 행태

---

1) 디마지오와 파월은 조직장을 네트워크분석에서 다루고 있는 클릭(cliques)이나 위치(status) 개념으로 파악하기도 한다. 다시 말해 네트워크분석의 개념들을 빌려 조직장을 다시 정의하자면, 조직장은 그것을 구성하는 개별 조직들이 서로 연계성(connectedness)이 높은 클릭을 형성하거나, 서로 구조적으로 동등하여(structural equivalence) 하나의 위치를 공점하고 있는 상태를 지칭하는 것으로 파악될 수도 있다는 것이다(DiMaggio and Powell, 1983: 148 각주; 이 책의 제8장 참조).

의 측면에서 동질적인 그룹이 된다. 디마지오와 파월의 표현에 따르면, 일단 별도의 개별 조직들이 하나의 실질적 장으로 구조화되기만 하면, 이들을 서로 유사해지도록 만드는 "강력한 힘"(*powerful forces*)이 등장한다(DiMaggio and Powell, 1983: 148). 조직들은 개별적으로 변화를 꾀하고 새로운 관행을 도입하고, 전에 없던 새 조직이 생겨나는 등 변화와 변모를 거듭하지만, 장기적으로 보면 합리적 선택을 하는 이들 개별 조직들은 자신들의 변화능력을 제약하는 환경적 맥락을 스스로 조성하게 된다.

혁신을 도입하는 조기 적응조직들(*early adopters*)은 당연히 조직의 실적 향상을 위한 합리적 선택으로 혁신을 도입하지만, 이 혁신이 점차로 확산되면서 마침내 어떤 임계점에 도달하게 된다. 이 임계점을 넘어서면 혁신의 도입은 더 이상 효율성의 증대나 실적의 향상과 같은 도구적 성격을 갖지 못하고 그 자체가 하나의 가치가 되어서 해당 조직의 정당성을 높여주는 결과만을 가져다주게 된다. 이 단계가 되면 조직장 내의 조직들은 자신의 주어진 제약 조건을 따져 혁신의 도입 여부를 합리적으로 계산하는 것이 아니라, 비록 혁신의 도입이 아무런 기술적 이득을 가져다주지 못하더라도 그것 자체로 인해 정당성을 확보하고 주변 조직으로부터 용인과 지지를 얻기 위해 혁신을 먼저 도입한 타 조직들을 추종하게 된다.

그러므로 "조직들은 끊임없이 변화를 추구하지만, 조직장의 구조화가 일정 수준을 넘어서게 되면 개별 조직들의 변화 노력의 총량적 결과는 조직장 내 다양성의 감소로 나타난다"(DiMaggio and Powell, 1983: 149). 조직장의 형성은 정당성이 부여된 어떤 혁신이나 변화를 구성조직들 모두에게 신속하고 용이하게 전파하여 구성조직들이 이 혁신이나 변화의 측면에서 동질적이 되도록 만든다. 조직장 내의 개별 조직들은 항상 변화와 적응을 거듭하지만, 그것의 총량적 효과는 조직장 내의 다양성의 감소와 동질성의 증가이다. 그 구체적 메커니즘을 디마지오와 파월은 이른바 동형화(*isomorphism*)의 과정을 가지고 파악한다(DiMaggio

244

and Powell, 1983: 150ff).

2) 동형화

　동형화란 생태학에서 비롯된 용어로서, 개체군 내의 한 개체로 하여금 그와 유사한 환경적 조건에 처한 여타 개체를 닮아가도록 강제하는 힘을 말한다(DiMaggio and Powell, 1983: 149). 디마지오와 파월은 동형화의 과정을 경쟁적 동형화(*competitive isomorphism*)와 제도적 동형화(*institutional isomorphism*)로 구분한다. 경쟁적 동형화는 말 그대로 시장에서의 경쟁을 통해 가장 효율적인 기업이 선택되는 과정을 일컫는 것으로서, 조직군 생태학(*population ecology of organizations*)이나 신고전경제학적 경쟁이론으로 접근하는 것이 타당한 영역으로 간주된다. 디마지오와 파월이 대상으로 삼는 것은 두 번째 제도적 동형화이다.

　제도적 동형화는 세 가지 메커니즘에 의해 발생한다. 첫째는 강제적(*coercive*) 동형화로서, 특정 조직에 대해 권력을 갖고 있는 타 조직으로부터 비롯되는 공식적·비공식적 압력에 의해 동형화가 이루어지는 것을 말한다. 국가권력의 정책적 간섭이나 법적 제약 때문에 특정 변화나 혁신을 도입하게 되거나 자회사나 하청기업이 모기업이나 원청기업의 요구와 기준을 따라가게 될 때, 강제적 동형화가 이루어진다고 볼 수 있다.

　한편 모방적(*mimetic*) 동형화는 불확실성에 의해 발생하는 동형화이다. 조직은 원인이 모호하고 해결책이 불명확한 문제에 봉착하면 유사한 처지에 있는 타 조직의 행태를 모방하고자 하는 유인을 갖는다. 따라서 환경 불확실성이 클수록 모방적 동형화의 가능성은 높아진다. 특히 같은 조직장 내에서 더 정당하거나 더 성공적이라고 생각되는 조직(이른바 중심조직)을 모방하고자 하는 경향이 강하다. 어떤 조직이 중심적 조직으로 인식되어 모방의 대상이 되느냐는 정부의 인정이나 전문가 단체의 평가 등에 의해 결정된다. 정부의 인정이나 승인 혹은 특혜를 받는 조직, 전문가 집단의 우호적인 평가를 받는 조직이 가시성과 정당성을 부여받고 중심적 조직이 된다. 주변적 조직일수록 정당성을 확보한 성공적 조직을 모방하는 성향이 강하므로, 이들의 행태나 조직구조는 그 조직 자체의 특수한 기술적 역량이나 환경적 특성보다는 중심 조직의 행태나 조직구조만으로도 충분히 예측가능하다.

마지막으로 규범적(normative) 동형화는 전문지식의 습득 및 전수과정의 공통점에서 비롯된다. 대학과 전문지식 교육기관은 전문 경영인과 그 참모들 사이에서 조직규범을 창출하는 중심적 장소이며, 전문가 단체와 직능단체는 조직 행동에 대한 규범적 규칙을 정하고 전파하는 중요한 창구이다. 이런 공식 교육의 장과 그것들 간의 전문지식 네트워크의 확충은 여러 조직들에서 유사한 직위를 차지하는 상호대체 가능한 전문가 풀을 만들게 되고, 이들은 교육받고 사회화된 배경이 유사하므로 유사한 성향과 태도와 관점을 갖게 된다. 또한 경력 경로에서 이들을 걸러내는(filtering) 기준 역시 이러한 공통적 교육배경에 의해 설정되므로 조직의 지도급 경영자와 참모들의 태도와 기질과 관점에 있어서의 동질성은 더욱 강화된다. 실제로 다양한 조직들의 경영자들은 그 출신배경과 성향과 관점이 상당히 유사하여, "경영층의 동성애적 재생산"이라는 말이 나올 정도이다(DiMaggio and Powell, 1983: 153).

결국 조직의 경영자와 핵심 참모들이 같은 대학을 나오고 공통의 속성들을 기준으로 선발·탈락되는 만큼, 이들은 조직이 당면한 문제를 유사한 방식으로 파악하고, 무엇이 규범적으로 승인되고 정당화된 것인지에 대한 관점이 유사하며, 그런 한에서 의사결정에 접근하는 방식 또한 대동소이하다. 이것이 바로 규범적 동형화의 메커니즘이다. 전문가 집단에 공통적으로 적용되는 사회화 과정이 이들이 이끄는 조직들 간의 규범적 동형화를 낳는 동인인 것이다.[2]

---

2) 이 세 가지 동형화 메커니즘은 디마지오와 파월도 인정하듯이 서로 개념적으로만 구분되는 것이고, 현실에서는 얼마든지 중첩되어 작용할 수 있다(DiMaggio and Powell, 1983: 150).

　디마지오와 파월은 이러한 전체적 이론틀 안에서 다음과 같은 작업 가설을 도출해낸다. 이것은 조직장에 대한 정의와 동형화 메커니즘으로 부터 논리적으로 도출되어 나오는 이론적 가설로서, 조직장 내 개별 조 직 수준의 가설과 조직장 수준의 가설로 나누어진다. 물론 이 가설들은 차후의 엄밀한 경험적 테스트를 위한 시론적 성격의 가설들로서 엄격하 게 검증 가능성을 따질 수 있는 성질의 것들은 아니다. 우선 개별 조직 수준의 가설을 살펴보면 다음과 같다(Powell and DeMaggio, 1983: 154 ~155).

　우선은 강제적 동형화 메커니즘으로부터 도출되는 가설로서, 한 조 직이 다른 조직에 의존하는 정도가 클수록 그 조직은 의존해 있는 다른 조직과 구조, 분위기, 행태 등이 유사해질 것이라는 가설이다. 디마지 오와 파월은 여기서 "의존성"을 자원의존이론(*resource dependence theory*) 이나 거래비용 경제학에서 말하는 의존성과 같은 의미로 해석하고 있다 (DiMaggio and Powell, 1983: 154). 즉, 타 조직을 통하지 않고는 필요 한 자원을 얻을 수 있는 다른 창구가 존재하지 않거나 타 조직과 관계- 특수적(*relation-specific*) 자산을 거래하는 상태에 있는 조직은 그 타 조 직이 갖는 권력의 우위로 인해 동형화의 압력을 받고 따라서 그 조직과 구조나 문화나 행태의 측면에서 유사해진다는 것이다.

　개별 조직 수준의 또 다른 가설은 모방적 동형화 메커니즘으로부터 도출된다. 목적-수단간 관계가 모호하고 불확실할수록 한 조직이 다른 조직(성공적이라고 여겨지는)을 닮으려는 성향이 강해진다는 가설이 그 것이다. 핵심 테크놀로지가 불명확하여 목표달성을 위해 어떤 수단을 강구해야 하는지를 잘 모르는 조직일수록, 혹은 목표 자체가 모호한 조 직일수록, 성공적으로 목표를 달성했다고 간주되는 타 조직을 모방하 려는 경향이 강해진다. 한편 규범적 동형화 메커니즘으로부터는 다음 과 같은 가설이 도출될 수 있다. 경영진과 참모 인력을 선발함에 있어 학위나 졸업장에 의존하는 정도가 높은 조직일수록 타 조직과 유사해지 는 정도가 클 것이라는 가설이나, 경영진이 협회나 조합, 전문가 단체

에 참여하여 활동하는 정도가 큰 조직일 수록 타 조직과 유사해지는 정
도가 클 것이라는 가설이 그것이다.

　다음으로 조직장 수준의 가설들을 디마지오와 파월은 아래와 같이
제시한다(DiMaggio and Powell, 1983: 155ff). 앞서 제시된 개별 조직
수준의 가설들은 종속변수인 조직들간 유사성을 개별 조직 수준에서 어
떻게 측정할 것인가가 큰 난제가 되지만, 조직장 수준의 분석에서는 조
직장에 속한 기업들이 보여주는 특정 성질들의 변이(즉, 표준편차나 분
산)를 동형화의 정도를 나타내는 종속변수로 활용할 수 있다는 사실이
큰 장점이다. 그만큼 개별 조직 수준의 가설들보다는 조직장 수준의 가
설들이 경험적 테스트 가능성이 더 높다는 의미이다. 먼저 조직장 수준
의 가설들 중에서 강제적 동형화 메커니즘으로부터 도출되는 가설은,
어떤 조직장에 필수적 자원을 조달하는 원천이 소수에 집중되어 있을수
록 그 조직장의 동형화 수준은 높을 것이라는 것이다. 혹은 조직장의
구성 조직들이 국가기관과 거래하는 정도가 클수록 그 조직장의 동형화
수준은 높을 것이라는 가설도 가능하다.

　모방적 동형화 메커니즘에서 도출되는 조직장 수준의 가설은 조직장
내 테크놀로지의 불확실성이나 목표의 모호성이 클수록 그 조직장의 동
형화 수준은 높을 것이라는 가설이다. 특히 불확실성이 높은 조직장은,
거기에 신규 진입하는 신생조직이 장내의 확립된 관행들을 모방함으로
써 후발주자로서의 위험(*the liability of newness*)을 극복하려고 할 것이
기 때문에, 진입장벽이 낮다고 하더라도 동형화의 수준이 높을 수 있다
(DiMaggio and Powell, 1983: 156). 마지막으로 규범적 동형화 메커니
즘에서 도출되는 조직장 수준의 가설은 전문가 집단의 영향력이 큰 조
직장일수록 동형화 수준이 높을 것이라는 것이다. 여기서 전문가 집단
의 영향력이란 학위나 자격증 요건의 보편화, 대학원 훈련 프로그램의
견실성, 전문가 협회나 동업조합의 활성화 정도 등을 의미한다.

　디마지오와 파월은 분석수준을 달리하면서 이렇게 다양한 연구가설
들을 제시함으로써 제도적 동형화론의 이론적 명제들이 추상적 사변적

논구로 그치지 않고 충분히 경험적 테스트에 부쳐질 수 있다는 것을 보여주고자 했던 것이다.

4. 거래비용이론 및 자원의존이론과의 비교

앞서 살펴본 바와 같은 제도적 동형화론의 이론틀은 조직론 분야의 다른 이론적 전망들과의 비교를 통해 좀더 다양한 각도에서 조망해볼 수 있다. 여기에서는 제도적 동형화론과 상당히 밀접하게 관련되어 있고, 디마지오와 파월도 자신의 이론틀과의 관련성을 자주 언급했던 자원의존이론과 거래비용이론을 가지고 비교를 시도하고자 한다.

우선 거래비용이론과 자원의존이론의 구체적 내용에 대해서 간략한 소개가 필요할 것이다. 거래비용이론의 구체적 이론구조에 대해서는 앞서 제6장에서 자세히 살펴보았으므로 여기서는 생략하기로 한다. 다만 거래비용이론은 제도적 동형화론과는 달리, 개인의 자기이익(self-interests)에서 출발하여 조직의 존재와 개별 조직 간의 특정 형태의 관계 맺기를 이끌어내고 있다는 사실만 재확인한다.

자원의존이론(resource dependence theory)의 핵심 얼개와 구조에 대해서는 간략한 소개가 필요하다. 우선 자원의존이론의 대전제는 어떤 조직이든 결코 "자기충족적"(self-sufficient)일 수 없다는 것이다(Scott, 1981: 188). 무릇 조직은 생존을 위해서 환경과의 끊임없는 상호작용에 연루된다. 여기서 환경이란 주위의 여타 조직들 — 이른바 조직집합(organization set) — 을 말한다. 즉, 모든 조직은 스스로를 유지하기 위해 여러 가지 자원을 필요로 하고 주위의 조직들로부터 이러한 자원을 끊임없이 공급받아야 한다. 이러한 의미에서 조직은 다른 조직들에 "의존"한다.

자원의존이론은 에머슨(Richard M. Emerson)의 고전적 정식화를 받아들여, 이 의존상태의 정도를 결정짓는 두 가지 조건을 다음과 같이 제시한다. 즉, B의 A에 대한 의존은 "A가 매개하는 목표를 B가 중시하는 정도에 직접적으로 비례하고, 이 목표를 A-B 관계 밖에서 달성하는 것이 가능한 정도와 반비례한다"(Pfeffer, 1981: 99에서 재인용). 이 경구를 자원의존이론의 용어를 써서 재진술하면 다음과 같다. A가 B의 생존에 반드시 필요한 자원의 사용과 할당을 통제할 수 있는 위치에 있고, B는 A 외에는 이 자원을 얻을 수 있는 대안적 공급처를 갖고 있지 못할 때, B의 A에 대한 의존은 극대화된다. 즉, 자원의존이론에 따르면 두 조직간의 의존상태를 결정짓는 요인은 자원의 중요성(*importance*), 자원에 대한 통제와 재량(*control and discretion*), 자원 공급원의 대체가능성(*substitutability*), 이 세 가지이다(Pfeffer, 1982: 195).

자원의존이론은 이렇게 발생한 의존관계와 권력관계를 등치시킨다. 자원의존이론에 따르면 권력은 의존의 "대우"(*obverse*)이다(Scott, 1981: 116). A가 B에게 의존한다면 B는 A에 대해 권력을 갖는다. A와 B가 상호의존 관계에 있을 때에는 위의 요인들의 측면에서 상대방에 대한 의존도가 낮은 쪽이 권력을 갖는다. 그러므로 권력은 단순히 의존의 대우가 아니라 "순의존"(*net dependence*)의 대우이다(Pfeffer, 1981: 99). B의 통제하에 있는 자원이 A에게 더 중요하거나 B가 A 이외의 다른 자원 공급처를 확보하고 있거나 하여 A의 B에 대한 의존도가 B의 A에 대한 의존도에 비해 더 높을 경우, A는 B에 "순의존"하며 B는 A에 대해 권력을 갖는다. 이렇게 하여 발생한 비대칭적 의존상태, 즉 권력관계는 어떤 결과를 초래하는가? 권력을 가진 자는 그렇지 못한 자에게 "양자가 대등하였으면 하지 않았을" 행동을 하게 만들 수 있다(Pfeffer, 1981: 3). 즉, 권력관계의 결과는 순의존 상태에 있는 일방의 비자발적 순응이다.

따라서 환경과의 자원교환 관계에 있는 조직은 환경과 타 조직에 대한 의존성을 줄이고 자율성을 확보하려는 유인을 갖는다. 자원의존이론은 조직이 취하는 여러 행태와 구조를 이러한 의존성 최소화를 추구하는 전략적 선택의 결과로 설명한다(Pfeffer, 1982; Scott, 1981: 188ff; Pfeffer and Salancik, 1978). 타 조직이나 환경에 대한 의존관계를 완화시키기 위해 기업이 취하는 대표적인 전략은 자신과 의존관계에 있는 타 조직과의 연계(*linkage*) 구축이다(Pfeffer and Salancik, 1978). 연계구축의 전략 중 대표적인 것이 타 조직의 대표를 해당 기업의 이사로 선임하여 기업 의사결정구조 내부로 "포섭"(*co-opt*)하는 것이다. 이른바 겸직이사제(*interlocking directorate*)로 불리는 이 전략으로 말미암아 해당 기업은 자신이 의존하고 있는 타 조직과 의사소통하고 타 조직의 이해와 지원을 구하는 창구를 가질 수 있게 됨에 따라, 타 조직에 의존하고 있는 자원의 공급을 둘러싼 불확실성을 줄여 수급을 안정화시킬 수 있고, 그로 인해 자신의 타 조직에 대한 의존도를 크게 완화시킬 수 있다(Burt, 1983; Burt, 1982: 137ff; Pfeffer and Salancik, 1978).

거래비용이론이나 자원의존이론은 앞서 살펴본 바와 같이 조직 간의 의존관계와 그 의존관계를 해소하려는 개별 조직 차원의 전략적 선택의 결과로 특정 거시구조(예컨대 기업간 통합, 포섭, 동맹의 형성 등)를 설명하고자 한다는 공통점을 갖는다. 거래비용이론에서는 이 의존관계가 거래의 관계특수적 성격에서 비롯되며, 거래 쌍방은 이 의존관계가 가져오는 위험성(부당요구나 기회주의를 예방하기 위한 거래비용의 증가)을 회피하기 위해 위계라는 관할구조를 선택하게 된다. 자원의존이론에서는 조직이 필요로 하는 자원의 특성(중요성, 통제가능성, 대체가능성) 때문에 의존관계가 발생하고, 의존의 정도가 더 큰 측은 상대적으로 자율성을 누리는 측에 종속되는 위험을 회피하기 위해 겸직이사제 등을 통해 상대방 조직의 일원을 의사결정구조 안으로 포섭하는 전략을 취하게 된다.

이 두 이론에서 설명의 대상은 조직들 간의 유사성이 아니다. 물론 의존관계에서 오는 위험을 제대로 회피하지 못한 조직은 경쟁 메커니즘을 통해 도태되고 수직적·수평적 통합이나 사외이사 영입 등의 전략을 통해 의존의 위험을 잘 회피한 조직들만이 살아남게 될 것이라는 추론은 두 이론적 전망 모두에서 가능하다. 그러나 그렇게 하여 살아남은 조직들이 서로 동질적이고 유사해야 할 필연적 이유는 두 이론적 전망

속에서는 전혀 찾아볼 수 없다. 그렇기 때문에 거래비용이론과 자원의
존이론의 이론적 목적은 개별 기업이나 조직이 직면한 선택 문제로부터
기업간·조직간 관계의 특정 유형을 이끌어내는 데서 끝난다.

　인접한 이들 두 조직이론의 이와 같은 끝맺음은 제도적 동형화론의
입장에서는 기회이자 동시에 위협이다. 두 인접 이론들이 설명하지 못
했던 영역인 조직장의 다이내믹스를 본격적으로 다루고 있다는 점에서
는 기회이지만, 그 다루는 방식이 두 이론들이 조직간 관계를 다룰 때
보여주었던 것만큼의 논리적 엄밀성을 갖추지 못했다는 점에서는 커다
란 위협이다.

　자원의존이론과 거래비용이론은 개별 조직의 자기이익(self-interests)
에 대한 고려를 논리적 추론의 핵심으로 한다는 점에서 서로 유사하다.
조직이 타 조직과 이사진 교환의 관계를 맺는 것은 순의존 관계로 인한
자율성 상실로 초래될 손해를 최소화하기 위한 전략이며, 조직이 타 조
직의 소유로 통합되는 것은 거래의 자산특수성 때문에 발생하는 부당요
구의 문제를 해결하여 거래비용을 최소화하기 위한 전략이다. 두 이론
의 이 설명논리를 조직장 전체 차원(혹은 제도적 동형화론의 용어를 피하
자면, 특정 산업부문에 속하는 모든 기업조직 및 그것과 연관된 모든 행정조
직, 시민사회조직 등을 아우르는 거시구조 전체의 차원)으로 확대 적용하
려면, 개별 조직 차원에서의 자기이익 극대화 전략이 총화되면 이런 전
체 거시구조 차원에서 어떤 특성이 발현될 것인지를 논리적으로 추론할
수 있어야 한다. 두 이론은 이 작업을 하지 않았고, 따라서 조직장 차
원의 결과에 대해서는 어떤 이론적 예단이나 언급이 없었다. 그러나 제
도주의 동형화론은 앞의 두 이론들이 시도하지 않았던 바로 그것, 즉
조직장 차원의 결과에 대한 이론화를 시도했다. 그리고 그 결과 조직장
차원에서 발현될 그 특성이라는 것이 다른 것이 아니라 구성 조직들 간
의 이질성 감소와 동형화 수준의 증대일 것이라고 적시하고 있다. 그러
면 이 이론적 시도는 성공하였는가?

　그렇지 않다. 제도적 동형화론이 상정하는 조직장 형성과 동질성의

증대 간에는 아무런 논리적 연관이 없다. 이 둘을 연결짓는 인과 메커니즘으로 디마지오와 파월이 제시한 것은, 신고전경제학이나 조직군생태학의 영역이라고 치부한 경쟁 메커니즘을 제외하면, 강제, 모방, 규범적 동형화 세 가지이다. 그러나 그 내용을 들여다보면 강제적 동형화의 요체는 거래비용이론이나 자원의존이론에서 말하는 의존관계에 의한 권력적 강압과 순응이며, 모방적 동형화는 불확실성의 상황에서 위험을 최소화하려는 개별 조직 차원의 전략적 선택의 결과로 해석된다. 규범적 동형화에 관한 논의는 분석의 차원을 한 단계 더 낮추어서 개별 조직의 경영자의 사회화 과정이라는 개인적 특성에서 조직장 동질성의 원인을 찾고 있다.

디마지오와 파월이 조직장의 동질화를 낳는 핵심적 메커니즘이라고 제시한 것들이 자원의존이론이나 거래비용이론과 같이 개별 조직의 이익극대화 명제를 차용하거나 변용한 것들이라면, 혹은 최소한 그 이론들로부터 차용되었다고 해석될 수 있는 것들이라면, 디마지오와 파월은 조직장에서 동질성 증대에 이르는 논리적 과정을 개별 기업의 자기이익 추구에 입각하여 제시할 수 있어야 했다. 그러나 그들은 거래비용이론이나 자원의존이론이 그랬던 것처럼 개별 조직의 자기이익 추구에서 조직장의 동질화 증대를 논리적으로 이끌어내지 못했다. 제도주의 동형화론이 주장하는 세 가지 동형화 메커니즘이 작동한다고 하더라도 자기이익을 추구하는 조직들로 이루어진 조직장에서 반드시 동질성이 증대한다는 아무런 논리적 보장이 없는 것이다. 경우에 따라서는 동질성이 증가할 수도 있고 아닐 수도 있다.

예컨대 자원을 독점하고 있는 한 조직이 다른 조직장 구성원에 대해서 반드시 하나의 기준을 제시하고 모두 다 그 기준에 따르도록 강제하리라는 것은 논리적 필연성이 결여되어 있을 뿐만 아니라 상식적으로도 납득하기 어려운 논증이다. 권력을 가진 조직의 입장에서 조직장의 다양성 증대가 자신에게 더 이익이 된다면 조직장 차원에서 동질성이 감소하고 다양성이 증대할 것이라는 주장도 똑같이 가능하다. 결국, 제도

적 동형화론은 조직의 자기이익으로부터 출발해서 조직장의 동질화를
이끌어내지 못했다.

그러면 제도적 동형화론은 개별 조직의 자기이익 추구가 아닌 다른
설명원리를 가지고 조직장의 형성에서 동질화 증대를 이끌어냈는가 라
는 질문을 던지게 된다. 디마지오와 파월의 논문은 이 질문에 대해서도
긍정의 대답을 내리기 어렵게 만든다. 앞서 지적한 것처럼, 그들이 제
시하는 동형화의 메커니즘은 사실상 인과적 연결고리를 파고들면 항상
개별 조직의 자기이익에 닿게 되어 있다. 권력을 가진 조직의 강제적
명령에 복종하는 것, 불확실성의 상황에서 성공적인 타 조직을 모방하
는 것, 조직 리더들의 유사한 사회화 배경과 유사한 세계관으로 인해
그들이 경영하는 조직의 형태가 유사해지는 것 등은 모두 개별 조직 차
원의 자기이익 추구를 논리적으로 배제하고는 작동할 수 없는 메커니즘
이다.

그러므로 제도적 동형화론은 자원의존이론이나 거래비용이론처럼 개
별 조직의 자기이익 추구를 설명의 원리로 하여 그로부터 논리적 일관
성을 유지하는 가운데 조직장 차원의 동질성 증대를 이끌어내는 데 성
공하든가, 아니면 개별 조직의 자기이익이 아닌 다른 설명원리를 도입
하여 조직장의 동질성 증대를 도출하는 데 성공할 때야 비로소 거래비
용이론과 자원의존이론을 한 단계 넘어서서 명실상부한 조직장 차원의
특성에 대한 과학적 이론이 될 수 있다.

6. 소결 : 한계와 가능성

제도적 동형화론은 경제사회학의 연구전통들 중에서 미시적 단위의 합리적 행위를 중시하는 이론적 전망들과는 거리를 두는 연구전통에 속한다. 그래서 이 글 제1절과 2절에서는 제도적 동형화론의 배경과 연구동향을 소개하면서 이러한 사실을 충분히 부각시켰다. 그러나 제도적 동형화론의 이론적 구조와 개념 도식들을 자세히 살펴본 후에 우리는 미시적 단위의 합리적 행위를 중시한다는 측면에서 제도적 동형화론이 속한 연구전통과는 대척점에 있는 두 조직이론 — 자원의존이론과 거래비용이론 — 과의 비교를 통해 제도적 동형화론이 안고 있는 이론 구성상의 한계를 짚어볼 수 있었다.

거래비용이론과 자원의존이론은 기업의 존재와 기업과 기업 간의 이자관계(dyad)에 대해서는 분명한 설명을 제공하지만, 조직장과 같은 거시적 다자간 관계의 형성과 특성에 대해서는 일관성 있는 설명이 시도된 바 없다. 따라서 제도적 동형화론의 테마는 개별 기업의 존재에서 출발하여 두 기업간 관계와 조직장의 특성에 이르는 다층에 걸친 분석 수준을 일관성 있게 이론적으로 설명할 수 있는 통합적 이론으로 발전할 가능성도 배제할 수 없다. 그러나 이 가능성이 현실화되려면 제도적 동형화론은 무엇보다도 먼저 거래비용이론이나 자원의존이론이 그랬던 것처럼 분명한 설명원리에 입각하여 조직장의 동질화를 논리적으로 추론해낼 수 있어야 한다. 그렇다고 이 설명원리가 자원의존이론이나 거래비용이론처럼 개별 조직의 자기이익 추구일 필요는 전혀 없다. 합리적 선택 행위에 기반하지 않으면서도 논리적으로 일관성 있는 이론구축이 가능할 수 있기 때문이다.

그러나 디마지오와 파월의 논문에서 드러난 제도적 동형화론은 조직장의 동질성 증대를 논리적으로 엄밀하게 입증하는 데 성공적이지 못했다고 판단할 수 있다. 동형화의 세 가지 메커니즘은 우연적이고 상황의존적인 성격이 강하며, 이로부터 도출되는 가설들 또한 엄밀한 논리적 연역에 의해 도출된 것으로 보기 어려운 측면이 있다. 가설에 등장하는 변수들은 경험적 조작화가 어렵고 따라서 측정 불가능할 수도 있다. 또한 가설을 조직장 개념과 동형화 메커니즘으로부터 이끌어 내는 과정이 논리적으로 엄밀하지 않으면, 설사 가설들이 경험적으로 지지되더라도 모체가 되는 이론의 검증이 가능하지 않을 수도 있다. 결국, 제도적 동형화론은 논리적 정밀성의 제고를 가장 시급한 과제로 안고 있는, 그러면서도 조직장이라는 거시구조적 차원으로까지 조직이론의 지평을 넓힐 수 있는 잠재력을 함께 안고 있는 이론적 전망이라고 할 수 있다.

제 10 장
경제사회학의 미래

지금까지 논의한 경제사회학 분야의 백가쟁명(百家爭鳴)식의 다양한 이론적 관점들 속에서 우리는 어떤 함의를 이끌어낼 수 있을 것인가? 앞서 살펴보았던 경제학적 접근방식과 사회학적 접근방식의 차이점을 한 번 더 상기해볼 필요가 있다. 가장 일반적인 경제제도인 시장에 대해 경제학과 사회학은 어떻게 달리 접근하고 있는가?

시장은 인간의 가장 원초적인 경제행위라고 할 수 있는 교환이 이루어지는 장이다. 어떤 의미에서 경제학은 시장의 작동원리에 관한 학문이라고 해도 과언이 아닐 만큼 시장은 경제학의 핵심 연구대상이다. 그러나 이상하게도 현실의 경제적 교환행위를 규제하고 안내하는 '제도'로서의 시장은 경제학에서는, 특히 현대의 주류 신고전경제학에서는 거의 다루어지지 않았다. 신고전경제학이 분석의 핵심으로 삼는 시장이란 오히려 인간의 경제적 교환행위가 아무런 제약 없이 오직 개인의 이윤·효용 극대화의 원리에 의해서만 안내되는 장을 일컫는 것으로서, 현실에 존재하는 여러 시장들과는 아무 관련이 없다.

신고전경제학이 분석의 대상으로 삼았던 것은 완전경쟁이라는 이상적 조건하에서 인간이 극대화행동을 취할 때 그런 사람들로 이루어진 시장은 과연 어떤 모습이 될 것인가라는 질문이다. 따라서 현실의 시장과 거기서 여러 거래를 수행하는 살아있는 인간들의 행동들, 그리고 그것을 규제하는 제도적 장치들은 결코 신고전경제학의 관심사가 아니었다. 그렇다면 신고전경제학의 결론은 무엇인가? 만약 시장에 참여하는 개개인이 완벽한 정보를 가지고 자신의 이윤이나 효용을 극대화하기 위해 교환에 임한다면, 완전경쟁의 조건이 충족되는 한, 시장은 모든 시장 참여자들의 이윤과 효용이 극대화되는 지점에서 균형을 이루게 될 것이다라는 명제가 바로 그 결론이다. 시장의 균형상태가 최적의 상태요 가장 효율적인 자원배분이 이루어지는 상태이다.

신고전경제학이 이러한 논리적 결론을 가지고 현실의 시장을 이해하는 방식은 다음과 같다. 우선 현실의 시장은 이러한 최적의 균형상태에 도달한 이상적 시장과 얼마만큼 다른가라는 질문을 먼저 제기하고 그 다름의 정도에 따라서 현실의 시장이 갖고 있는 자원배분의 효율성과 최적성 여부를 판가름하는 것이다. 다른 말로 하자면, 신고전경제학이 현실의 시장제도를 분석하는 방식은 현실의 시장제도가 얼마나 효율적인가 하는 것이며, 그것을 판단하는 기준은 현실의 시장이 이상적 논리적 시장과 비교하여 보여주는 격차이다.

또한 우리는 신고전경제학의 분석도구가 어떻게 순수 논리적 구성물로서의 시장에 대한 분석에서 한 걸음 더 나아가 기업조직이라는 제도를 낳게 되었는가를 윌리엄슨의 거래비용 경제학의 이론구조를 통해 살펴볼 수 있었다. 거래비용이론에 따르면, 신고전경제학의 시장분석은 현실의 시장이라는 제도를 분석하고 해명하는 데 이용하기에는 너무도 비현실적인 것이었다. 현실의 시장은 결코 완벽한 정보를 제공해주지 못하며 완전경쟁이라는 이상적 조건을 만족시키지도 못하고, 거기에 참여하는 개별 거래자들 역시 효용/이윤 극대화를 목표로 하지 않는다.

거래비용이론의 출발점은 신고전경제학의 비현실적 가정들을 비판하고, 인간의 정보처리능력이 제한되어 있고 완전경쟁과 같은 조건은 충족되기 어렵다는 현실을 인정하는 것이다. 따라서 현실의 시장에서 이루어지는 거래에는 비용이 발생하기 마련이다. 다시 말해, 모든 정보가 완벽하게 개방되어 있고 완전경쟁이 보장된 상황에서의 시장거래는 전혀 비용을 초래하지 않지만 그렇지 못한 현실의 시장에서는 시장의 가격 메커니즘을 이용해 거래를 성사시키는 것 자체가 비용의 초래 없이는 불가능하다. 시장을 포함하여 모든 제도는 당사자들이 그것을 사용하여 거래를 하고 자원을 배분하려 할 때 반드시 일정 정도의 비용을 초래한다. 이것이 바로 거래비용이다. 어떤 제도가 채택되고 존속하고 변화하느냐는 바로 이 제도를 이용하는 데 소요되는 거래비용의 크기에 달려있다. 하나의 제도가 존재하는 것은 그것이 존재하지 않을 때에 비해 거래비용을 줄여주기 때문이다. 하나의 제도가 다른 하나로 교체되거나 변화되는 것은 신제도하의 거래비용이 구제도하의 거래비용보다 낮기 때문이다. 즉, 새로운 제도가 보다 더 거래비용 절감적이기 때문이다. 이 논리는 시장이라는 제도와 그것을 대체하는 조직, 위계라는 제도가 어떤 조건에서 선택되는지를 설명하는 데 그대로 적용되었다.

이로써 우리는 정통 신고전경제학의 시장에 관한 논의와 그것을 비판하고 대두된 거래비용 경제학의 시장에 관한 논의를 살펴보았다. 이것을 통해 우리가 이끌어낼 수 있는 중요한 결론은, 비록 정통 신고전경제학과 거래비용 경제학 사이에 견해의 차이가 존재하지만 경제학은 하나같이 시장이라는 제도를, 나아가 사회제도 일반을 효율성이라는 관점에서 바라보고 있다는 것이다. 신고전주의 경제학은 완전경쟁 시장이라는 이상적, 이론적 시장제도가 갖는 분배적 효율성을 논리적으로 증명하였던 한편, 거래비용 경제학은 정보가 완벽하지도 않고 완전경쟁의 조건이 충족되지도 않은 현실세계의 시장이라는 제도를 분석의 대상으로 삼으면서도 거래비용의 절감이라는 효율성 요인이 시장이라는 제도의 탄생과 변화와 쇠퇴를 설명해주고 있다고 주장한다.

비록 양자가 관점의 차이를 보이고 있기는 하지만, 시장이라는 제도가 존재하고, 변화하고, 다른 제도와 공존하고, 혹은 다른 제도로 대체되고 하는 모든 과정이 효율성의 제고라는 요인에 의해 설명된다고 생각했다는 점에서는 공통점을 안고 있다. 신고전경제학은 현실의 시장 제도를 이상적, 이론적 시장모델에 근접하도록 수정해 나가야 한다고 주장한 반면, 거래비용 경제학은 현실의 시장제도가 초래하는 거래비용과 위계조직이나 여타의 제도들이 초래하는 거래비용을 비교해 보아 가장 낮은 거래비용을 초래하는 제도가 정착될 것이라고 주장하는 것이다.

그러면 사회학은 시장을 어떻게 파악하고 있는가? 사회학은 앞서 살펴보았듯이 효율성이라는 경제적 요인 이외의 다른 요인들의 작동에 관심을 기울인다. 그 중에서도 사회학은 권력관계의 중요성을 무엇보다도 중요시한다. 다시 말해, 시장이라는 제도의 출현과 변화는 효율성의 제고가 아니라 사회 내의 불평등한 권력 분포와 그로 인해 생긴 기득권 계층이 자신의 우월한 위치를 유지하기 위해 기울인 노력에 의해 설명될 수 있다는 것이다. 이런 식의 주장을 정당화하기 위해 사회학은 신고전경제학처럼 가공의 이론적 시장이 아니라 현실의 시장에 주목한다. 보다 구체적으로 사회학은 시장을 중심으로 한 경제체제, 즉 시장경제 체제가 19세기를 전후하여 서유럽 세계에 처음으로 등장하게 된 역사적 배경과 원인을 묻는다.

사회학자들이 이처럼 19세기 시장경제 체제의 등장을 문제 삼은 것은 사회학자들이 경제를 보는 다음과 같은 독특한 사고방식 때문이다. 첫째, 사회학자들은 경제를 결코 독자적 체계로 보지 않는다. 앞서 설명한 것처럼 경제는 전체 사회라는 통합시스템 속의 일부에 지나지 않으며, 사회를 이루는 다른 일부들, 예컨대 정치시스템, 문화시스템, 가치체계 등과 불가분의 유기적 관계를 맺고 있다. 따라서 시장과 같은 경제제도의 작동도 결코 경제시스템 내부에서 이해될 수 있는 것이 아니라, 해당 지역의 정치적 문화적 역사적 특성이라는 맥락 속에서라야만 제대로 이해될 수 있다.

둘째, 사회학자들은 따라서 경제제도의 다양성을 인정한다. 다시 말해 경제행위를 규제하고 안내하는 제도는 가장 효율적인 것 하나만이 존재할 따름이며, 다른 것은 이 유일한 기준에서 얼마나 동떨어져 있는

지를 파악하여 최대한 이 가장 효율적인 기준에 근접하도록 고쳐가야
한다는 경제학의 주장을 정면으로 반박한다. 사회학자들은 경제행위를
규제하고 안내하는 제도들은 여러 가지가 있을 수 있으며 각각의 제도
들은 그 사회가 처한 고유한 정치적 문화적 역사적 조건에 맞게 등장한
것이므로 이러한 맥락을 무시하고 어느 한 제도가 보편적 우월성을 갖
는다고 보아서는 안 된다고 주장한다.

   이러한 두 가지 기본입장 때문에 사회학자들은 시장이라는 제도를
이해하기 위해서는 시장이 인류의 모든 경제문제를 해결하는 해결사로
역사의 무대에 등장한 시기의 문화적, 정치적, 역사적 맥락을 되짚어보
아야 한다고 생각했던 것이며, 바로 그랬기 때문에 사회학자들은 시장
경제 체제가 처음 등장하여 자리를 잡은 19세기 서유럽에 관심의 초점
을 맞추는 것이다. 19세기 서유럽의 특수한 문화적, 정치적, 역사적 맥
락을 더듬어본 결과, 시장이라는 제도의 출현에 결정적 영향을 미친 것
은, 사회학자들이 보기에 당시 역사에 새로운 기득권 세력으로 등장한
부르주아지와 국민국가 지배집단의 이해관계였다. 사회학자들은 당시
시장이 지배적 제도로 자리잡는 데 국가의 인위적 개입과 지식인들을
동원한 부르주아지의 이데올로기 공세가 어떤 역할을 수행했는가를 살
펴봄으로써 이러한 주장을 뒷받침하려 했다.

   그러나 사회제도에 대한 사회학적 연구와 경제학적 연구가 구체적으
로 어떤 점에서 차이를 보이는가 하는 문제는 이러한 구체적이고 실질
적인 연구내용을 들여다보는 것 이외에, 각 학문분야가 채택하고 있는
연구의 방법을 검토해보는 것에 의해서 더욱 더 명확히 밝혀질 수 있
다. 결국 시장이라는 사회제도를 해명하기 위해 경제학이나 사회학은
어떤 연구방법을 채택하고 있으며, 그것이 서로 어떻게 차이가 나느냐
를 살펴보아야 한다는 말이다. 사실 시장이라는 하나의 경제제도를 두
고 두 학문 진영이 이처럼 판이한 이론을 전개하는 것은 신고전경제학
과 사회학이 판이하게 다른 방법론적 입장 위에 서있기 때문이다. 신고
전경제학은 연역적 이론구축 전략과 반증주의를 방법론적 원칙으로 삼

고 있으며, 사회학은 가히 방법론적 다원주의의 각축장이라 불릴 만큼 다양한 방법론적 스펙트럼이 공존하는 학문 분야이다.

사회학자들은 연구를 수행하거나 연구결과를 평가함에 있어 '과연 실제로도 그러한가'라는 질문을 제기하는 데 익숙하다. 그래서 경제학의 접근방식을 접할 때 거의 반사적으로 제기되는 질문도 '현실의 소비자들이 과연 실제로도 효용극대화 행동을 하는가, 현실의 시장이 과연 실제로도 개별 행위자들의 효용·이윤극대화 행동에 의해 균형으로 수렴해 가는가'와 같은 것들이다. 그리고 이 질문들에 대해 한결같이 경험적 현실은 그렇지 않다는 대답을 내리고 그것을 입증하기 위해 현실 경제에 대한 구체적 사례들을 제시한다. 말을 통한 것이든 통계적 방법을 동원한 것이든, 이것은 현실의 경제현상에 대한 충실한 '묘사' (*description*)에 가깝다. 우리가 이 책을 통해 신고전경제학과 경제사회학 분야의 여러 이론들을 일별한 것은, 경제사회학이 이 묘사의 작업에서 한 걸음 더 나아갈 수 있게 하기 위해서다. 사실 신경제사회학은 80년대 초반을 기점으로 출항의 닻을 올리는 그 시간부터 주위 학문의 이목을 집중시키기에 충분하였고 아울러 왕성한 연구성과를 예약하였다. 그러나 경제사회학이 지니고 있는 여러 지적 매력과 가능성에도 불구하고, 경제사회학의 연구영역이나 방법론에는 여전히 적지 않은 여백이 남겨져 있는 상태다. 경제사회학의 미래는 경제학자들이 구축해 놓은 이론들을 경험적 현실에 비추어 반증할 뿐만 아니라, 경험적 현실을 더 잘 설명하고 예측할 수 있는 현실 설명력과 예측력을 담보해내는 이론과 분석개념 그리고 방법론을 구축하느냐에 달려있다.

참고문헌

공유식·김혁래·박길성·유홍준 편, 1994, 《신경제사회학의 이해》, 역사비
   평사.

길인성, 1994, "신제도학과 경제사의 성과와 한계", 〈사회비평〉 11호, 나남
   출판.

김 균, 1994, "진화론적 제도론", 〈사회비평〉 12호, 나남출판.

김영수·장용석, 2002, "제도화된 조직구조의 합리성에 대한 신화와 비판 :
   정부조직의 구조적 분화와 그 경제적 효과에 관한 비교연구, 1951~
   1990", 〈한국사회학〉 제 36집.

김용학, 1996, 《사회구조와 행위 : 거시적 현상의 미시적 기초를 찾아서》,
   사회비평사.

김우식, 2000, "시장 인터페이스와 가격형성의 사회구조", 한국사회학회 편,
   《21세기 시장과 한국사회 : 새로운 사회학적 탐구 영역의 모색》, 나
   남출판.

박길성, 2006, "글로벌 스탠더드로서의 국가경쟁력 지수에 대한 비판적 검
   토", 〈한국사회〉 제 7집 1호.

박길성·김선업, 2003, "한국사회의 연고주의 : 사회적 자본으로서의 연결망
   접근", 장대홍 외, 《경제사회구조와 복지》, 소화.

박길성·이택면, 2004, "효율성, 권력, 그리고 '기업사회학' : 거래비용이론
   과 자원의존이론의 대화", 〈한국사회학〉 제 38집.

박찬웅, 2000, "사회적 자본, 신뢰, 시장", 한국사회학회 편, 《21세기 시장
   과 한국사회 : 새로운 사회학적 탐구 영역의 모색》, 나남출판.

유홍준, 2000, "기업변화에 대한 경제·조직사회학의 탐색 가능성", 한국사
   회학회 편, 《21세기 시장과 한국사회 : 새로운 사회학적 탐구 영역의
   모색》, 나남출판.

이재열, 1994, "개인의 합리성에서 제도의 신화까지 : 조직과 시장의 사회
   학", 〈사회비평〉 11호, 나남출판.

이재혁, 1996, "합리성과 선택된 차선", 〈사회비평〉 14호, 나남출판.

이택면, 1996, "시장이론의 재검토 : 구조적 시장이론을 위하여", 〈사회비
    평〉 16호, 나남출판.
장덕진, 2000, "모수적 합리성, 거래비용, 그리고 경쟁의 사회구조", 한국사
    회학회 편, 《21세기 시장과 한국사회 : 새로운 사회학적 탐구 영역의
    모색》, 나남출판.
하연섭, 2003, 〈제도분석 : 이론과 쟁점〉, 다산출판사.
한 준, 2004, "시장간 연결망과 조직의 생태학 : 한국제조업체의 역동성,
    1981~1999", 〈한국사회학〉 제 38집 4호.

Alexander, P., 1992, "What's in a Price? : Trading Practices in Peasant
    (and other) Markets," in Dilley (ed.), *Contesting Markets : Analysis
    of Ideology, Discourse, and Practice*, Edinburgh : Edinburgh Uni-
    versity Press.
Andersen, E., 1994, *Evolutionary Economics : Post-Schumpeterian Contri-
    butions*, London : Pinter Publishers.
Arrow, K., 1974, "Economic Equilibrium," in *International Encyclopedia of
    the Social Sciences*, New York : Macmillan.
Aufricht, H., 1991, "The Methodology of Schumpeter's 'History of
    Economic Analysis'," in Wood (ed.), *Joseph Schumpeter : Critical
    Assessments*, London : Routledge.
Awan, A., 1991, "Marshallian and Schumpeterian Theories of Economic
    Evolution : Gradualism vs. Punctualism," in Wood (ed.), *Joseph
    Schumpeter : Critical Assessments*, London : Routledge.
Barzel, Y., 1989, *Economic Analysis of Property Rights*, Cambridge :
    Cambridge University Press.
Becker, G., 1976, *The Economic Approach to Human Behavior*, Chicago :
    The University of Chicago Press.
Blau, P., 1982, "Structural Sociology and Network Analysis," in Marsden
    and Lin (eds.), *Social Structure and Network Analysis*, Beverly
    Hills: Sage.
Blaug, M., 1980, *The Methodology of Economics : Or How Economists
    Explain?*, Cambridge : Cambridge University Press.

Block, F. and Margaret R. , 1984, "Beyond the Economistic Fallacy : The Hollistic Social Science of Karl Polanyi," in Skocpol(ed.), *Vision and Method in Historical Sociology*, New York : Cambridge University Press.

Bott, E. 1955, "Urban Family : Conjugal Roles and Social Networks," *Human Relations* 8.

Bottomore, T. , 1992. *Between Marginalism and Marxism : The Economic Sociology of J. A. Schumpter*, New York : St. Martin's Press.

Bryson, L. , 1992, *Welfare and the State*, London : Macmillan.

Burt, R. , 1980a, "Model of Network Structure," *Annual Review of Sociology* 6.

_____, 1980b, "Autonomy in a Social Topology," *American Journal of Sociology* 85(4).

_____, 1982, *Towards Structural Theory of Action*, New York : Academic Press.

_____, 1983, *Corporate Profits and Cooptation : Networks of Market Constraints and Directorate Ties in the American Economy*, New York : Academic Press.

_____, 1988, "The Stability of American Markets," *American Journal of Sociology* 94(2).

_____, 1992, *Structural Holes : The Social Structure of Competition*, Cambridge, MA : Harvard University Press.

_____, 1998, "Not So Different After All : A Cross-discipline View of Trust," *The Academy of Management Review* 23.

Caldwell, B. , 1982, *Beyond Positivism : Economic Methodology in the Twentieth Century*, London : George Allen and Unwin.

Chiang, A. , 1984, *Fundamental Methods of Mathematical Economics*, 3rd edition, New York : McGraw-Hill.

Clammer, J. , 1985, *Anthropology and Political Economy : Theoretical and Asian Perspectives*, New York : St. Martin's Press.

Coase, R. , 1937, "The Nature of the Firm," reprinted in Williamson and Winter, 1993, *The Nature of the Firm : Origins, Evolution, and*

Development, Oxford : Oxford University Press.

Coe, R., and Charles K., 1985, "Schumpeter Revisited : An Overview," in Coe and Wilber(eds.), *Capitalism and Democracy : Schumpeter Revisited*, Notre Dame : University of Notre Dame Press.

Cohen, K., and Richard M., 1975, *Theory of the Firm : Resource Allocation in a Market Economy*, Englewood Cliffs, NJ : Prentice-Hall.

Cole, R., 1989, *Strategies for Learning : Small-Group Activities in American, Japanese, and Swedish Industry*, Berkeley : University of California Press.

Coleman, J., 1988, "Social Capital in the Creation of Human Capital," *American Journal of Sociology* 64.

_____, 1990, *Foundations of Social Theory*, Cambridge : Harvard University Press.

Coleman, J., E. Katz, and H. Menzel, 1957, "The Diffusion of an Innovation among Physicians," *Sociometry* 20.

Cook, K., 1977, "Exchange and Power in Network of Interorganizational Relations," *Sociological Quarterly* 18.

Coser, L., Charles K., and W. Powell, 1982, *Books : The Culture and Commerce of Book Publishing*, New York : Basic Books.

Cramer, D., and C. Leathers, 1991, "Veblen and Schumpeter on Imperialism," in Wood(ed.), *Joseph Schumpeter : Critical Assessments*, London : Routledge.

Crocker, K., 1996, "Regulatory Issues with Vertically Disintegrated Public Utilities : A Transaction Cost Analysis," in Groenewegen (ed.), *Transaction Cost Economics and Beyond*, Norwell, MA : Kluwer Academic Publishers.

Cyert, R., and James. G., 1963, *A Behavioral Theory of the Firm*, Englewood Cliffs, NJ : Prentice-Hall.

Dalton, G. and Jasper K., 1983, "The Work of the Polanyi Group : Past, Present and Future," in Ortiz(ed.), *Economic Anthropology : Topics and Theories*, New York : University Press of America.

David, Robert J. and Han, Shin-Kap, 2004, "A Systematic Assessment of the Empirical Support for Transaction Cost Economics," *Strategic Management Journal* 25.

Davis, J., 1992, "Trade in Kufra," in Dilley(ed.), *Contesting Markets : Analysis of Ideology, Discourse, and Practice*, Edinburgh : Edinburgh University Press.

Demsetz, H., 1993, "The Theory of the Firm Revisited," in Williamson, and Winter(eds.), *The Nature of the Firm : Origins, Evolution, and Development*, Oxford : Oxford University Press.

Deutsch, K., 1991, "Joseph Schumpeter as an Analyst of Sociology and Economic History," in Wood(ed.), *Joseph Schumpeter : Critical Assessments*, London : Routledge.

Dilley, R. (ed.), 1992, *Contesting Markets : Analysis of Ideology, Discourse, and Practice*, Edinburgh : Edinburgh University Press.

DiMaggio, P., and W. Powell, 1983, "The Iron Cage Revisited : Institutional Isomorphism and Collective Rationality in Organizational Fields," *American Sociological Review* 48.

Dobbin, F., 2005, "Comparative and Historical Approaches to Economic Sociology," Smelser and Swedberg, *The Handbook of Economic Sociology*, Princeton, NJ : Princeton University Press.

Dougherty, C., 2002, *Introduction to Econometrics*, 2nd edition, Oxford : Oxford University Press.

Dugger, W., 1989, *Corporate Hegemony*, New York : Greenwood Press.

_____, 1993, "Transaction Cost Economics and the State," in Pitelis(ed.), *Transaction Costs, Markets and Hierarchies*, Oxford : Blackwell.

Earman, J., and Wesley C., 1992, "The Confirmation of Scientific Hypotheses," in Salmon et al. (eds.), *Introduction to the Philosophy of Science*, Englewood Cliffs, NJ : Prentice-Hall.

Eggertsson, T., 1990, *Economic Behavior and Institutions*, New York : Cambridge University Press.

Elliott, J. E., 1991a, "Marx and Schumpeter on Capitalism's Creative Destruction : A Comparative Restatement," in Wood(ed.), *Joseph Schumpeter : Critical Assessments*, London : Routledge.

_____, 1991b, "Schumpeter and the Theory of Capitalist Economic Development," in Wood(ed.), *Joseph Schumpeter : Critical Assessments*, London : Routledge.

Elster, J., 1996, "A Plea For Mechanisms," in Hedstrom and Swedberg (eds.), *Social Mechanisms : An Analytical Approach to Social Theory*, Cambridge : Cambridge University Press.

England, R., 1994a. "Time and Economics : An Introductory Perspective," in England(ed.), *Evolutionary Concepts in Contemporary Economics*, Ann Arbor : The University of Michigan Press.

_____, 1994b, "Time and Economics : An Introductory Perspective," in England(ed.), *Evolutionary Concepts in Contemporary Economics*, Ann Arbor : The University of Michigan Press.

_____(ed.), 1994c, *Evolutionary Concepts in Contemporary Economics*, Ann Arbor : The University of Michigan Press.

Fisher, F., and P. Temin, 1991, "Returns to Scale in Research and Development : What does the Schumpeterian Hypothesis Imply?" in Wood(ed.), *Joseph Schumpeter : Critical Assessments*, London : Routledge.

Fligstein, N., 1985, "The Spread of Multidivisional Form among Large Firms, 1919~1979," *American Sociological Review* 50.

Gibbard, A., and H. Varian, 1978, "Economic Models," *Journal of Philosophy* LXXV(11).

Giddens, A., 1981, 임영일 · 박노영 역, 《자본주의와 현대사회이론》, 한길사.

Giere, R., 1984, *Understanding Scientific Reasoning*, 2nd edition, New York : Holt, Reinhart, and Winston.

Giersch, H., 1991, "The Age of Schumpeter," in Wood(ed.), *Joseph Schumpeter : Critical Assessments*, London : Routledge.

Goldberg, V., 1976, "Regulation and Administered Contracts," *Bell Journal of Economics* 7.

Gordon, D., 1955, "Operational Propositions in Economic Theory," *Journal of Political Economy* LXIII(2).

Gramsci, A., 1999, 이상훈 역, 《옥중수고》, 거름.

Granovetter, M., 1973, "The Strength of Weak Ties," *American Journal of Sociology* 81.

_____, 1985, "Economic Action and Social Structure : The Problem of Embeddedness," *American Journal of Sociology* 91.

Groenewegen, J. (ed.), 1996, *Transaction Cost Economics and Beyond*, Norwell, MA : Kluwer Academic Publishers.

Hall, R., 1991, *Organizations : Structures, Processes, and Outcomes*, Englewood Cliffs, NJ : Prentice-Hall.

Halperin, R., 1994, *Cultural Economies : Past and Present*, Univ of Texas Press.

Hansen, A., 1991, "Schumpeter's Contribution to Business Cycle Theory," in Wood (ed.), *Joseph Schumpeter : Critical Assessments*, London : Routledge.

Hanusch, H., 1988, "Introduction," in H. Hanusch (ed.), *Evolutionary Economics : Application of Schumpeter's Ideas*, Cambridge : Cambridge University Press.

Harberler, G., 1951, "Joseph Alois Schumpeter, 1883~1950," in Harris (ed.), *Schumpeter, Social Scientist*, Cambridge : Harvard University Press.

Hargreaves H., 1989, *Rationality in Economics*, Oxford : Basil Blackwell.

Harris, S. (ed.), 1951, *Schumpeter, Social Scientist*, Cambridge, Harvard University Press.

Hart, O., 1993, "Incomplete Contracts and the Theory of the Firm," in Williamson and Winter (eds.), *The Nature of the Firm : Origins, Evolution, and Development*, Oxford : Oxford University Press.

Hausman, D., 1984a, "Are General Equilibrium Theories Explanatory?" in Hausman (1984b).

_____ (ed.), 1984b, *The Philosophy of Economics : An Anthology*, Cambridge : Cambridge University Press.

Hedstrom, P., and R. Swedberg, 1996, "Social Mechanisms : An Introductory Essay," in Hedstrom and Swedberg (eds.), *Social Mechan-*

isms : An Analytical Approach to Social Theory, Cambridge : Cambridge University Press.

_____ (eds.), 1996, *Social Mechanisms : An Analytical Approach to Social Theory*, Cambridge : Cambridge University Press.

Heertje, Arnold, 1994, "Neo-Schumpeterians and Economic Theory," in Magnusson (ed.), *Evolutionary and Neo-Schumpeterian Approaches to Economics*, Boston : Kluwer Academic Publishers.

Heilbroner, R., 1986, *The Worldly Philosophers*, 6th edition, London : Penguin Books.

_____, 1991a, "Was Schumpeter Right?" in Wood (ed.), *Joseph Schumpeter : Critical Assessments*, London : Routledge.

_____, 1991b, "Economics and Political Economy : Marx, Keynes, and Schumpeter," in Wood (ed.), *Joseph Schumpeter : Critical Assessments*, London : Routledge.

Henderson, J., and R. Quandt, 1980, *Microeconomic Theory : A Mathematical Approach*, 3rd edition, New York : McGraw-Hill.

Herskovitz, M., 1940, *The economic Life of Primitive People*, New York : Knopf.

Hirsch, P., S. Michaels, and R. Friedman, 1990, "Clean Models vs. Dirty Hands : Why Economics is Different From Sociology?" in Zukin and DiMaggio (eds.). *Structures of Capital*, Cambridge : Cambridge University Press.

Hodgson, G., 1988, *Economics and Institutions : A Manifesto for a Modern Institutional Economics*, Oxford : Polity Press.

_____, 1994, "Precursors of Modern Evolutionary Economics : Marx, Marshall, Veblen, and Schumpeter," in England (ed.), *Evolutionary Concepts in Contemporary Economics*, Ann Arbor : The University of Michigan Press.

Holton, R., 1992, *Economy and Society*, London : Routledge.

Huckfeldt, R., 1986, *Politics in Context : Assimilation and Conflict in Urban Neighborhood*, New York : Agathon Press.

Hutter, M., 1994, "The Unit that Evolves : Linking Self-Reproduction and Self-Interest," in Magnusson (ed.), *Evolutionary and Neo-Schumpeterian Approaches to Economics*, Boston : Kluwer Academic Publishers.

Janis, I., 1982, *Group Thinking*, Boston : Houghton Mifflin.

Jehle, G., 1991, *Advanced Microeconomic Theory*, Englewood Cliffs, NJ : Prentice-Hall.

Joskow, P., 1993, "Asset Specificity and the Structure of Vertical Relationships : Empirical Evidence," in Williamson and Winter (eds.), *The Nature of the Firm : Origins, Evolution, and Development*, Oxford : Oxford University Press.

Judge, G., R. Hill, W. Griffiths, H. Lutkepohl, and T. Lee, 1988, *Introduction to the Theory and Practice of Econometrics*, 2nd edition, New York : John Wiley & Sons.

Keat, R. and J. Urry, 1975, *Social Theory as Science*, London : Routledge and Kegan Paul.

Kisch, H., 1991, "Joseph Alois Schumpeter," in Wood (ed.), *Joseph Schumpeter : Critical Assessments*, London : Routledge.

Klein, B., 1993, "Vertical Integration as Organizational Ownership : The Fisher Body — General Motors Relationship Revisited," in Williamson and Winter (eds.), *The Nature of the Firm : Origins, Evolution, and Development*, Oxford : Oxford University Press.

Knoke, D., and J. Kuklinski, 1982, *Network Analysis*, Beverly Hills : Sage.

Koopmans, T., 1957, "The Construction of Economic Knowledge," in his Three Essays on the State of Economic Science, New York : McGraw-Hill.

Landreth, H., and D. Colander, 1994, *History of Economic Thought*, 3rd edition, Boston : Houghton Mifflin.

Langlois, R., and M. Everett, 1994, "What is Evolutionary Economics?" in Magnusson (ed.), *Evolutionary and Neo-Schumpeterian Approaches to Economics*, Boston : Kluwer Academic Publishers.

Lazonick, W., 1994, "The Integration of Theory and History : Methodology and Ideology in Schumpeter's Economics," in Magnusson (ed.), *Evolutionary and Neo-Schumpeterian Approaches to Economics*, Boston : Kluwer Academic Publishers.

Leahy, W. H., and D. L. McKee, 1991, "A Note on Urbanism and Schumpeter's Theory of Development," in Wood (ed.), *Joseph Schumpeter : Critical Assessments*, London : Routledge.

LeClair, E. and H. Schneider (eds.), 1968, *Economic Anthropology*, New York : Holt, Rinehart and Winston.

Leifer, E., 1985, "Markets as Mechanisms : Using a Role Structure," *Social Forces* 64 (2).

Leifer, E. and H. White, 1987, "A Structural Approach to Markets," in Mizruchi and Schwartz (eds.), *Intercorporate Relations : The Structural Analysis of Business*, New York : Cambridge University Press.

Leinhardt, S. (ed.), 1988, *Sociological Methodology 1981*, San Francisco : Jossey-Bass.

Liepelt, K., 1971, "The Infrastructure of Party Support in Germany and Austria," in Mattei Dogan & Richard Rose (eds.), *European Politics*, Boston : Little Brown.

Link, A., 1991, "Firm Size and Efficient Entrepreneurial Activity : A Reformulation of the Schumpeterian Hypothesis," in Wood (ed.), *Joseph Schumpeter : Critical Assessments*, London : Routledge.

Machlup, F., 1991, "Schumpeter's Economic Methodology," in Wood (ed.), *Joseph Schumpeter : Critical Assessments*, London : Routledge.

Madarász, A., 1991, "Schumpeter's Theory of Economic Development," in Wood (ed.), *Joseph Schumpeter : Critical Assessments*, London : Routledge.

Magnusson, L. (ed.), 1994, *Evolutionary and Neo-Schumpeterian Approaches to Economics*, Boston : Kluwer Academic Publishers.

Maki, U., 1993, "Economics with Institutions : Agenda for Methodological Enquiry," in U. Maki, B. Gustafsson, and C. Knudsen (eds.), *Rationality, Institutions and Economic Methodology*, London : Routledge.

Mandel, E., 1970. *Marxist Economic Theory*, Monthly Review Press.

Marglin, S., 1974, "What Do Bossed Bo? The Origins and Functions of Hierarchy in Capitalist Production," *Review of Radical Political Economics* 6(2).

Marsden, P., and N. Lin(eds.), 1982, *Social Structure and Network Analysis*, Beverly Hills : Sage.

Marx, K., 1973. *The Grundrisse*, Vintage.

_____, 1981, *Capital*, Vol 1., Vintage.

_____, 1988, 김호균 역, 《정치경제학 비판을 위하여》, 청사.

März, E., 1991, *Joseph Schumpeter : Scholar, Teacher, and Politician*, New Haven : Yale University Press.

Mas-Colell, A., M. Whinston, and J. Green, 1995, *Microeconomic Theory*, Oxford : Oxford University Press.

Mason, E., 1991, "Schumpeter on Monopoly and the Large Firm," in Wood(ed.), *Joseph Schumpeter : Critical Assessments*, London : Routledge.

Mayhew, A., 1991, "Schumpeterian Capitalism versus the 'Schumpeterian Thesis'," in Wood(ed.), *Joseph Schumpeter : Critical Assessments*, London : Routledge.

Menard, Claud, 1996, "Inside the Black Box : The Variety of Hierarchical Forms," in Groenewegen(ed.), *Transaction Cost Economics and Beyond*, Norwell, MA : Kluwer Academic Publishers.

Merton, R., 1957, "Bureaucratic Structure and Personality," in his Social Theory and Social Structure, Glencoe, IL : Free Press.

Meyer, J., and B. Rowan, 1977, "Institutionalized Organizations : Formal Structure as Myth and Ceremony," *American Journal of Sociology* 83.

Milgram, P., and J. Roberts, 1992, *Economics, Organization, and Management*, Englewood Cliffs, NJ : Prentice-Hall.

Mizurchi, M., and M. Schwarts(eds.), 1987, *Intercorporate Relations : The Structural Analysis of Business*, New York : Cambridge University Press.

Monteverde, K., and D. Teece, 1982, "Supplier Switching Costs and Vertical Integration in the Automobile Industry," *Bell Journal of Economics* 13.

Nelson, R., 1994a, "Evolutionary Theorizing about Economic Change," in Smelser and Swedberg (eds.), *The Handbook of Economic Sociology*, Princeton, NJ : Princeton University Press.

_____, 1994b, "The Coevolution of Technologies and Institutions," in England (ed.), *Evolutionary Concepts in Contemporary Economics*, Ann Arbor : The University of Michigan Press.

_____, 1994c, "The Role of Firm Differences in an Evolutionary Theory of Technical Advance," in Magnusson (ed.), *Evolutionary and Neo-Schumpeterian Approaches to Economics*, Boston : Kluwer Academic Publishers.

Nelson, R., and S. Winter, 1982, *An Evolutionary Theory of Economic Change*, Cambridge, MA : The Belknap Press of Harvard University Press.

Newcomb, T., 1957, *Personality and Social Change : Attitude Formation in a Student Community*, New York : Dryden.

North, D., 1990, *Institutions, Institutional Change, and Economic Performance*, Cambridge : Cambridge University Press.

O'Donnell, L., 1991, "Rationalism, Capitalism, and the Entrepreneur : The Views of Veblen and Schumpeter," in Wood (ed.), *Joseph Schumpeter : Critical Assessments*, London : Routledge.

Oberschall, A., and E. Leifer, 1986, "Efficiency and Social Institutions : Uses and Misuses of Economic Reasoning in Sociology," *Annual Review of Sociology* 12.

Ortiz, Sutti (ed.), 1983, *Economic Anthropology : Topics and Theories*, New York : University Press of America.

Perrow, C., 1986, *Complex Organizations : A Critical Essay*, 3rd edition, New York : Random House.

Pfeffer, J., 1981, *Power in Organizations*, Boston : Pitman.

_____, 1982, *Organizations and Organization Theory*, Boston : Pitman.

_____, 1987, "A Resource Dependence Perspective on Intercorporate Relations," in Mizurchi and Schwartz (eds.), *Intercorporate Relations : The Structural Analysis of Business*, New York : Cambridge University Press.

Pfeffer, J., and G. Salancik, 1978, *External Control of Organizations : A Resource Dependence Perspective*, New York : Harper & Row.

Pitelis, C., 1991, *Market and Non-Market Hierarchies : Theory of Institutional Failure*, Oxford : Blackwell.

_____ (ed.), 1993, *Transaction Costs, Markets and Hierarchies*, Oxford : Blackwell.

Polanyi, Karl, 1944 (1957a), *The Great Transformation : The Political and Economic Origin of Our Time*, Beacon Press.

_____, 1957b, "The Economy as Instituted Process," in Polanyi et al. (eds.), *Trade and Market in the Early Empires*, Glencoe : Free Press.

_____, 1977, *The Livelihood of Man*, edited by Harry W. Pearson, New York : Academic Press.

Polanyi, K., C. Arensberg, and H. Pearson (eds.), 1957, *Trade and Market in the Early Empires*, Glencoe : Free Press.

Putnam, R., 1966, "Political Attitudes and the Local Community," *American Political Science Review* 60.

Quirk, J., and R. Saposnik, 1968, *Introduction to General Equilibrium Theory and Welfare Economics*, New York : McGraw-Hill.

Radzicki, M., and J. Sterman, 1994, "Evolutionary Economics and System Dynamics," in England (ed.), *Evolutionary Concepts in Contemporary Economics*, Ann Arbor : The University of Michigan Press.

Ramstad, I., 1994, "On the Nature of Economic Evolution : John R. Commons and the Metaphor of Artificial Selection," in Magnusson (ed.), *Evolutionary and Neo-Schumpeterian Approaches to Economics*, Boston : Kluwer Academic Publishers.

Resnick, S., and R. Wolff, 1994, "Rethinking Complexity in Economic Theory : The Challenge of Overdetermination," in England (ed.),

Evolutionary Concepts in Contemporary Economics, Ann Arbor : The University of Michigan Press.

Reynolds, L., Stanley H., and Colletta H., 1991, *Labor Economics and Labor Relations*, 10th edition, Englewood Cliffs, NJ : Prentice-Hall.

Rimmer, D., 1991, "Schumpeter and the Underdeveloped Countries," in Wood (ed.), *Joseph Schumpeter : Critical Assessments*, London : Routledge.

Robert, B. et al. (eds.), 1985, *New Approaches to Economic Life*, Manchester : Manchester University Press.

Rosen, S., 1993, "Transaction Costs and Internal Labor Markets," in Williamson and Winter (eds.), *The Nature of the Firm : Origins, Evolution, and Development*, Oxford : Oxford University Press.

Rosenberg, A., 1992, *Economics : Mathematical Politics or Science of Diminishing Returns?*, Chicago : The University of Chicago Press.

Rothman, M., 1980, "The Evolution of forms of Legal Education," Unpublished Manuscript, Dept. of Sociology, Yale University.

Salmon, Wesley C., 1992, "Scientific Explanation," in Salmon et al. (eds.), *Introduction to the Philosophy of Science*, Englewood Cliffs, NJ : Prentice-Hall.

Salmon, Wesley C. et al. (eds.), 1992, *Introduction to the Philosophy of Science*, Englewood Cliffs, NJ : Prentice-Hall.

Schotter, A., 1981, *The Economic Theory of Social Institutions*, Cambridge : Cambridge University Press.

Schumpter, J., 1975, *Capitalism, Socialism, and Democracy*, New York : Harper & Row.

Scott, J., 1991, *Social Network Analysis : A Handbook*, London : Sage.

Scott, R., 1981, *Organizations : Rational, Natural, and Open Systems*, Englewood Cliffs, NJ : Prentice Hall.

_____, 2001, *Institutions and Organizations*, 2nd edition, Thousand Oaks, CA : Sage.

Semmler, W., 1991, "Marx and Schumpeter on Competition, Transient Surplus Profit and Technical Change," in Wood (ed.), *Joseph*

Schumpeter : Critical Assessments, London : Routledge.

Simon, H., 1978, "Rationality as Process and as Product of Thought," *American Economic Review* 68 (2).

Skocpol, T. (ed.), 1984, *Vision and Method in Historical Sociology,* New York : Cambridge University Press.

Smelser, N. and R. Swedberg, 1994, "The Sociological Perspective on the Economy," in Smelser and Swedberg (eds.), *The Handbook of Economic Sociology,* Princeton, NJ : Princeton University Press.

_____ (eds.), 1994, *The Handbook of Economic Sociology,* Princeton, NJ : Princeton University Press.

_____ , 2005, "Introducing Economic Sociology," in Smelser and Swedberg (eds.), *The Handbook of Economic Sociology,* Princeton, NJ : Princeton University Press.

_____ (eds.), 2005, *The Handbook of Economic Sociology,* Princeton, NJ : Princeton University Press.

Smithies, A., 1951, "Memorial, Joseph Alois Schumpeter, 1883~1950," in Harris (ed.), *Schumpeter, Social Scientist,* Cambridge : Harvard University Press.

Starr, P., 1980, "Medical Care and the Boundaries of Capitalist Organization," Unpublished Manuscript, Program on Non-Profit Organizations, Yale University.

Staw, B., and L. Cummings (eds.), 1988, *Research in Organizational Behavior* 10, Greenwich, CT : JAI Press.

Stigler, G., 1987, *The Theory of Price,* 4th edition, New York : Macmillan.

Stigum, B., 1990, *Toward a Formal Science of Economics : The Axiomatic Method in Economics and Econometrics,* Cambridge, MA : The MIT Press.

Stolper, W., 1988, "Development : Theory and Empirical Evidence," in Hanusch (ed.), *Evolutionary Economics : Application of Schumpeter's Ideas,* Cambridge : Cambridge University Press.

Strotz, R., 1974, "Econometrics," in *International Encyclopedia of the*

Social Sciences, New York : Macmillan.

Swedberg, R. , 1991, *Schumpeter : A Biography*, Princeton, NJ : Princeton University Press.

———, 1994, "Introduction," in J. A. Schumpeter, 1994 (originally published in 1942), *Capitalism, Socialism, and Democracy*, London : Routledge.

———, 2003, *Principles of Economic Sociology*, Princeton University Press.

Swedberg, R. , U. Himmelstrand, and G. Brulin, 1990, "The Paradigm of Economic Sociology," in Zukin and DiMaggio (eds.), *Structures of Capital*, Cambridge : Cambridge University Press.

Thompson, S. , and M. Wright, 1993, "Markets, Hierarchies, and Markets Again," in Pitelis (ed.), *Transaction Costs, Markets and Hierarchies*, Oxford : Blackwell.

Tolbert, P. , and L. Zucker, 1983, "Institutional Sources of Change in the Formal Structure of Organizations : The Diffusion of Civil Service Reform, 1880~1935," *Administrative Science Quarterly* 30.

Ursprung, H. , 1991, "Schumpeterian Entrepreneurs and Catastrophe Theory or a New Chapter to the Foundations of Economic Analysis," in Wood (ed.), *Joseph Schumpeter : Critical Assessments*, London : Routledge.

Vanberg, Viktor J. , 1994, *Rules and Choice in Economics*, London : Routledge.

Varian, R. , 1992, *Microeconomic Analysis*, 3rd edition, New York : W. W. Norton & Company.

Waters, W. , 1991, "Schumpeter's Contributions and Catholic Social Thought," in Wood (ed.), *Joseph Schumpeter : Critical Assessments*, London : Routledge.

Weatherford, S. , 1982, "Interpersonal Networks and Political Behavior," *American Political Science Review* 75.

Wellman, B. , 1982, "Studying Personal Communities," in Marsden and Lin (eds.), *Social Structure and Network Analysis*, Beverly Hills :

Sage.

_____, 1988, "Network Analysis : From Metaphor and Method to theory and Substance," in Wellman and Berkowitz (1988).

Wellman, B. and S. Berkowitz (eds.), 1988, *Social Structure : A Network Approach*, Cambridge : Cambridge University Press.

White, H., 1981a, "Production Markets as Induced Role Structures," in Leinhardt (ed.), *Sociological Methodology 1981*, San Francisco : Jossey-Bass.

_____, 1981b, "Where Do Markets Come From?" *American Journal of Sociology* 87 (3).

_____, 1988, "Varieties of Markets," in Wellman and Berkowitz (eds.). *Social Structure : A Network Approach*, Cambridge : Cambridge University Press.

White, H., Scott B., and R. Breiger, 1976, "Social Structure From Multiple Networks I : Blockmodels of Roles and Positions," *American Journal of Sociology* 81.

Wiles, R., 1991, "Professor Joseph Schumpeter and Underdevelopment," in Wood (ed.), *Joseph Schumpeter : Critical Assessments*, London : Routledge.

Williamson O., 1975, *Markets and Hierarchies : Analysis and Antitrust Implications*, New York : Free Press.

_____, 1979, "Transaction-cost Economics : The Governance of Contractual Relations," *Journal of Law and Economics* 22.

_____, 1981a, "The Economics of Organization : The Transaction Cost Approach," *American Journal of Sociology* 87 (3).

_____, 1981b, "The Modern Corporation : Origins, Evolution, Attributes," *Journal of Economic Literature* XIX.

_____, 1988, "Corporate Governance and Corporate finance," *Journal of Finance* 43.

_____, 1993, "The Logic of Economic Organization," in Williamson and Winter (eds.). *The Nature of the Firm : Origins, Evolution, and Development*, Oxford : Oxford University Press.

_____, 1996a, "Efficiency, Power, Authority and Economic Organiza-
tion," in Groenewegen (ed.), *Transaction Cost Economics and
Beyond*, Kluwer Academic Publishers : Norwell, Mass.

_____, 1996b, *The Mechanism of Governance*, New York : Oxford Univer-
sity Press.

Williamson O., M. Wachter, and J. Harris, 1975, "Understanding the
Employment Relation : the Analysis of Idiosyncratic Exchange," *Bell
Journal of Economics 6*.

Williamson, O., and S. Winter (eds.), 1993, *The Nature of the Firm :
Origins, Evolution, and Development*, Oxford : Oxford University
Press.

Winter, S., 1993, "On Coase, Competence, and the Corporation," in
Williamson and Winter (eds.). *The Nature of the Firm : Origins,
Evolution, and Development*, Oxford : Oxford University Press.

Wolff, R. and S. Resnick, 1987, *Economics : Marxian versus Neoclassical*,
Johns Hopkins University Press.

Wood, J. (ed.), 1991, *Joseph Schumpeter : Critical Assessments*, Vol 1~4.
London : Routledge.

Zukin, S., and P. DiMaggio (eds.), 1990, *Structures of Capital*, Cam-
bridge : Cambridge University Press.

논문 발표지

제 2 장은 이택면의 "신고전주의 미시경제이론의 해부 : 경제학과 사회학의
생산적 대화를 위하여"(〈한국사회〉 제 2집, 1999)를 수정·보완한
것임.

제 3 장은 박길성의 "맑스주의의 경제사회학 전통 : 노동, 계급, 역사, 그
리고 제도"(〈한국사회〉 제 2집, 1999)를 수정·보완한 것임.

제 4 장은 이택면의 《슘페터》(평민사, 2001)의 일부를 수정·보완한 것임.

제 6 장은 박길성·이택면의 "효율성, 권력, 그리고 기업사회학 : 거래비용
론과 자원의존이론의 대화"(〈한국사회학〉 제 38집 6호, 2004)의 일
부를 수정·보완한 것임.

제 7 장은 박길성의 "경제진화론과 기업진화론 : 변동에 대한 경제사회학적
사고의 접목"(〈한국사회〉 제 6집 1호, 2005)을 수정·보완한 것임.

제 8 장은 이택면의 "시장이론의 재검토 : 구조적 시장이론을 향하여"(〈사
회비평〉 16호, 1996)와 박길성·김선업의 "한국사회의 연고주의 :
사회적 자본으로서의 연결망 접근"(장대홍 외, 《경제사회구조와 복
지》, 소화, 2003)의 일부를 수정·보완한 것임.

찾아보기
(일 반)

ㄴ~ㄹ

ㅁ~ㅂ

○

ㅈ

ㅊ ~ ㅎ

찾아보기
(인 명)

‖ 저자약력 ‖

▪ 박 길 성 (朴吉聲)

고려대학교 사회학과 및 동대학원 졸업
미국 위스콘신대학교 사회학 박사
〈한국사회학〉 편집위원장, 유타주립대 겸임교수 역임
현재 고려대학교 교육부총장, 사회학과 교수
　　　International Journal of Comparative Sociology 편집위원

저서: 《사회는 갈등을 만들고 갈등은 사회를 만든다》,
　　　《한국사회의 재구조화 : 강요된 조정, 갈등적 조율》,
　　　《세계화 : 자본과 문화의 구조변동》 외 다수
논문: "글로벌 스탠더드로서의 국가경쟁력 지수에 관한 비판적 고찰",
　　　"The Interplay between Globalness and Localness :
　　　Korea's Globalization Revisited" 외 다수

▪ 이 택 면 (李擇綿)

한국외국어대학교 영어교육과 졸업
고려대학교 대학원 사회학과 석사 및 박사
서울시의회 입법조사관
현재 한국여성정책연구원 연구위원

저서: 《슘페터》, 《돈의 사회학》(역)
논문: "비정규직 고용의 결정요인에 관한 경제사회학적 분석 :
　　　거래비용이론의 적용과 실증",
　　　"효율성, 권력, 그리고 기업사회학 :
　　　거래비용이론과 자원의존이론의 대화" 외 다수